JN124736

ババジと18人のシッダ（達人）

クリヤー・ヨーガの
伝統と真我実現への道

Babaji & the 18 Siddha
Kriya Yoga Tradition

マーシャル・ゴーヴィンダン著
ネオデルフィ監訳

NEO-DELPHI

BABAJI AND THE 18 SIDDHA
KRIYA YOGA TRADITION
by Marshal Govindan, M. A.
First edition published in 1991
Ninth edition published in 2012
Copyright © 1991 by Marshal Govindan
Original English language edition published by
KRIYA YOGA PUBLICATIONS
196 Mountain Road,
P.O. Box 90, Eastman, Quebec,
Canada, J0E 1P0

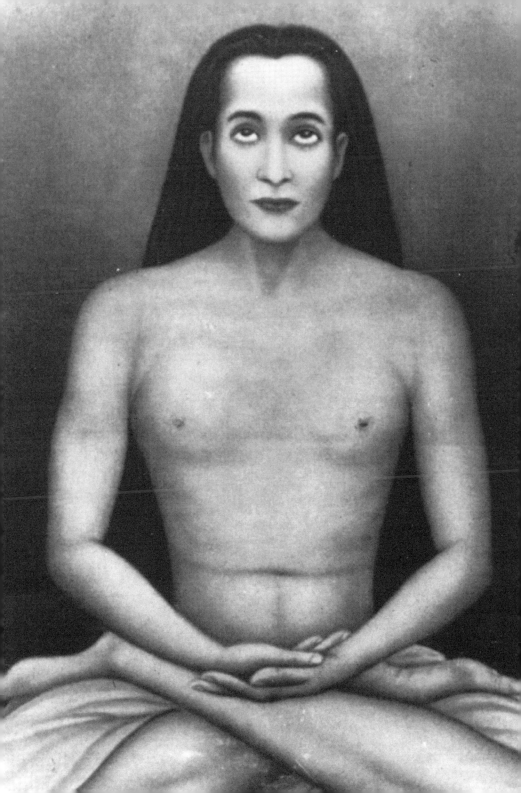

この本をババジに献げる

C O N T E N T S

［目次］ババジと 18 人のシッダ

第1部　18人のシッダとババジ

第3部　著者回想録

本書の出版にあたり、カナダ、モントリオール市在住の著者、マーシャル・ゴーヴィンダンより序文の執筆を依頼されたことは誠に光栄である。私が著者とヨーギー S. A. A. ラマイアに会ったのは 1975 年であった。ヨーギー・ラマイアの下で著者は神聖な南インドの生活様式、特に古代の聖賢やシッダたちの文化に親しむようになっていた。本稿の執筆にあたり、不死の科学の歴史をたどってみた。この科学については古代から近世に至るまで多くの論及がある。そのうちの一部をここで紹介していきたい。

　まずシッダたちが使うタミル語の用語について説明したい。「チッタム」（Chittam）はタミル語で精神を意味する。「シッディ」（Siddhi）は同じ語に由来し、精神の統御を意味する。「シッダ」（Siddah）とは特に神に至るヨーガの道を修めることによって精神を統御するに至った聖者を指す。

ティルムラル

　ティルムラルは 18 人のシッダのうちで最も偉大な聖者の一人である。この聖者は『ティルマンディラム』（Thiru-Mandiram）(聖なる神秘の言葉)として知られる 3 千節の詩を残した。本書の線画はティルムラルの姿を生き生きと描き出している。この聖者の功績は、シヴァ神を奉る信仰のほぼすべての領域に及ぶ。不死の生命に関するティルムラルの教えは、彼の残した数々の詩や、アシュターンガ・ヨーガ（ヨーガの八支則）について述べた文献の内に見出すことができる。こうしたヨーガの原則の実践により、サマーディの体験、つまり、顕在意識、夢、睡眠を超えた超意識である第 4 の意識が、神の恩寵によって容易に実現できる。こうした体験が十分に統合されると「肉体レベルのシッディ」と呼ばれる状態が現れる。この状態には 3 種ある。

1.　ヴルヴァ・シッディ（Vuruva Siddhi）　肉体を伴うシッディ。すなわち、肉体は、神の至福と融合した恩寵の輝きに変容する。

2.　アル・ヴルヴァ・シッディ（Aru-Vuruva Siddhi）　肉体を伴うシッディと伴わないシッディ。すなわち、ちょうど樟脳が燃えて跡を残さず

に消滅するように、肉体は神の至福の身体に変容する。

3. アルヴァ・シッディ（Aruva Siddhi）　肉体を伴わないシッディ。すなわち、肉体は神の輝きに変わり消滅する。

　タミル地方のシッダたち、たとえばティルムラルは、チダンバラムでヴルヴァ・シッディ、すなわち肉体を伴うシッディを達成した。またボーガナタルはパラーニで、イダイカダルはティルバンナマライで同様の状態、すなわち不滅性の炎で輝く肉体になった。本書において著者は、この状態を「ソルバ・サマーディ」（soruba samadhi）と呼んでいる。
　ティルムラルはサンマルガ（神に至る真実で完全な道）に関する詩の中で、不死の科学の効力について述べている。「怒りを退け、シヴァを実現する原則の成果としてヴェーダが述べる光輝を見、ゆえにシヴァ・ヨーガのシッダ（シヴァの観照者）となって死に打ち勝った者こそ、サンマルガの秘密を学んだ者である」（『ティルマンディラム』第1477節）
　またティルムラルはこう言う。「この世に骸（むくろ）を残さぬ道を歩むことに成功した者は、転生を免れる恩恵を得る」（『ティルマンディラム』第132節）
　『ティルマンディラム』の重要な特徴は、その作者であるティルムラルが、入念にアシュターンガ・ヨーガに取り組んだことにある。彼はこのヨーガの体系に含まれる教えの秘密を明らかにしただけではなく、その目標を達成するための画期的な方法を示した。ティルムラルはプラーナヤーマ（呼吸法）の効果を賛美しつつ以下のことを明らかにした。
　「規定された相応しい方法でそれ（注記：呼吸法）を実践する者は、間違いなく死を駆逐するであろう」（『ティルマンディラム』第571節）
　またティルムラルは、死の克服を可能にする方法を次のように述べている。
　「神の恩寵に浴しながら『シヴァ、シヴァ…』と神の名を4回唱え、腹を広げて酸素を吸い込み、鼻腔、耳腔、口腔を閉じながら声門で息を止めて制御しながら、心の中で「シヴァ、シヴァ」と14回唱え、次に「シヴァ、シヴァ」と唱えながら右の鼻腔から二酸化炭素を出す。こうして（訳注：呼吸法を）続ければ、不滅の身体を得るシッディを手にするだけでなく、人はシヴァ（神）そのものになる」（『ティルマンディラム』

第712節）

　このヨーガの八支則の次の段階は、プラティヤハラ（Prath-Thiyaakaram）（統合されたヨーガの修練）である。ティルムラルの説明によるとこのヨーガは、下腹部（生殖器と肛門の間）に宿り、クンダリニー・シャクティーとして現れる並外れたエネルギーの覚醒に関わる。この種のヨーガは肉体を昇華して神に至らしめ、死の回避を可能にする。（『ティルマンディラム』第561節）

ボーガナタル

　1979年と1982年、ヨーギーS.A.A.ラマイアは、シッダ・ボーガナタルの著作を原語のタミル語で収集し、編集を経て『ボーガル・カンダム・ヨーガ』（Bogar Kandam Yoga）と題する3巻の本にまとめた。アシュターンガ・ヨーガは、このうちの第2巻に含まれる（英訳については、C.シュリーニヴァサンによる第3巻の序文を参照のこと）。この本の内容は、ティルムラルが残したものほど詳細にわたってはいないが、アシュターンガ・ヨーガの重要な特徴をすべて含んでいる。この本の第3部は、シッダの薬に関する内容である。ボーガナタルは死に打ち勝つための優れた文化を発展させた。シッダたちの薬は薬草とムップと呼ばれる特殊な塩を混ぜ、複雑な調剤を経て作られる。幸運にもこの薬剤を入手し、指定されたとおりに飲む人は決して死なない。第2巻に含まれる詩のなかでボーガナタルは、マイラードゥトゥライ（Mayilaaduthurai）の近くにあるシッダ・カードゥ（Siddhar Kaadu）（シッダの森）に住む557人の弟子にムップの作り方を教えている。

ティルヴァッルヴァル

　『ティルックラル』の作者であるティルヴァッルヴァルが、シッダと呼ばれるに相応しい存在であることは、彼が著したこの普遍的な道徳の手引書が、不死の科学についても詳述していることから納得できる。熱心な瞑想と苦行によって強化された人には、死神も近づけないと彼は力説する（『ティルックラル』第269節）。またティルヴァッルヴァルは、殺生をせず肉食を避けた者に対しては、その命を蝕む死神も関与しない

と述べている（『ティルックラル』第326節）。さらに彼は神への祈りに関する最初の章のなかで、常に神を思い、一心に祈りを捧げ、黙想時のイメージのとおりに神を心の中で祀る者は、この世界で（死なずに）永遠に生きるとも詠んでいる（『ティルックラル』第3節）。ティルヴァルヴァルが残した予言は、場所や時代に関係なく、すべての人に当てはまる。また彼は、すべての生き物は、彼らを殺さず、すべてを慈しむ人を敬うと指摘している。加えて、清らかな愛で神を崇め、修行に臨んで神を一心に思う者は、生死を超え神の至高の悦びのなかで、苦痛を味わうことなく、この世で永遠に生きるだろうと述べている。（『ティルックラル』第8節）

古典文学

　『ポルナラールパッタイ』（Porunar-Aatrup-Padai）と題されたタミル文学の十詩集（Idylls）の一つには、こうした不死の教えと聖なる変容についての言及が直喩として残っている。「この世に骸（むくろ）を残さぬために一心に修行をし、その努力の実りを得んとする聖賢の偉業のように」（『ポルナラールパッタイ』第95節～第96節）。つまり、聖賢が一心に修行をした結果として死を超越し、この世で至福すなわち神と一つになったと詠んでいる。

　偉大な叙事詩『ラーマーヤナ』には、ダシャラタ王が聖ラーマを閣僚へ任命した際に、参集した人々が歓喜のあまりに、肉体で天国に至った者のようであったというくだりがあるとカンバル（Kambar）は指摘している。（Ramayanam: II: Mandira: 74）

中世のタミル地方におけるシヴァ派の聖者（7世紀～9世紀）

　シェーキラール（Sekkizhaar）が著した『ペリア・プラーナム』（Peria-Puraanam）（偉大な古代史）は、南インド、タミル地方のシヴァ・シッダーンタ哲学を記した聖なる12書（Tirumurai：ティルムライ）の一つである。これらの書には63人もの聖者の歴史が記されている。このうちの何人かは7世紀から8世紀にかけて、シヴァ神の恩寵によって、神の意識の実現に至って死を克服した。こうした記述は11世紀に残さ

れた。著名な大聖者や他の人々に関する当時の歴史文献には、不死の科学が広く知られていた証拠を数多く見ることができる。このことはシッダたちが残した賛歌にも裏付けられている。こうした賛歌の数例を以下に挙げる。

　マーニッカヴァーサガル（Maanicka Vaachagar）（775 年〜 807 年）は、その美しい宝石のような『ティルヴァーサガム』（Thiruvaachakam）の中で、自身の身体が徐々に愛の身体に変化したと述べている。シヴァ神はこの聖者に優しさあふれるハートと歓喜の身体を与え、毛根や骨の微細な孔に至るまで、あふれ出るほどの甘露で満たし、恩寵の身体に変えたという。さらに神はこの聖者の体を至福の身体に変え、シヴァ神そのものに変容させた。ついにこの聖者は、チダンバラム寺院に集まる人々が驚きの目でその奇跡を目撃するなかで視界から忽然と消えた。（C. シュリーニヴァサンによる『ティルヴァーサガム』の英訳と解説を参照のこと。1990）

　ティルグナナ・サンバンダル（Thirugunana Sambanthar）は 16 歳の時、アクホールプラン（Aachaalpuram）で行われた彼の結婚式の直後に、花嫁と集まった人々の目前で神々しい光の中に消えた。ティルナーヴァカラサル（Thirunaavakkarasar）（アッパル：Appar）は、プガルール（Pugalur）において「おお神よ、我は御足に近づかん」と歌いながら肉体のままシヴァリンガと融合した。スンダラル（Sundarar）（8 世紀）は、友人のシェラマーン・ペルマール（Seramaan Perumaal）と共に白象に乗り、カイラス山でシヴァ神と一体になった。こうした事実は、ナンビカーダ・ナンビ（Nambikada-Nambi）が書いた詩『ティル・イサイパー』（Thiru-Isaippa）（第 189 節）の中で確認されている。「シェラマーン・ペルマールとアーローラン（Aarooran）（スンダラル）は白象に乗り、この世に肉体を残すことなく、神の御足に直行した」（Thiru. Anthathi-86）。ナンビヤーンダル・ナンビ（Nambi Aandaar Nambi）は、スンダラルとその友人のシェラマーン・ペルマールの不浄な妄想の身体が、神の恩寵の光の波に浸った「マーナヴァ身」（Maanava Body）に変容したことを伝えている。こうしてスンダラルの身体は、変容を遂げてシヴァ神の御足と一つになった。また彼はシヴァ神こそがあらゆるシッディ（完成、ヨーガによる奇跡的な能力）を実現するためにシッダの文化を創始した偉大なシッダであるとしている。（『テーヴァーラム』第 7 巻 52 章 1 節）

シェーキラール（7世紀）によると（すでに述べた聖者を除くと）以下に記す聖者が、肉体のまま昇天したという。

聖ムルガ・ナーヤナール（Saint Muruga Nayanaar）

聖ニーラナッカル（Saint Neelanakkar）

ティル・ニーラカンダ・ヨーズパーナル（Thiru Neelakanda Yozh-p-paanar）（彼は結婚式で聖サンバンダルと融合した）

カリア・ナーヤナール（Kalia Naayanaar）

カリア・ナーヤナール（Karia Naayanaar）

コットプリ・ナーヤナール（Kotpuli Naayanaar）

アマルネーティ・ナーヤナール（Amarneethi Naayanaar）

アーナーヤ・ナーヤナール（Aanaaya Naayanaar）と女性の聖者

カーライッカール・アンマヤール（Kaaraikkaal Ammayaar）

（参考文献：N.N.Murgesa Mudaliar-"Path of Pure Consciousness," 1972）

　ティルグナナ・サンバンダルによれば、ビルダーチャラム（Vridhachalam）に住む、まるで聖のような献身者は、愛に満ちあふれた優しい心で神を崇めることによって、老化や痴呆を退ける術を身につけたという（『テーヴァーラム』第2巻64章1節）。また聖者たちは、ヴェーダを十分に学び、感覚を制御し、神を思って瞑想し、神に至るために独りで修行に励んだという（『テーヴァーラム』第1巻131章10節）。スンダラルによれば、ビルーダチャラムの神は、苦行をする聖賢に恩寵を施し、彼らを不死身にしたという。（Padikam: 5）

ヴィシュヌ派の聖者たち

　ヴァイシュナ・サンプラダーヤム（Vaishna Sampradaayam）も、同様な境地に至ったヴィシュヌ派（ヴィシュヌ神の信奉者）の聖者として（女性の献身者であった）アーンダール（Aandaal）を挙げている。彼女はシュリーランガムで主ランガナータが臨席する場に至ったときに消え去った。ティルマンガイ・アルワル（Thirumangai Alwar）とナンマ・アルワル（Namma Alwar）は、ヨーガによってムクティ（解脱）を実現し、肉体を保ち続けた。ティルッパナ・アルワル（Thiruppana Alwar）はロカサーランガ・ムーニ（Lokasaaranga Muni）の肩に乗ってシュリーランガムに至り、神と聖ランガナータの御足が彼の体に触れると、その中に消えていった。

中世のヒンズー教を改革した偉大な師たち

　不滅の生命に関する伝統とその具体例として、神秘家でもあった偉大な師、アーディ・シャンカラ・アーチャーリア（訳注：「アーディ」は「初代の」の意。「アーチャーリア」は「偉大な教師」の意）、（タミル・ナードゥの）聖ラーマーヌジャ、そして（カルナータカの）聖マドヴァがいる。彼らは神と究極の実在を概念化し、不二一元論（Advaita）、二元論（Dvaita）、制限不二一元論（Visistadvaitta）をそれぞれ創始した。シャンカラは32歳のときリシケーシュを訪れ、そこからさらにカイラス山を目指して視界から消え去った。シュリー・ラーマーヌジャは、シュリーランガム寺院でその場に永遠に吸い込まれて消えた。寺院には座った彼の姿の彫像が今も残る。シュリー・マドヴァは、夜になるとウドゥピ（Udupi）にあるクリシュナ寺院の正門の脇に座り、この神を思って瞑想していた。ある日の明け方、門を開けようとやって来た僧たちは、シュリー・マドヴァのいつも座る場所が光り輝いていることに気づいて驚いた。僧はその場所にかけ寄ったが、シュリー・マドヴァを見つけられなかった。こうして聖者は自身の聖なる身体と共に消え去った。偉大な賢者に関するこうした事実は、不死の科学が真実であることを裏付けている。

クマーラ・デーヴァ

　死を超越した聖賢の一人として、17世紀の聖人、ビルーダチャラムのクマーラ・デーヴァ（Kumaara Devar）を加えたい。この聖人は「純粋な意識の道」を意味する『シュッダ・サーダガム』（Suddha Saadhakam）を珠玉の代表作とする15の詩集を著し、ヴィーラ・シヴァ派（Veera Saiva philosophy）を確立した。聖ラーマリンガのシュッダ・サンマルガ哲学を除けば、これは比類なき不死の科学を謳う唯一の教えである。クマーラ・デーヴァによると、変容の段階は、イルル・デハム（Irul Deham）（闇の身体）からマルル・デハム（Marul Deham）（偽りの身体）へ、さらに見て触れることができるプラナヴァ・デハムへ（Pranava Deham）と進むという。さらに高度な段階において、その身体は、蜃気楼、あるいは、虹のように見えるアルル・デハム（Arul Deham）（恩寵の身体）へと変容する。この身体は聖なる恩寵によってシヴァ神と融合し、この神と一体となった状態で永遠の至福を味わうことができる。クマーラ・デーヴァによれば、通常、人は死ぬとその魂は別の身体に転生しなければならない。だが、もしも地上に骸（むくろ）を残さなければ転生しないという。身体の神聖化こそ「パラムクティ」つまり、最上級の解脱であると彼は強調する。こうした教えは『サーマ・ヴェーダ』に付属する『チャーンドーギヤ・ウパニシャッド』に盛られた「汝は［それ］である」（Tat twam asi）という偉大なヴェーダの原理に基づいている。（Path for Pure consciousness by N. Murugesa Mudaliar, 1972）

　クマーラ・デーヴァが超越的な目標である純粋な意識のシュッダ・マルガム、つまり、シヴァ・アンガ・イキヤム（Shiva anga ikiyam）の状態を達成したことは『シュッダ・サーダガム』（Suddha Sadhakam）（第95節）の最終節の内容からも明らかである。女神ブリダームビガイ（Viridhaambigai）が、クマーラ・デーヴァに知性と文筆の才を与え、彼が不死の科学の教えを文に残すだけではなく、そこに盛られた教えの成果も手にすることを約束したのである。

　同様な不滅性を達成した聖者にタユマーナヴァル（Thayumaanavar）（1706年〜1744年）がいる。この聖者も母なるクンダリニーに導かれることを目指して神に祈りを捧げた。彼は人間の身体が恩寵の身体や至福の身体へと変容することを見通していた聖人であった。

ラーマリンガ (1823年〜1874年)

　すべての生物が長寿を望むことは、生物学上の真実であろう。近代の老年学は長寿を目標としてはいても、死に打ち勝つことはまったく目指していない。しかし、古代タミル人は、不死に至る秘密を見出した。この聖なる系統に連なる聖者として、インド、タミル・ナードゥ地方の聖ラーマリンガがいる。ラーマリンガは死を超越する科学を「シュッダ・サンマルガ哲学」つまり「神に至る完全な道」と名付け、詳細にわたって体系化した。彼はこの体系と理論を雄弁かつ鮮明に書き表した。さらに教えを説くだけではなく、自らその教えに忠実に生きた。こうして病気や死を免れえない不純な人間の身体は、神の恩寵によって純粋で完全な愛の身体へと生まれ変わる。そしてそれは神々しい恩寵の身体へ、さらには目には見えない至福の身体へと変容を遂げて、ついには至高の神と融合する。ラーマリンガはこうした変容の症状と変化について詳述し、この「神に至る完全な道」サンマルガは、古代の自然な教えであると明言した。

キリスト教の伝統

　キリスト教の神学において、イエス・キリストの死は事実として受け入れられているが、その遺体が墓から昇天したことこそが、イエスが神の子であった証であると受け止められている。つまり、イエス・キリストの復活は、奇跡や神秘現象あるいは超常現象とは見なされていない。人々がイエスの墓が空であることに気づいたのは、彼らの全員が幻覚症状や目の錯覚に陥ったからではない。それは人々の内に篤い信仰の力が爆発的に高まったことによって起きた。イエスが神と一体であることの信憑性の根拠は、イエスの磔にではなく復活にある。はたしてイエスが肉体のままで昇天する必要があったのかという疑問もあろう。それに対する答えは「然り」である。この世に骸を残さないことが神秘家の伝統であり、骸を残すことが偽の預言者の裏付けになることを、イエスも信じていたようである。(Problem of Jesus, by Guitten, p.121 et seq.)

不死の科学への優れた貢献

　著者は本書をとおして、合理性を重んじる多くの学者が陥る誤解の解消に大きく貢献した。本書で著者は 18 人のクリヤー・ヨーガ・シッダの卓越した科学を勧め、彼らの主な業績を取り上げている。第 2 章から第 5 章は、世界はもとよりインド国内でもまだ十分に知られていない、タミル・ナードゥ、パランギペッタイのババジ・ナーガラージについて述べている。1988 年のクリスマスに、幸運にも著者は、近代におけるクリヤー・ヨーガの復興者であるこの賢者、ババジのヴィジョンを見たという。誠に心強いことである。

　「作者とは語るべきものを持ち、それを表す術《すべ》を知る者である」とカーディナル・ニューマンはいう。この名言のとおり、著者は実に巧みに本書を構成した。第 2 章から第 5 章は、ババジと彼の使命について述べている。第 6 章はティルムラルについて、第 7 章はアガスティア、第 8 章はボーガナタル、そして第 9 章はラーマリンガについて、という具合に古代のシッダの伝統をたどっている。

　第 10 章では、シュリー・オーロビンドの体験と著作を鮮やかに描きだしている。オーロビンドはサンスクリット文献の優れた学者であり、説得力のある文筆家でもあった。彼は一貫した愛国者であり、なによりも崇高な哲学者にしてヨーギーであった。オーロビンドは彼の不朽の名作『聖なる生活』（The Life Divine）をとおして、人体変容の文化を世に問うた。知性を超えた意識の段階へと人類を引き上げようと試みたオーロビンドであったが、人々には準備ができていなかった。第 11 章は古代の賢者が直観で感得し実践していたクリヤー・クンダリニー・ヨーガの精神生理学について述べている。

　「クリヤー・ヨーガの道」と題された第 12 章は、クリヤー・ヨーガの習得を目指す人々が、肉体の聖なる変容と、神の至福のうちに永遠の命を享受することを可能にする、この比類なき教えの目標を、信念と情熱をもって達成する方法を示している。

　一言でいえば、この書はこれまであまり知られていなかった不死の科学に光を当てるうえで多大な貢献をした。「信仰なき科学は盲目、科学なき信仰は時代遅れ」という警句が当てはまる今日の物質主義的な世界にとって、欠かせない書といえるだろう。この東洋の科学を、見事に世

に送り出した著者を心から祝福したい。

1990 年 9 月 24 日
インド、マドラス市（現チェンナイ市）にて

理学博士
元アンナマライ大学植物学部名誉教授
元タミル大学古代科学部教授
（インド、タミル・ナードゥ州タンジャーヴール市）
C. シュリーニヴァサン

英語版へのまえがき

『ババジと18人のシッダ』は、不滅のシッダたちとその精神的な源泉であるババジ・ナーガラージのさまざまな貢献について述べている。著者のマーシャル・ゴーヴィンダンは、長年のクリヤー・ヨーガの実践と修行を通して得た霊的な洞察と明快な学識を、本書の中で見事に融合させた。本書には古代から現代にわたって遍在し続けてきたシッダたち（彼らはヨーガの達人である）の魂に響く言葉が盛られている。本書は古代のクリヤー・ヨーガの伝統と手法についてこれまでに出版された英語文献の中で、最も正確にして包括的な解説書である。

大いなるグル、ババジ・ナーガラージの活動を読者に知っていただく前に、著者に関する背景情報を少し述べておく。

20年以上前のことになるが、ゴーヴィンダンと私は「グルバイ」（兄弟弟子）として、インドのタミル・ナードゥ州に住むババジの偉大な弟子、ヨーギー S. A. A. ラマイアにクリヤー・ヨーガを伝授された。不滅なるヒマラヤの大師であるババジとヨギヤー（我々はヨーギー・ラマイアを敬愛を込めてこう呼んでいた）とのすばらしい関係の一端を本書は伝えている。ヨギヤーはその生涯の活動を通じて、シッダーンタ*¹の伝統に対する揺るぎない忠誠を示した。ヨギヤーをよく知る者が、彼を「南（インド）のヴィヴェーカーナンダ*²」と呼ぶのも故あることである。ヨギヤーはその愛を、稀に見る厳格さを通して表した。ゴーヴィンダンを含むヨギヤーのすべての弟子（チェラ）は、こうした厳格さのなかで訓練された。ヨギヤーのアシュラムで示された教えは深いものであった。ヨギヤーと彼の弟子との関係は、ヨガナンダと彼の師であったシュリー・ユクテスワル、あるいはミラレパ*³と彼の師のナローパとの関係に比することができよう。ヨギヤーの強烈なエネルギーに順応できる者は稀であった。自己中心的な者、浅薄な者、精神が軟弱な者は、彼の強烈さに直面するやいなや訓練から逃げ出した。ヨギヤーは彼の一言、一瞥あるいは動作だけで弟子たちの精神、ハート、魂に大きな変化を起こすことができた。彼は弟子の内も外も理解して、彼らの内に潜むさまざまな「幻」を暴き出した。霊的な成長を促すための実践的な技法を教える教師は少なくないが、弟子たちの内にある微妙なエゴを露にして、それを的確に取り除くことができる知恵と深みを備えた師は稀である。

1973年、ゴーヴィンダンと私はインドのタミル・ナードゥ州カナドゥカタンにあるクリヤー・ヨーガのアシュラムで生活を共にした。そこで

我々は、よくタパス（集中的なヨーガの実践）やモウナ・ヨーガ（自己の内と外で沈黙を保つ行）を共に行った。こうした行は、１日２回のアシュラムの食事時間を除いて持続的に行われた。この内的な探求の期間に、我々は互いの内に偉大な大師、ババジの反映を見た。その反映は長年にわたるヨーガの実践とともに、より鮮明になっていった。

　ゴーヴィンダンは常に神聖なエネルギーとアイデアの力強い媒体であっただけでなく、金銭や物的な面でも多大な貢献をしてきた。こうした貢献には、インドと西洋において寺院やヨーガ・センターを建設し、そこでの活動を発展させることが含まれていた。ババジとヨーギー・ラマイアは、ババジの生誕地であるインドのポルト・ノーヴォに、美しい大理石の寺院を建設するという重責をゴーヴィンダンと私に与えた。この計画はカラン・シン博士やヨギヤー、そしてとりわけババジの援助を得て見事に実現した。寺院の屋根には、ババジが許可した範囲内で、彼の青年期の出来事のいくつかの場面が石に刻まれることになった。

　引き続く年月の間に行った巡礼やリトリートでの指導と学びを通して、さらには無数の「カルマ・ヨーガ」（無私の奉仕のヨーガ）のプロジェクトの遂行を通して、私とゴーヴィンダンは同じ道を行く旅の同行者としての信頼を培っていった。二人共、人生という「畑」をクリヤー・ヨーガの「鋤」で弛まずに耕した結果、霊的な船に乗り組む心もとない船員から、勇気ある操舵手へと成長していった。

　1988 年、ゴーヴィンダンは、霊的な面において人々を援助し、彼らがババジとの直接的なつながりを自覚できるような導きをするようにとの内なる声を聞いた。1989 年、私も同様な呼びかけをババジから受けた。

　偉大なクリヤーの大師はヒマラヤ地方で謎に包まれた活動をしているが、クリヤーの「鍵」を手にした者は、たとえネパールのカトマンズにいようと、米国オハイオ州のトレドにいようと、心の内と外において大師に触れることができることを知っている。学者や哲学者たちが存在の意義をめぐって、枝葉末節にとらわれた思索にその生涯を費やす一方で、クリヤー・ヨーガの実践者は思考の障壁そのものを突き抜けて、偉大なヒマラヤ大師のダルシャン*⁴の光をじかに受けることができる。シッダたちが残した言葉の真の意味は、こうしたクリヤーの「鍵」によってのみ解き明かすことができる。

　マントラのシッダとして知られるラーマ・デーヴァルは、我々すべて

に訴えかける言葉を残している。「なぜあなたは今まで自己を明け渡さなかったのか！… もしそれをすれば、シャクティが五つの充足を与えるであろうに！」

　内なるクリヤーの光に自己を明け渡し、ババジのダイナミックなヨーガを実践して、肉体、生気体、メンタル体、知性体、霊体の全レベルにおいて聖なる喜びを体験しようではないか。自らの内にある神性を信じて果敢に飛び込もう！　書物は我々にインスピレーションを与え、僧侶や聖職者は新たな可能性を示してくれるかもない。しかし、カリール・ジブランが述べたように「鷲はその巣を離れ、独り太陽の面を飛び越えねばならない」。クリヤー・ヨーガが目指すのは単に形や構造を超えることではなく、それを変容させることにある。我々は自他の精神生活に対する責任を引き受けるべきである。緩慢な成長や精神的な無気力を、ただ手をこまねいて見過ごすべきではない。観察者としての意識をもつことは、決して受動的な傍観者になることと同義ではない！　我々一人一人が「実在」の変容に手を貸す積極的な演者になろうではないか。いみじくも道士（タオイスト）たちは「千里の道も一歩から」という金言を残している。神を愛する者にとっては、安ずるべきことは何もない。なぜならババジは、我々にこう語りかけているからである。「私の愛しい子供達よ、私に一歩近づきなさい… そうすれば、私はあなた方に向けて十歩進もう」

　本書は長年にわたる愛と献身の賜物である。本書が真摯な求道者にとって、全世界に発信されるババジの「ラジオ放送」に同調するきっかけとなればうれしい。本書の頁に込められた光が世界全体に広がることを願ってやまない。

　　　　　オーム・タット・サット・アオム！

　　　　　　　　　　　　　　　　　　1990 年 9 月 29 日
　　　　　　　　　　　　　　　在カリフルニア州グリーン・ヴァレー・レイク
　　　　　　　　　　　　　　　カリ・ローカ・クリヤー・ヨーガ・アシュラム

　　　　　　　　　　　　　　　　　　E．アヤッパ

注釈

（訳注）

＊1.　シッダーンタ（Siddhantham）については、巻末の「用語解説」を参照。

＊2.　ヴィヴェーカーナンダ（1863 ～ 1902）：「万教同根」（一つの宗教）を提唱したラーマクリシュナ（1836 ～ 1886）の高弟。師の死後、シカゴで開かれた世界宗教会議で、師の思想を初めて世界に広めた。

＊3.　ミラレパ（1040 ～ 1123）：自分の前半生で犯した悪業を浄めるためにヨーガの苦行に励み、質素を重んじる大行者となったチベットの聖者。

＊4.　ダルシャン：信者が神格を拝観する聖なる行為。

謝 辞

　本書を執筆することを私に勧めて、執筆のさまざまな段階で導いて
くれたババジ・ナーガラージに感謝する。また長年、タミル・
クリヤー・ヨーガ・シッダーンタの指導に専念し、18人のシッダの著
作の収集と保存に多大な貢献をしてきた、科学修士で名誉医学博
士のヨーギー S. S. A.ラマイアに感謝する。

　次の方々にも感謝する。

● 本書の編集に当たって援助し、数多くの有益な助言を与えてくれた、
　デシュバンドゥ・シッカ博士。
● 地質学的に見た南インドの歴史と、古代の「ゴンドワナ大陸」につい
　て解説してくれた、ニューヨーク市立大学教授のC.E.ネルー博士。
● 本書の草稿に目を通して助言を与え、英語版のまえがきの執筆を引き
　受けてくれた、インド、タミル・ナードゥ州タンジャーヴール市のタ
　ミル大学教授、C.シュリーニヴァサン博士と、米国カリフォルニア州
　ベルフラワーの公認会計士、公認医療技工士および歯列矯正医であ
　る E.アヤッパ氏。
● ラーマリンガ、ティルムラルおよびオーロビンドの関係を明らかに
　するための私の調査を援助してくれたオーロビンド・アシュラムの
　T.R.トゥラシラム氏。
● 本書に掲載されたババジ、マタジ、アガスティヤ、ティルムラル、
　ボーガナタル、ラーマリンガの美しい絵を描いてくれた私の妹のゲイ
　ル・タラント。（注：日本語版ではこれに代わり線画を用いた）
● シュリー・オーロビンドの写真掲載を許可してくれた、ポンディシェ
　リーのシュリー・オーロビンド・アシュラム。
● 1990年7月のインドでの私の調査を援助してくれた、インド、ウッ
　タル・プラデーシュ州ハリドワールのガンシャム・ダス・グプタ氏、
　タミル・ナードゥ州チェンナイ市のS.ナタラジャン氏、ニューデリー
　のジャワハルラル・ネルー大学のラジンダー・クマール・ジャイン教
　授とヴィジャイ・プラカシュ・ラル氏。
● 本書の印刷に際して、デザインと下準備をしてくれたジョアンヌ・
　ボードワン女史。

● 草稿に目を通して有益な助言と励ましを与えてくれた、モントリオールのロバート・ラジョイ氏、ジャン・ピエール・ベギン氏、ヴァサヴァン・ナイル医学博士、同じくモントリオールのフランシス・シマチョウィッツ氏。

　本書は私が 20 年にわたって収集してきた数々の資料をその情報源としている。情報の典拠は可能なかぎり記載した。

　もし本書に盛られた情報が、読者にとって価値のあるものであったならば、ババジに感謝の気持ちを捧げていただければ幸いである。本書の内容に間違いや漏れがあるとすれば、それは偏に著者である私の責任である。

マーシャル・ゴーヴィンダン

地図1　ババジと18人のシッダの縁りの地を記載した近代インドとスリランカ
原典：『India, Travel Survival Kit』（Lonely Planet Publications, P. O. Box 88,
Victoria, 3241, Australia）原典を修正して作成。

地図2　ババジと 18 人のシッダの縁りの地を記載した南インド
原典：『India, Travel Survival Kit』（Lonely Planet Publications, P. O. Box 88,
Victoria, 3241, Australia）原典を修正して作成。

プロローグ

バババジとは誰か

　バババジは今もヒマラヤに生きるヨーガの偉大な大師であり「クリヤー・バババジ・ナーガラージ」「マハー・アヴァター・バババジ」あるいは「シヴァ・ババ」とも呼ばれる存在である。死を克服し、悟りの最高の境地に達した16歳の頃から、彼の肉体は老いることがなくなった。シャンカラ（788～820）は、彼の有名な詩の中で自分のグルであるバババジについてこう述べている。「見よ、バンヤン樹の下で若々しい師を囲んで老齢の弟子たちが座っている！　実に不思議な光景ではないか！その師は沈黙を通して弟子たちに指示を与える。それだけで彼らの疑問はすべて氷解するのである」（Sri Ramakrishna Math, 1969, p.25-26）

　今から65年以上もの昔（訳注：原書が出版されたのは1991年である）に、神智学者のC. W. リードビーター師とアニー・ベサント博士も、この偉大な存在について次のように述べている。

　「そこにその方は立っておられた。［16歳のみずみずしい若者］サナータ・クマーラ［永遠に汚れを知らない若者］にして地球の新しい統治者が、彼の弟子である3人のクマーラと彼らの援助者に伴われて自らの王国にやって来られた。そこにいる30人の並外れた存在は、位階秩序はあるものの、地球上の臆測を超えた偉大な方々であり、クリヤー・シャクティによって創られた光輝く身体に包まれていた。彼らは秘教的聖職団の筆頭の位階にあり、枝を広げた1本のバンヤン樹の枝々、未来のアデプトたちの礎、さらには、あらゆる秘教的な生活の中心である」（Leadbeater, 1969, p.299）

　1946年にパラマハンサ・ヨガナンダによって書かれた『あるヨギの自叙伝』が世に出て以来、いくつかの書物がこの偉大な霊的な大師であるバババジについて言及してきた。バババジは何世紀にもわたってヒマラヤ山中を住処とし、幸運な少数の者の前に時折姿を現してきた。バババジが達成したことは我々の想像もおよばないほどに偉大であるとヨガナンダのグルであるシュリー・ユクテスワルは語っている（Yogananda, 1969, p.305）。バババジは「マハー・アヴァターラ」すなわち「偉大なアヴァターラ」であるとヨガナンダは述べている（前掲 p.305-306）。「アヴァターラ」とはサンスクリット語で「神性の降臨」すなわち「至高の実在」が人間の姿をとって生まれることを意味する。ヨガナンダは「シッダ」

とは死を克服した存在であるとも述べている。彼は多数のタミル語文献が言及しているアガスティヤについて、奇跡を行う南インドの「アヴァターラ」であり紀元前の太古から今日まで生き続けている存在であると述べている（前掲 p.305-306）。アガスティヤは南インドのタミル語圏で名高い「18人のシッダの伝統」に属している。

　ババジはさまざまな姿で現れると指摘する者もある。ババ・ハリ・ダスは、19世紀の後半と20世紀の初めに、インド、ウッタル・プラデーシュ州ラニケトに現れたヘラカンババはババジであるとしている（Hari Dass, 1975）。またレオナルド・オー（Leonard Orr, 1980, 1983）は、1970年頃にラニケトの近くに現れた若者はババジであると語っている。1983年の突然の死の直前まで、ヘラカンババの許には多数の西洋人が訪れていた。さらにまたスワーミー・サティエスワラナンダは、彼とババジとの驚くべき出会いについて記している（Satyeswarananda, 1984）。こうした著作はすべて、その著者や他の人々とババジをめぐる素晴らしい体験について語っている。しかし、こうした体験談に接した読者はしばしば疑念を抱く。もしこのような著作に功績があるとすれば、そこに盛られた内容に触発されて、これまでに多くの人々がヨーガを始めるようになったということだろうか。しかし不幸にも、古代の伝統やババジがクリヤー・ヨーガをもたらした背景、さらにはその修行の厳しさを理解することなしには、自身の体験が本に述べられている体験談におよばないために、やがて大半の探求者がヨーガの道から離れていくことになる。

　こうした本の著者たちは、ババジの生涯や彼がいかに悟りと不死の状態に至ったかについての詳細を明らかにしていない。さらにまたババジが不滅の状態にとどまっている目的と、そのことが我々の人生にどのような意味を持っているのかという重要な点について、十分に説明している著者は一人としていない。

18人のシッダ

　『シヴァ・プラーナ』には、シヴァ神（ヒンドゥー教の主要な宗派の神の名）が太古の昔からチベットのカイラース山に座して瞑想する話が繰り返し述べられている。シヴァ神はヨーギーたちに主神として崇めら

れているだけでなく、あらゆる神々からも至高の神として崇拝されている。シッダの伝統の起源は、数百万年前、カシミールのヒマラヤ山中にあるアマルナートの大洞窟で、シヴァ神が妻（シャクティ）のパールヴァティーに「クリヤー・クンダリニー・プラーナーヤーマ」（呼吸を統御する科学的な技法）を伝授した話に求めることができる（Ramaiah, 1968, p.108）。ヨーギーとしてのシヴァは、後にチベットのカイラース山で、アガスティヤ、ナンディー・デーヴァル、ティルムラルなどに教えを授けた。後にババジに教えを授けたのはアガスティヤである。

　南インドの伝統によれば、霊体、知性体、メンタル体、生気体、肉体のすべてにおいて完成の域に達した比類のない18人のシッダが存在するという。こうしたシッダたちの名は文献によって異なるが、一般に18人のシッダとして列せられる存在のリストを本章の最後に掲げた（Ramaiah, 1968, p.2-3; Pillai, 1979, p.342-349）。それぞれのシッダが「ソルバ・サマーディ」と呼ばれる完成の域に達したと記録されている地、それぞれのグルと弟子の名、さらに彼らの主要な貢献の分野も同リストに記載した。また18人のシッダに縁のある地については「地図1」と「地図2」に記した。

　「パッティネットゥ・シッダ」（Pattinettu Siddhas:「18人のシッダ」の意）として一般に知られるシッダたちの他にも、各種の文献に記載されている人物が多数存在する。こうしたシッダには、コンケヤル（Konkeyar）、プンナケサル（Punnakeesar）、プラスティヤル（Pulastiyar）、プナイカナル（Poonaikannar）、プリパニ（Pulipanni）、カランギ（Kakangi）、アルガニ（Aluganni）、アガパイヤル（Agapaiyer）、テライヤル（Theraiyar）、ローマ・リシ（Roma Rishi）、アッヴァイ（Avvai）などが含まれる。

　タミル地方のヨーガ・シッダたちは、霊的次元において、神、すなわち至高の実在との「合一」（ヨーガ）を果たした後に、あたかも塩で作られた人形が大海に溶け込むように、知性体、メンタル体、生気体、そしてついには肉体の変容を順次体験した。[*1]

　彼らは完全な悟りの域に達することで、人間の本性そのものの聖なる変容を実現したのである。シッダたちの偉業は人知を超えるものだが、こうした人々の生涯や著作を比較・研究することで、我々は人間の潜在

能力についての貴重な洞察を得ることができる。

　18人のシッダとババジが達成したことは「神」（シッダたちはこの存在を、シヴァ、ムルガン、ヴィシュヌ、シャクティなどと呼んだ）の恩寵と神性の降臨を実現するために用いられた、低次の身体を調えるための技法（すなわち「クリヤー」）の賜物であった。こうした技法は総合的に「クリヤー・ヨーガ・シッダーンタ」と呼ばれる。それは神（真理）に至るための最終的な完成をもたらす実践的なヨーガの技法である。

　ババジ・ナーガラージを初めとする18人のシッダの伝統に関する情報は各章で述べる。こうした情報の現代人にとっての重要性は、それが万人に開かれた自己変容の手段、すなわち「クリヤー・ヨーガ」と呼ばれる一連の技法について語っている点にある。霊的な悟りや個人としての成就を求める過程で世間に背を向けるという、多くの宗教の宗派や霊的伝統における出家制度に見られる姿勢や、一部の「ニューエイジ」グループに見られるような態度に陥ることなく、自己の聖なる変容に専心せよとシッダたちは我々に訴えかける。18人のヨーガ・シッダたちは、科学、医学、文学、ヨーガおよび哲学の各分野で重要な業績を残している。彼らは無名性を保ちながら舞台裏で活動し、あらゆる分野の探求者を鼓舞して援助している。こうした活動を通して、彼らは高次の宇宙意識へと向かう人類の進化を助けている。

　シッダたちの活動については、アニー・ベサント博士が50年以上前に、その著書『大師たち』（The Masters）の中で雄弁に述べている。

　「大師たちは数限りない方法で人間の進歩を助けている。彼らは最も高い領域から全世界に光と息吹を注ぎ、その光は吸収され浸透する。物質界が太陽を通して神の命を吹き込まれているように、諸々の宗教に関わりの深い大師たちは、彼らが注ぐ霊的なエネルギーの貯蔵庫として宗教を使い、そのエネルギーは正当な恩寵の手だてを通して各宗教の誠実な信奉者に与えられる。次の段階では、偉大な英知の活動が行われる。大師たちは高度な英知をさまざまな思考形態として発信する。これらは天才的な人物によって受信され、同化された後に世界へ伝達される。大師たちはこの段階において自分たちの望みを弟子たちに発信し、弟子たちに彼らが着手すべき課題を告げる。次の段階では、低次のメンタル界での活動が始動する。ここでは現実的な精神に影響を与えて、世界にとって有益な活動を行うように導く思考形態が発信される。またこの段

階では、天界に生きる存在への指導も与えられる。次には中間的な世界における広範な活動、いわゆる［死者の魂］に対する援助、弱輩の弟子たちに対する導きの一般的な方向づけと監督、さらには無数の要求に対する援助がこのレベルで行われる。物質界においては、そこで起こる出来事の傾向を監視し、法の許す範囲で邪悪な動きを是正および緩和し、進化を助ける力とそれを阻む力の均衡を常に図り、さらには善の強化と悪の弱体化に向けた活動を行う。また大師たちは諸民族の天使たちと協力して、他の存在たちが物質界を導く一方で、霊的な諸力を導いている」(Leadbeater, 1969, p.213)

本書が書かれた経緯

本書が執筆された経緯に関心のある読者もあろう。1950年代から1960年代にかけての成長期をロサンゼルスで過ごした筆者は、セルフ・リアリゼーション・フェローシップ（SRF）をとおしてババジを知って以来のこの20年間、本書に盛られた情報を収集してきた。1969年には複数の神秘体験をした。そうした体験は筆者に方向転換を迫った。同年、筆者はSRF修道会への入門を申請した。その間にヒマラヤでババジの指導の下に修練を積んだ直弟子、ヨーギー S.A.A. ラマイアに会えたことは、筆者にとって幸運であった。この出会いは1970年2月、筆者がジョージタウン大学の4年生になり同校の外交政策・国際関係大学院で学んでいたときに起きた。ヨーギー・ラマイアと出会ってからしばらくして、筆者はヨーギー・ラマイア本人からクリヤー・ヨーガの手ほどきを受け、ロスアンゼルスの近郊に新設されて間もないクリヤー・ヨーガ・センターに入ることになった。その後、ヨーギー・ラマイアより、クリヤー・ヨーガの高度な技法を伝授された筆者は、その後20年以上にわたり、集中的にクリヤー・ヨーガの修練に励んできた。

1970年から1988年末にかけ、ヨーギー・ラマイアと国際ババジ・ヨーガ・サンガの活動をとおして、ババジの仕事に奉仕する機会を得た。こうした活動には、世界各地にあるサンガのクリヤー・ヨーガ・センターで専従員として献身的に働くことが含まれた。活動の一環として3年余インドに滞在した。この間、南インドの偉大なタミル・シヴァ・ヨーガ・シッダーンタの伝統に親しむ機会を得た。筆者が個人的に直接、設立や

運営の支援に関わったクリヤー・ヨーガ・センターは数多い。具体的には、アメリカ合衆国では、ロスアンゼルス市、インペリアル市、カレクシコ市（以上カリフォルニア州）、ユマ市（アリゾナ州）、シカゴ市（イリノイ州）、ワシントンD.C.（ワシントン・コロンビア特別区）、ボルチモア市（メリーランド州）、カナダでは、モントリオール市、イギリスではロンドン市、インドでは、カナドゥカタン市、マドラス市（現チェンナイ市）、ポルトノーヴォ市、アタノア市、スリランカでは、コロンボ市、ジャフナ市、カタラガマ市、マレーシアでは、クアラルンプール市とイポー市、そしてオーストラリアでは、シドニー市といった地域で、センターの設立や運営に関わった。1985年と1986年には、国際ババジ・ヨーガ・サンガの活動として、医学大学と診療所の建設を南インドで指揮した。1987年には世界宗教会議第34回年次大会の開催の運営にあたった。この大会には千人を超える参加者があった。こうした様々な任務を遂行するごとに、筆者はババジの導きを体験した。こうして筆者は、徐々にババジからのメッセージを受け取り、この聖者の手足となって働くことを学んでいった。長年にわたってクリヤー・ヨーガの修練を積み、献身的な活動を続けることで霊的な体験が深化し、いっそう自己の明け渡しが深まった。

　1984年1月2日、クリヤー・ヨーガの高度な技法を他に伝授するために、所定の厳しい条件を満たすよう、ヨーギー・ラマイアから求められた。1988年、それは課せられた条件を満たした後のクリスマスの日に起きた。筆者の瞑想にババジその人が現れて、サンガを離れ、人々にクリヤー・ヨーガを教えるようにと伝えられたのである。こうしたババジからの指令は、引き続く週に行った複数の瞑想体験によっても確認することができた。

　1989年の初頭、筆者は本書を世に出すインスピレーションを得た。20数年にわたって集めてきた貴重な情報を世界の人々と分かち合うためである。以来、ババジの恩寵に浴しながら、世界20数カ国で1万を超える人々にクリヤー・ヨーガを伝授してきた。またカナダのケベック州、インド、さらにヨーロッパでアシュラムを組織し、クリヤー・ヨーガの普及を図るために、一般人教師からなる「ババジのクリヤー・ヨーガ教師の会」を設立した。

本書の目的

本書は主に次の二つの目的のために書かれた。

1. ババジの生涯と使命、そしてババジによって統合・再生されたクリ
   ヤー・ヨーガの源泉である18人のシッダの輝かしい伝統と偉大さを
   紹介する。

2. クリヤー・ヨーガの科学的な技法が、真我実現や個人と社会の変容
   のための真の鍵としていかに有効であるかを明らかにし、人々がよ
   りいっそうの健康と幸福を得られるように、この伝統の教えとヨー
   ガをいかに応用すべきかを示す。

　読者は本書を読み進むにつれて、ババジと18人のシッダの「不滅な
る者」の哲学が、彼らによる超人的な偉業を可能にしただけでなく、そ
れが1万年以上も連綿と続いてきた南インドの文化を育んできたことを
理解するだろう。シッダたちの生涯について述べた話は、彼らが自らの
哲学を実践してきた様子を明らかにしてくれる。彼らがこの世界にとど
まり、あらゆる分野の発展に深く貢献してきた理由と、事の次第を明確
に理解するのであれば、読者の健全な懐疑心はシッダたちを自分の手本
にしたいという気持ちに変わるだろう。
　「あらゆる国が私の祖国であり、すべての民族が私の同胞である」そ
して「多様性のなかの統一」という金言に表されているババジと18人
のシッダたちによるすばらしい世界観は、偏狭な態度とはまったく無縁
であるだけでなく、今日の人類全体にとって重要な意味を持つ。情報技
術の革新的な応用が、世界を「地球村」にしつつある現在、彼らの世界
観はとりわけ重要な意味を持つ。このような世界観は「新しい世界の秩
序」の基礎となるだろう。(Govindan, 1990)
　ババジと18人のシッダたちが示す生き方は、自己破壊のサイクルに
陥った世界にとって何よりも必要である。14世紀に始まったルネッサン
ス時代以来、宗教と科学は互いに反目し合うようになり、人類は母なる
自然を、物質的な価値観に根ざす欲求を満たすための、搾取の対象と見
なすようになった。西洋の物質文明は、死後に天国での生を得ることへ

の期待感やプロテスタントの労働倫理など、人々の宗教上の価値観を利用することによって繁栄してきた。最近では東洋の諸文化においても、こうした自己破壊的な傾向への有効な反論もないままに、物質文明が幅を利かせている。こうした現状の背景として、東洋の宗教が物質的な世界を軽んじ、物質的な世界に転生するサイクルから解脱することに固執してきたことを指摘しなければならない。（往々にして宗教や文化の美名の下に行われてきた）世界戦争、大量殺戮、環境破壊、癌による人類の種としての生物学的な後退、エイズや他の現代病、蔓延する精神病、道徳の退廃、社会不安といった事態は、すべて人間の意識における霊と物質の分裂状態の結果として現れる。人類が今後も存続するためには、死に至る現在の生き方を新しいパラダイム（現実の枠組み）に即した生き方に変えなければならない。そしてそのパラダイムとは、精神的および物質的な価値観を統合し、人類が持つ最大の可能性を肯定するものでなければならない。ババジと18人のシッダたちは新しいパラダイムに基づく生き方を示している。読者は以下に続く頁を通して、彼らの示した生き方が、クリヤー・ヨーガの科学的な技法に基づく実際的な道であることを理解するだろう。

注釈

＊1. ヨーガの教えによると、人間は複数の同心円状の意識エネルギーの「身体」によって構成されているという。以下にこの「身体」を物質的なレベルから静妙なレベルの順で説明する。

(1) **肉体（physical body）**：肉眼で見ることができる人間の物質的な部分。これには人の意思とは無関係に（ときにはそれに反して）働く細胞レベルの肉体意識が含まれる。この部分は「超越的な至高の意識」の対極的な現れである「自覚なき物質」から生まれる。

(2) **生気体（vital body）**：欲求、感覚、感情、情熱、活動のエネルギー、意欲、所有欲やそれに類する本能、怒り、恐れ、貪欲、情欲、悲しみ、喜び、憎しみ、嫌悪、プライド、および些細な好悪の感情などからなる生命の様態。（訳注：著者によれば「生気体」は、より一般的な表現である「感情体」と同義である）

(3) **メンタル体（mental body, manas）**：知覚する心。諸感覚を通して得られる認識や知覚、事物に対する思考の反応、考えを実現するために精神力を発揮したり、話すことによって考えを表現する意識エネルギーの部分。

(4) **知性体（intellectual body, buddhi）**：分別する心。意識エネルギーのうち、記号、指標、データの収集を通して概念を分析、統合、構築する部分。心（mind）は「スー

パーマインド」の低位の力であり、その特徴は対象を分割する視点にある。心は物事の背後にある一体性を見失っているが「心（マインド）を超えた意識」（Supramental すなわち Truth-Consciousness：「真理」が宿る意識 ）からもたらされる光明によって、全一なる実在に回帰することができる。

(5) 霊体（spiritual body）：個人の内にある永遠の実在、すなわち「真の自己」。この意識のレベルにおいて、人は真我、聖霊（the Spirit）、至高の実在（the Divine）に目覚める。またこのレベルにおいて、人は森羅万象のうちに至高の実在の顕現を見、諸々の現象や力の戯れが、同じく至高の実在（Reality）から発するものであることを知る。（Aurobindo, 1978, p.10, 55-91, 147-148, 160, 177, 198）

18人のシッダ

名前	サマーディに至った地	グル	弟子	業績
ナンディー・デーヴァル	カーシー（ワーラーナシー）	●シヴァ	●ティルムラル ●パタンジャリ ●ダクシナムルティ ●ローマリシ ●サッタムニ	医学 カーヤ・カルパ 錬金術
アガスティヤ	アナンタサヤナ	●シヴァ	●ボーガナタル ●ババジ ●ティルヴァッルヴァル ●マッチャムニ	医学 カーヤ・カルパ タミル文法 ヨーガ
ティルムラル	チダンバラム	●ナンディー	─	ヨーガ 哲学
ボーガナタル	パラーニ	●アガスティヤ ●カランギナタル	●ババジ ●コンカナヴァル ●カルヴッラル ●イダイ・カダル	ヨーガ、 カーヤ・カルパ、 医学、錬金術、 自然科学、哲学
コンカナヴァル	ティルパティ	●ボーガナタル	557人	医学、ヨーガ、哲学、宗教に関する25著作
マッチャムニ（マティセーンドラナート）	ティルパランクンドラム	●アガスティヤ ●プンナケサル ●パスンダル	●ゴーラクナート	ハタ・ヨーガ、タントラ・ヨーガの行法に関する10著作
ゴーラクナート	ポユル（ギルナール）	●ダッタトゥレーヤ（ヴィシュヌ） ●マッチャムニ ●アッラーマ・プラブー	●ナーガールジュナ	「アヴァドゥータ・ギーター」と13著作、禁欲行の規則、医学、錬金術、ヨーガの古典「ハタ・ヨーガ・プラディピカー」
サッタムニ	シュリーランガム	●ナンディー ●ダクシナムルティ	●スンダルアナンダル ●パームバッティ	医学、哲学に関する46著作、

名前	サマーディに至った地	グル	弟子	業績
スンダルアナンダル	クダール（マドゥライ）	●サッタムニ ●コンカナヴァル	—	医学、哲学に関する 24 著作
ラーマ・デーヴァル（ヤコブ）	アリャハルマライ	●プラスティヤ ●カルヴッラル	—	マントラ・シャーストラ、医学に関する 24 著作
クダンバーイー	マヤヴァラム	●アルッカニ・シッダ（イダイ・カダルの弟子）	—	シッダの哲学
カルヴッラル	カルヴァイ（カルール）	●ボーガナタル	●イダイ・カダル	タンジャーヴール寺院の建設、医学
イダイ・カダル	ティルヴァンナーマライ	●ボーガナタル ●カルヴッラル	●クダンバーイー ●アルッカニ	カーヤ・カルパに関する 2 著作
カマラムニ	アルール（ティルヴァルム）	—	—	医学と哲学に関する 2 著作
ヴァールミーキ	エッティクディ	●ナーラーダ	—	叙事詩「ラーマーヤナ」の記録
パタンジャリ	ラーメーシュワラム	●ナンディー	—	ヨーガの古典「ヨーガ・スートラ」
ダンヴァンタリ	ワイディシュワランコイル	—	—	医学、カーヤ・カルパに関する 22 著作
パームバッティ	ハリシャンカランコイル	●サッタムニ	—	シッダの哲学

出典：Pillai, p.349-69；Velan, p.206-207；Mokashi-Punekar, p.17-18, 40, 51-52, 182; Ghurye, p.132
訳注：著作数は現在までにその存在が知られているものの数。

バハジ・ナーガラージ

マタジ・アナイ・ナーガラクシュミー

ナンディー・デーヴァル

アガスティヤ（右）とババジ

ティルムラル

ボーガナタル（左）とババジ

コンカナヴァル

マッチャムニ

ゴーラクナート

サッタムニ

スンダルアナンダル

ラーマ・デーヴァル

クダンバーイー

カルヴッラル

イダイ・カダル

カマラムニ

ヴァールミーキ

パタンジャリ

ダンヴァンタリ

パームバッティ

第 1 部
18人のシッダとババジ

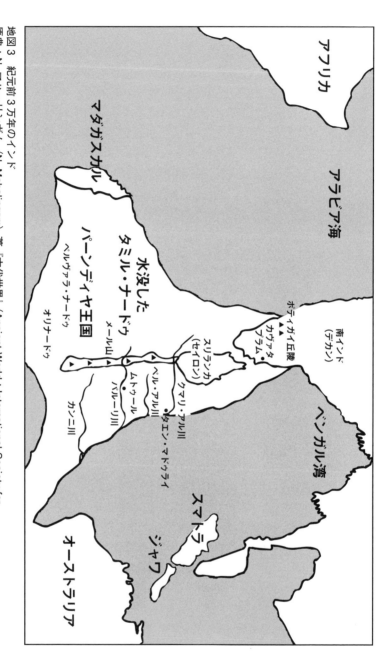

地図3　紀元前3万年のインド

原典：N. マハーリンガム（N. Mahalingam）著『古代世界』（Ancient World : International Society for Investigation of Ancient Civilization, 101 Mount Road, Guindy, Madras, India 50032）

アフリカ

アラビア海

マダガスカル

水没した
タミル・ナードゥ

パーンディヤ王国

ベルヴァラ・ナードゥ

オリナードゥ

メール山

カンニ川

パルー川

ムトゥール

ベル・アルル川

ベル・アルル

クマリ・アルル川

タエン・マドゥライ

南インド
（デカン）

ポディガイ丘陵

カヴァータ・プラム

スリランカ
（セイロン）

ベンガル湾

スマトラ

ジャワ

オーストラリア

第1章
18人のシッダの伝統

本章ではヨーガの最高位の大師たちである18人のシッダの伝統への理解を深めて彼らの真価を知るために、彼らの生涯や教え、ヨーガや医学、さらには錬金術や化学といった関連の科学分野への貢献について再検討し、彼らが残した古文書について調べた近年の研究を検討する。

18人のシッダの伝統とその歴史

　シッダたちの歴史について書き著した者はまだいない。現時点ではシッダたちが残した著作が不完全な形で収集されているだけである。通常それは白蟻による虫食いや、腐食に晒された椰子の葉に書かれているか、学術的な監修を経ていない粗末な印刷物として残されている。[*1]

　内容が複雑なだけでなく、しばしば難解な古代タミル語で書かれているシッダたちの著作は、ほとんど顧みられていない。[*2]「シッダたちの多義的な表現方法は意図的なものである。もし意味が不明瞭であるとすれば、それは彼らの望むところなのだ。多様に解釈できる表現は、その言葉で綴られた詩に込められた深遠な神秘を読み取ることができる霊的な達人と、何気なくそれを耳にした人の双方に働きかけることができる重要な手段である。こうした詩は無知という鍵によって閉ざされた神秘の宝庫であり、修練を積んだシッダだけがその鍵を解き、そこに込められた真の意味を明かすことができるものである」(Zvelebil, 1973, p.229)。こうした特殊性はあるものの、シッダたちの著作は極めて貴重である。彼らの著作はまるでジグソーパズルの断片のように、ヨーガ、医学、生理学、錬金術、化学、植物学、形而上学の各視点から、生命の根源的な秘密を明かす鍵を握っているからである。またズヴェレビルは「シッダたちの著作に関する知識は、タミル人の文化、宗教、社会、文学を正確に把握するために絶対に不可欠である」(前掲 p.236)と述べている。シッダの伝統に関する歴史的な証拠は、伝説、地質学、考古学、古生物学、系図学、天文学、古代文学、言語学を含む多方面の分野から寄せられている。

　18人のシッダのうちで、最古の時代に属する者に繋がる歴史上の時代を明確に特定するためには、さらに多くの調査が先の分野でなされなければならない（前掲 p.220-221）。最古のシッダとしては、ナンディー、アガスティヤ、ティルムラルおよびボーガナタルが挙げられる。他のシッ

ダたちは西暦4世紀から12世紀にかけて生きていたことが歴史文献から明らかになっている。

失われた大陸「クマリ・カンダム」

イランゴー・アディハル（Ilango Adigal）によって1世紀に書かれた、タミル地方の名高い五大叙事詩の一つ『シラッパディハーラム』（Silappadikaran）は、現在のインド最南端の地、カンニヤークマリをはるかに越えて広がり、今はインド洋の底に沈んでいる「クマリ・ナードゥ」（Kumari Nadu：今日、ヨーロッパの学者が「レムリア」すなわち「ゴンドワナ大陸」だとしている地）という広大な国についてたびたび言及している。また古代のマドゥライ（タエン・マドゥライ：Taen Madurai）はタミル・サンガム（文芸院）があった地であり、カヴァタプラム（Kavatapuram）かムトゥール（Muthoor）はパーンディヤ王国（Pandyan Kingdom）の都であったと述べている。タミル語文献の注解者であるアティヤルクナラル（Atiyarkunallar）、ナチナルキニアル（Nachinarkkiniar）およびイランプラナル（Ilampuranar）は、タミルガム（Tamilkam）にあったクマリ（Kumari）とパールリ（Pahroli）という二つの川が海面下に沈んだと述べている。『シラッパディハーラム』によれば、この二つの川は700カヴァダム（700 kavadam：およそ1600キロ）離れており、パーンディヤ王国はターガ（Thahga）、マドゥライ（Madurai）、ムンパライ（Munpalai）、ピンパライ（Pinpalai）、クンラ（Kunra）、クナッカライ（Kunakkarai）、クルンパライ（Kurumparai）の7州（ナードゥ）に分かれており、各州に七つの準州があったので、合計では49の州があったという。またそこには驚くほど多種多様な古代の動植物が棲息する山々があったという。（Mahalingam, 1983, p.205）（地図3を参照）

現在のカンニヤークマリから南方に広がっていた古代のインド半島は、インド洋の広大な水域に大陸を形成しており、西はアフリカ、南はオーストラリアに接していた。紀元前3万年から同2700年にかけて、地震や火山の噴火による地殻変動がこの大陸を襲った。レムリア大陸の西部が水没し始めたので、人々はアジア、オーストラリア、太平洋諸島に移住した。さらにレムリア人たちは南北アメリカやナイル川流域に入

植し、ヨーロッパと北アメリカの間にあったアトランティス大陸および
エジプト文明を興した。（前掲 p.201）（地図3を参照[*3]）

　ルビーなどの宝石が採掘されていたマニ・マライ（Mani Malai）は、
レムリアの主要な山脈の一つであった。「メール（Meru）山」とも呼ば
れたこの山脈からは多量の金が採掘されていた。このことから「金山
の近くでは、カラスさえも黄金色」という意味の "Meruvai cherntha
kakamum ponnam" というタミル地方の古い諺が生まれた。パーンディヤ
王が雇った中国人労働者が地上から採掘現場に入っていく様子は、さな
がら小さな蟻の大軍のようだったという。このことは古代中国の記録に
よっても確認されている。メール山脈には49の峰があった。その山腹
にはペル・アル川が流れており、その両側にはクマリとパールリという
二つの川が流れていた。（前掲 p.205）

　T. W. ホルダーネス卿（Sir T. W. Holderness）は、彼の学術的な研
究について記した『インドの人々と諸問題』（People and Problems of
India）の中で次のように述べている。「ヴィンディヤー山脈以南のイン
ド半島は、ガンジス平野やヒマラヤ山脈と地質的に異なっている。この
地域は、現在はインド洋となっている海域にアフリカまで広がっていた
古代の大陸の一部である。この大陸で形成された岩石は世界でも最古の
部類に属する」（前掲 p.203-204）

ゴンドワナ大陸の存在を裏づける地質学的な証拠

　1930年にドイツの地質学者、ウェーゲナーによって初めて学説化され、
後に地質学調査や他の研究プロジェクトによって証明されたように、そ
の昔、アフリカ、オーストラリア、インド半島、南アメリカ、セイロン、
南極大陸は一体であったが、後にジグソーパズルの断片のようにそれ
ぞれの地殻が移動して離れ、その一部は海中に没んだ（Strahler, 1972,
p.303）。こうして現代地質学の「プレートテクトニクス理論」は、19世
紀におけるヨーロッパのインド学者たちが「神話」と見なしてきたこと
が事実であったことを裏付けた。

　インドとアジア大陸の衝突に関する古磁気学の数々のデータ（Kukal,
Patriat et al, 1990）によると、インド・プレートがユーラシア・プレート
の下に潜り込む現象は、1億1千万年前に始まった。またインド・プレー

トは 7 千万年前から 4 千万年前までの間、年平均 14.9 センチ（誤差は± 4.5 センチ）の割合で北上していた。その後、現在の年平均 5.2 センチ（誤差は± 0.8 センチ）という速度に落ち着いた。(Kukal, 1990, p.46)

ケンブリッジ大学の A. C. スウォード教授（A. C. Seward）は、その著『各時代における植物』（Plant Life through the Ages）の中で、化石資料から判断すると、最初の維管束植物（シダ植物と種子植物）は、4 億 5 百万年前から 3 億 4 千 5 百万年前まで続いたデボン紀に生息していたと指摘している。エドワード・ヴァリアミー教授（Edward Vulliamy）と彼の共同研究者は、植物の化石に基づく研究から、古くは 4 億 5 百万年前まで遡る 6 種の異なる地質記の古代地図を作成した。シュリーニヴァサンはこれらの地図の研究から、陸地として連綿と存続してきた世界で唯一の地域が南インドであるとし、その他すべての地域は 4 億 5 百万年前から現在までのある一時期に、その一部ないしはすべてが海中に没したことがあると指摘している（Srinivasan, 1986）。こうしたことから、南インドでは超古代から脈々と続く文化の発達が可能になったのである。

プロローグの最後に記載した 18 人のシッダに縁りのある地は、カーシー（ワーラーナシー）とポユル（ギルナール）を除けば、すべてが南インド、とりわけタミル・ナードゥ州に集中している。シッダに縁りのある地が南インドに多いことと、この地域が地質学的に見て世界最古の陸地の一つであり、さまざまな地質記を通して一度も海に覆われたことがないことは決して偶然ではない。チェンナイ近郊のパッラヴァラム（Pallavaram）には、世界最古の岩石層がいくつか見られる。シッダたちが著した古代タミル語文献には、大陸の移動や地震活動のことが記されている（Ramaiah, 1968, p.1-8）。ヴィンディヤー山脈の侵食によって、ガンジス河の河口の海が堆積物で埋まり、デカン溶岩台地がタミル半島に形成された頃、シッダ・アガスティヤは現在のトリヴァンドラムの北にあるポティガイ山脈に移動した。ヨーガ・シッダたちの著作や文化はここで生まれ、今日まで途切れることなく続いている。後にアガスティヤやタミル地方の人々は、現在インドネシアのジャワ島として知られる地域やカンボジアに移住した。このことは、これら二つの地域にある寺院で発見された考古学的な証拠によって裏付けられている。ジャワ島にはアガスティヤに捧げられた巨大な古代寺院まである。カンボジアのアンコール・ワットの寺院は、

シッダたちの著作に記されている原則に則って設計されている。シッダ
たちが残した文献は、巨大な古代の大陸、クマリ・カンダム（Kumari
Kandam）についても言及している。その中心地は現在の南インドの最
南端であったという。

インダス文明の古代遺跡

　タミル・クリヤー・ヨーガ・シッダーンタが育まれた歴史と文化的な
背景を理解するためには、世界最古のドラヴィダ文明についてここで簡
単に触れることが妥当であろう。1921年から22年にかけて、当時のイ
ンド考古学会会長であったジョン・マーシャル卿（Sir John Marshal）
によって発掘された、シンド地方のモエンジョ・ダーロやパンジャーブ
地方西部のハラッパーにある見事なインダス文明の遺跡は、最古の時代
におけるインドの姿を伝えている。

　インダス文明はそれ自身が古の文明であるが、文明が花開くまでに
は何千年もの年月を要したであろうと思われる高度な発達を遂げてい
た。それは紀元前8000年から1万年の古代インドに存在したヴェーダ
期以前の人々の文明であり、歴史学者はこれをドラヴィダ人が築いた文
明であるとしている。パリのギメ美術館館長であるフランス人考古学者
J. F. ジャリージュの指揮の下に行われた、パキスタンのメヘルガル
（Mehrgarh）での発掘の結果、ハラッパー文明が紀元前8000年まで遡
るものであることがわかった。また放射性炭素の年代測定によって、出
土品のいくつかは紀元前1万年以前のものであると測定された。この遺
跡に程近いバローチスターン州（または「バルーチスターン州」）のナ
ウシャーロ（Naushahro）で行われた発掘は、その地が古代都市の拡大によっ
て、後に8万人以上の人口を擁する大都市に発展したことを示している。こ
うした発掘調査によって、インダス文明がメソポタミア文明よりも古く、
エジプト文明よりも約2500年も前に存在していたことが確認された。
最盛期のモエンジョ・ダーロは世界最大の都市であった（Sinha, 1989,
p.29-41）。こうした発見はインド史観に根本的な変革をもたらした。

　ジョン・マーシャル卿はこう述べている。「モエンジョ・ダーロやハ
ラッパーの遺跡が我々にもたらした多くの新事実のなかでおそらく最も
注目すべきことは、シヴァ神の信仰には銅石器時代（紀元前8000年〜

同 3000 年）か、それ以前の時代にまで遡る歴史があり、この信仰が現存する世界最古の信仰であるという発見がなされたことである」

　ヘラス神父（Rev. Father Heras）は有名なハラッパーとモエンジョ・ダーロの印章を研究し「インド史ジャーナル」（the Journal of Indian History）の第 16 巻第 1 部において次のような結論を述べている。「これまでに筆者が解読した 1800 以上の碑文の研究から明らかになったことは、西から東へ移ってきたと考えられてきた地中海人種の移動が、実は逆方向の東から西に起きていたことである。モエンジョ・ダーロの手書き文字の発達、これら二つの国の宗教とエジプトの宗教の類似、王の称号、原インド人の黄道帯星座の数とこれら星座の位置関係、原インド人にとっての琴座がシュメールでは牡牛座に変化したと思われること、ベロソス（Berosus）が記録した古代メソポタミア人の伝統、聖書の創世紀の記述との類似（沐浴の儀式、供物、火の儀式、月例および定期的な宗教儀式など）などのすべてから同じ結論を導くことができる。すなわち、地中海人種の移住はインドから始まって、メソポタミア南部やアフリカ北部に広がり、クレタ、キプロス、ギリシャ、イタリア、スペイン、さらにはピレネー山脈を越えて、中央ヨーロッパやイギリス諸島にまで至ったのである」（Mahalingam, 1983, p 113）

　ヘラス神父は『原インド・地中海文化の研究』（Studies in Proto-Indo-Mediterranean Culture）の中で次のように述べている。「古代タミルとカンナダ（Kannada）の文献は、ドラヴィダ人の古代の知識を明らかにしてくれる。『リグ・ヴェーダ』はインダス地方の都市文明の影響を受けていると思われる」

　「ハラッパー文化は太古の昔（紀元前 5000 年頃）にカーヴェーリ平野（南インド、タミル・ナードゥ地方）に始まり、西海岸に沿ってカティアワル・シンドやパンジャーブ地方に伝わり、偉大なタミル人の力によって、さらには近東や地中海地方にまで伝播したのである」（前掲 p.105）

　「これに対する異論はあるものの、モエンジョ・ダーロを造った人々がドラヴィダ人であったという見解は、今日、学者の間で広く認められていると言ってよい」（Velan, 1963, p.22）

　インドの学者、ジャワハルラル・ネルー（Jawaharlal Nehru）はその著『インドの発見』（The Discovery of India）の中で次のように述べている。「アーリア人の移住はインダス文明期の後、およそ千年を経てから始まっ

たとされる。そして初の大規模な文化的融合が、流入してくるアーリア人とインダス文明の代表と思われるドラヴィダ人との間に生じた」。またネルーは次のように要約している。「彼らの文化(モエンジョ・ダーロ)は、その地に固有の文化であるか、またはその可能性があり、その源流や支流を南インドに見出すことができるだけでなく、モエンジョ・ダーロを建設した人々とドラヴィダ人種や南インドの文化との間には根本的な類似性があると指摘する学者もある」(前掲 p.22)

　連綿と続くインダス文明の伝統は、南インド、とりわけタミル地方においても見出すことができる。モエンジョ・ダーロの文明において、ニーム(Neem)*⁴の木は神聖視されていた。シッダの古代医学の体系でも、薬効のある植物として初めて挙げられているのは、ニームまたはマルゴサ(Margosa)である。これらの植物は天然痘やその他の伝染病の予防薬として太古の昔からタミル人に使われてきた。またマルゴサは母なる女神「カーリー」の木とされており、インド菩提樹は最高神であるシヴァ神(至高の実在)が宿る木とされてきた。南インドの有名な寺院には必ず聖木があり、そこには通常、女神、すなわちシャクティの力を象徴する、からみあって起立する蛇を象った石の彫刻かシヴァ・リンガ(Shiva lingam)が置かれている。(前掲 p.43)

　以上のことからも明らかなように、世界最古の文明は南インドのドラヴィダ人の下で発展したシヴァ神を信奉するヨーギーの文明である。後にこれがインダス河流域をはじめとする多くの地域に広がっていったのである。モエンジョ・ダーロ遺跡でのシヴァ・リンガや有名な護符の印章の発見がこのことを裏づけている(Zimmer, 1972, p.168)。こうした印章にはシヴァ神のシンボルである三叉の矛を背後に置き、手を知恵の象徴であるジュニャーナ・ヨーガ・ムドラー(印)に組み、ヨーガのシッダーサナの座法で座るヨーギーの姿が描かれている。ヨーギーは聖紐をまとって動物たちに囲まれている。その姿は「パーシュパティナート」(Pasupathi Nath)すなわち動物や人々の魂の主としてのシヴァ神を表している。メソポタミア、ギリシャ、エジプト、ローマ、インカの文明などとは異なり、シヴァ神を信仰する南インドのドラヴィダ人の文明は現在も生き続けている。これはシッダたちの霊的な導きや影響力に負うところが大きい。シッダたちの貢献については以下の数章で触れていく。

古代タミル地方の文芸院

　「サンガム」（Sangam: または「シャンガム」）として知られる古代タミル地方の文芸院は、紀元前の時代において長い間存在していた。9世紀の文法書『イライヤナル・アガッポルル・ウライ』（Iraiyanar Agapporul Urai）はその歴史について述べている。これによると、パーンディヤ王たちは三つの文芸院を創設したという。このうち初めの二つの文芸院の長はアガスティヤであった。最初の文芸院の本拠地はダクシマ・マドゥラ（Daksima Madura）にあり、そこが海に沈むまでの4400年間にわたって続いた。第2文芸院はカヴァタプラム（Kavatapuram）を本拠地とし、そこが海に沈むまでの3700年間続いた。最後の文芸院はウッタラ・マドゥラ（Uttara Madura）すなわち現在のマドゥラ市にあたる地にあり、ここは1850年間にわたって存続した。一説には、この最後の文芸院は西暦300年頃まで続いたという。

　カヴァタプラムが大洪水に見舞われた後に、パーンディヤ王国の都が遷都されたことは歴史的な事実であろうと思われる。このことは他の文献上で確認されているほか、紀元前2世紀にギリシャの作家プリニウスによって裏付けられている。プリニウスは都がコルカイ（Korkai）からマドゥライ（Madurai）に移されたとしている。パーンディヤ王国の領土のうち700カヴァダン（約1600キロ）が海に呑み込まれたことは『シラッパディハーラム』（1世紀）によって確認されている。ペラシリヤル（Perasiriyar）は『トルハーピヤム』（Tolkappiyam）の注解書の中で、この失われた土地のことを「パナイナードゥ」（Panainadu）と呼んでいる。第2文芸院が作られた地であるカヴァタプラムは『ラーマーヤナ』やカウタリヤ（Kautaliya）の『アルタシャーストラ』（Arthasastra）の中で言及されている。『ラーマーヤナ』にはスグリーヴァが猿の使者に次のように語る場面がある。「パーンディヤ王にふさわしい豊かな黄金、真珠、宝石に彩られた神々しき地、カヴァタに至ったなら、ああワーラーナラシーよ、そこでシータを捜したまえ」（Pillai, 1979, p.221-223）。『ラーマーヤナ』は「トレタ・ユガ」の時代の出来事である。（Kalyanasundaram, 1989, p.7,11）（「ユガ」［Yuga］については巻末の用語解説を参照）

　「アガスティヤム」（Agastyam）と呼ばれる簡潔な文法体系でタミル語の基礎を作ったのはアガスティヤであった。アガスティヤ文法で記さ

れた文献は大洪水によって失われたために、最古のタミル語文献として
現存するのは、アガスティヤの弟子であるトルハーピヤナルによって書
かれた第二の文法書『トルハーピヤム』である。『トルハーピヤム』中
の「カラヴィヤル」（Kalaviyal）にはエラヤナル（Erayanar）による注
釈があり、そこには初期の二つの文芸院、諸王や詩人たちの作品に関
する歴史的な寸評がある。そこには第2文芸院の構成員として、イル
ンダッユル・カルンコーズィ（Irundayyur Karunkozi）、ヴァルール・
ハーピアム（Vallur Kappium）、トゥヴァライ・コマン・ムース（Thuvarai
Koman Moos）、ティラヤン・マラン（Thirayan Maran）がいたと記され
ている。『タミル語辞典』（The Tamil Lexicon, 1930）の第4巻（p.1993）
には「トゥヴァライ」（Thuvarai）とは「ドワールカー」（Dwaraka）の
ことであり「コマン」（Koman）とは「神、主」を意味するという説明
がある。すなわち「トゥヴァライ・コマン」とは、正しくは、ドワールカー
の主であるクリシュナ神のことを指す。第2の文法書『トルハーピヤム』
が著されたのは、実に紀元前2500年頃のことである。紀元前2800年以
前のタミル語文献は、タミル人の国、タミラガムの大半を海に沈めた大
洪水によってすべて失われた。『トルハーピヤム』に記されている「ア
ランゲトラム」（Arangetram）を統治していたのはパーンディヤ王マハー
ケールティ（Mahakeerthi）であった。この王の治世は紀元前2300年頃
のことである。（Mahalingam, 1983, p.110）

　K.D.セスナ（K.D.Sethna）は系図と天文学データを使って、クリシュ
ナが参戦した「マハーバーラタの戦い」の年を紀元前3138年と特定し
ている（Sethna, 1988, p.55）。これについては、紀元前3012年の「ジャ
ナメージャヤ銅板碑文」（Janmejaya Copper Plate Gift Inscription）など
の碑文研究上の物証が有力な裏付となっている。ジャナメージャヤはア
ルジュナの曾孫にあたり、シータとラーマの寺院のためにトゥンガバド
ラー河畔（Thungabadra）の土地を寄進した人物である。この碑文につ
いては『インド古美術研究』（Indian Antiquerry, p.333-334）に明記があり、
コータ・ヴェンカタチャラム（Kota Venkatachalam）の『古代ヒンドゥー
史』（Ancient Hindu History）の第1部（p.13-15）でも述べられている。
（Mahalingam, 1983, p.111）

遠い国々との広範な交流を示す証拠

　前述の文芸院によってその作品が認められたタミル人詩人たちの年代の古さは、彼らがその作品の中で述べているタミル王国の都や港が、プトレマイオスやプリニウスといった外国人訪問者の記録や、エジプトの『エリュトラー海案内記』(Periplus Maris Erythraei)*5 の中で述べられていることからも実証することができる。こうした外国人訪問者たちは、薬、香辛料、さらには象牙や真珠などの動物の加工品が、南インドから世界の他の文明化された地域に輸出されていたという貴重な情報を提供している。またアラブ人やギリシャ人も南インドと活発な交易をしていたようである。歴史家のP. T. シュリーニヴァス・アイアンガー (P.S. Srinivas Iyengar) は、その著『アーリア人以前のタミル文化』(The Pre-Aryan Tamil Culture) と『タミル民族の歴史』(History of the Tamils) の中で、生姜、カルダモン、シナモン、ナツメッグ、胡椒などの薬用植物が、南インドからローマに送られていたと述べている。生姜（ジンジャー）やシナモンを指すギリシャ語はタミル語と同一である。高価な真珠、象牙、香辛料、薬品などを買うためにローマの金が南インドに大量に流出するのをプリニウスが嘆いたのも無理のないことであった。アウグストゥス帝時代のローマの貨幣がタミル地方の各地で発見されたことや外国人旅行者が残した記録は、南インドと他の文明世界との間に商業的・文化的なつながりがあったという事実に十分な根拠を与えている。タミルの地にやって来た外国の商人は、タミルの文献で「ヤーヴァナ」(Yavanas) と呼ばれていた。この語はギリシャの一国の名であった「イオニア」のギリシャ語名 "Iuones" に由来するという。(Velan, 1963, p.26)

　南インドのドラヴィダ文明と他の古代文明とにこうした符合が見られることは注目に値する。このことはドラヴィダ文明が高度に発達していたことを示すものである。ギリシャの歴史家メガステネス(紀元前300年)はインドに関する記述の中で「タミラガム」(Tamilagam) について言及している。タミルの港から中東に輸出されていた象牙、猿、孔雀などの物品に対して、ヘブライ人の聖典の中でタミル語が使われていることは、ダビデとソロモン両王の時代に南インドと古代ユダヤ地域との間に盛んな海上交易があったことを明らかに示している。(前掲 p.25-26)

さらには２千年以上もの昔に、インドからの精神的な指導者が中南米に入植していたという歴然とした証拠もある。メキシコ政府の公式刊行物である『メキシコの歴史』（The History of Mexico）にはこう記されている。「後に［アメリカ］と呼ばれるようになった大陸に最初にやって来たのは、インドから東に向けて流れる強い海流に乗ってたどり着いた人々の一団であった」。メキシコからペルーにかけて、さらにはボリビアからホンジュラスにかけた地域の寺院に見られるシヴァや象の頭を持つガネーシャなどの神像の遺跡、そこでの宗教的な慣習や信仰、ピラミッド、語彙、美術、暦、無数の些細な慣行、さらには［パーチーシー］（parcheesie）と呼ばれるゲームに至るまで、スペインの征服者や僧侶たちが破壊し得なかった数々の事柄が、アジアと南北アメリカとの間に広範にわたる交流があったことを明らかにしている。火や雨を操って奇跡を行う髭を生やした白衣の長身の師たちによって彼らの文化が築かれたとする、インカ、マヤ、アステカなどの伝説も、幅広い地域へ旅をしたというシッダたちの主張を裏付けている。(Lal, 1965, p.20, 131, 203)

タミル語の言語学的な重要性

　現代言語学の最大の発見の一つに、世界中の言語の約80パーセントが南インドのドラヴィダ人の言語であるタミル語から派生しているという事実がある（Proceedings, 1980）。日本語、モンゴル語、スコットランド語、さらにはポリネシア人や南米のインカ人の言語のように、タミル地方から遠く離れた地の言語のなかに、タミル語と同じ発音や意味をもつ何百もの単語のあることが明らかになっている（Lal, 1965, p.124-126）。今日、古代タミル文明が世界に与えた影響を知るために、数多くの言語学者が活発な研究を行っている。

シッダーンタの教え

　「シッダーンタ」すなわち「シッダたちの教え」によれば、人体はまさに神の寺院であるという。人間は「パラマートマ」（Paramatma：至高の英知）の小さな規模での現れである。人生の目的は神を悟り、その悟りを存在のあらゆる次元において顕現することにある。人が五つの制

限、すなわち、白髪（narai）、老眼（tirai）、老齢（muppu）、病気（noy）、死（maranam）を克服することは可能である。シッダたちによれば永遠の若さを保つことは可能であった。人体は「チャクラ」と呼ばれる複数の主要な心霊エネルギーのセンターがある独特の構造をしており、このチャクラがヨーガの行法によって活性化すると、その人の高次の能力が目覚める。こうした「クリヤー・ヨーガ・シッダーンタ」の行法は、人を最終的な神（真理）への気づきとその体現へと導くものである。これらの行を完全に修めると、卓越した八つの超自然的な力（Siddhis: シッディ）が現れる。最古のシッダの一人である、ティルムラルは彼の代表的な著作『ティルマンディラム』（Thirumandiram）の中でこうした力を挙げている。（Velan, 1963, p.39）

1. アニマ（Anima）：自分を意のままに原子のように小さくする力。
2. マヒマ（Mahima）：自分を無限に大きくする力。
3. カリマ（Karima）：自分を意のままに重くする力。
4. ラヒマ（Lahima）：自分を羽毛のように軽くする力。
5. プラプティ（Prapthi）：現在、過去、未来のすべてを知る力と、他の惑星や恒星であれ、どこへでも行く力。
6. プラハミヤム（Prahamiyam）：すべての望みを叶える力。心と感覚が完璧に鋭敏になること。
7. エサトゥヴァム（Esathuvam）：全宇宙の生命体と無機物を支配する至高の力。
8. ヴァシトゥヴァム（Vasithuvam）：思いや言葉ですべての存在を意のままにする力。

　シッダたちの著作の随所には、彼らの最大の達成の一つであり「不滅の命」を意味する「ソルバ・サマーディ」（soruba samadhi）についての記述が見られる。例えば、シッダ・ローマ・リシはその詩『英知の歌』（Nanam: Song of Wisdom）の第12節でこう述べている。「［ソルバ・ムクティ］（肉体と霊の真の解脱）の徴（きざし）は何か。それは肉体が不滅の炎で輝くことである」（Ramaiah, 1968, p.11; Zvelevil, 1973, p.228[*6]）
　ローマ・リシは続く詩節で、寿命の長さは呼吸の速度に反比例すると説明している。この偉大な法則については、クリヤー・クンダリニー・

プラーナーヤーマ（呼吸法）の精神生理学について述べた第11章で詳しく触れる。

　ヨーガ・シッダたちは現世において不死の肉体を得ることの必要性を説いている。ティルムラルは次のように述べている。「彼らは［シヴァ・シッダ］である。彼らはいかに無限（の宇宙空間）が（至高の）無限に流入して双方が一体になるかについて、またいかに神の恩寵（普遍的なシャクティ）が神の恩寵（至高のシャクティ）に流入してそこで保たれるかを知る、聖なる成就の域に達したヨーギーである。（普遍的な）光は（至高の）光に流入してそこに留まる」（『ティルマンディラム』第124節）（Thulasiram, 1980, p.584）

　次の引用文には18人のシッダのうち、3人のシッダたちの考えが示されている。

　「肉体の変容を経た後に、聖なる光の山、

　　ティライ（チダンバラム）の神殿に揺らぐことなく立て。

　　聖なる書とプラーナの内に［タオ］を見いだせ。

　　五つの感覚要素を聖なるものとし、自我を克服せよ。

　　死に至るときまで人を盲目にする情欲は破壊され、

　　汝は呼吸のない状態へと導かれる。

　　コブラで身を装う神とは我ら以外の何者でもない。

　　汝、これを探し求め、自ら確かめよ」

（ヨーギー S. A. A. ラマイアの未刊の翻訳による
スンダルアナンダル［Sundaranandar］の
『英知の概要』［Synopsis of Wisdom］より）

　次の詩はゴーラクナート（Goraknath）の『シッダ・シッダーンタ・パッダーティ』（Siddha-Siddhantha Paddhati）からの引用である。

　「ヴェーダンタを聞くことも、［汝はそれ（that）である］というような教えにもよらず、ハムサ（ソーハム）（Hamsa [Soham]）のような言葉を繰り返すのでも、個我と普遍的な自己との合一を想うのでもなく、瞑想やラヤ*7にもよらず（人はその状態に至ることができる）。完全に没我の状態に浸り、すべてを知り、奇跡的な力に精通し、自らの意志（sweecha）をもつ者、すなわちヨーギーは、ただ欲する（leelaya）だけ

で自己を導き、老いることも死ぬこともない」（第5章第32節〜33節）

　「己の力（swayam）により、己の内に人々の魂を巡らせ（これらすべ
ての魂に光明を与え）完全なる安らぎ（samattwa）のなかで己の内（を
見ること）によって世界を知るグルこそ、真のアヴァドゥータ（訳注：
純化された人）である」（第6章第15節）

　「シヴァはシャクティの内にあり、シャクティはシヴァの内にある。
シャクティが秘められているとき、シヴァは絶対にして唯一の存在であ
る。シャクティが顕現しつつあるとき、シヴァは創造者の様相を帯びる」
（Mokashi-Punekar, p.43-44, 51-52, 57）

　シッダになる以前のパームバッティは蛇使いだった。彼は蛇を捕まえ
るために森へ入り、そこでしばしば蟻塚を壊していた。あるとき蟻塚を
壊していると、その中で何年も苦行を続けていたサッタムニというシッ
ダに出会った。サッタムニは彼に蛇狩りをやめるように促し、シッダー
ンタ・ヨーガの行法を伝授した。次の詩はシッダ・パームバッティの『蛇
使いの歌』（Song of the Snake Charmer）の第18節である。

　　「その体は不滅にして、
　　　カルパ（永劫の時）を超えて第一原因と共に生きる
　　　根源なるグルの黄金の御足こそ、
　　　唯一の拠り所である。
　　　その御足を誉め称え、
　　　踊れ、蛇よ、全霊を込めて踊れ！」

（Buck, p.152）

　この詩は蛇に向けて詠まれているような印象を与えるが、本質的には
人の魂に呼びかけている。「蛇」は我々の魂を「御足」は神の恩寵を表
している。対象にこうして間接的に呼びかけることで、シッダたちは通
常とは異なる方法で我々に語りかけている。つまりこの詩は、我々が悟
りに向かうように鼓舞しているのである。

　「グル」とは英知と解放を弟子にもたらす者である。グルとはすなわ
ち全存在の第一原因である神にほかならない。グルと創造者は同一にし
て一体であり、そのいずれもが有形無形の存在を超えたシヴァ神の現れ
である。

シッダのヨーガと医学

　文明の夜明けから今日に至るまで、人類は自然の神秘を解き明かし、自らの存在と目的の解明に努めてきた。タミル・シッダによる形而上学的な探求は医学分野における彼らの発見とも無縁ではない。彼らのなかにはヨーガや医学によって自然を意のままにする力を得た者もいた。シッダすなわち「達人」（perfected ones）は「シッダの医学体系」として知られる、その起源をヴェーダ期以前にまで遡ることができる医学の体系を作り出した人々である。「シッダ」（siddha）という語は、一般にヨーガによる自己鍛錬の完成、あるいは、人間が獲得し得る8種の超自然的な力を意味する「シッディ」（siddhi）を語源としている。シッダたちはこうした超自然的な力を使って自然やその構成要素を体系的に研究し、その結果として得たことを高度に体系化された医学として発展させた。彼らは椰子の葉に記した膨大な知識を後世に残した。こうした記録は、世襲的な医者の家系によって写本が作られて、代々受け継がれてきた。（最も偉大なシッダの一人であるアガスティヤが残した文献については、彼に関する第7章で述べる）

　初の医学論文は「シッダナル」（Siddhanar）すなわち「シヴァナル」（Sivanar）によって書かれた。これは70万節の詩からなる。その後、アガスティヤ、ナンディー、サナートクマール、ティルムラル、パタンジャリ、プラスティヤル、カランギ、ボーガナタル、カルヴッラル、ダンヴァンタリ、サッタムニ、テライヤル、イダイ・カダルを初めとする多数のシッダたちによって医学書が著わされた。

　ティルムラルは病気治療の方法として以下の項目を挙げている。

1. 薬草（moolikai）
2. 岩塩、ポンガニア・ピンナタ（Pongania Pinnata: タミル語では"Pungu"）などの薬草の絞り汁、菌類（タミル語では"Kalan"）、フーラ土、樟脳を調合して作られる「ウップ」（uppu）と呼ばれる塩
3. 酸（theeneer）
4. 断食（upavasam）
5. 体の構成成分（udarporul）
6. 砒素（padanam）

7. 高温で熱して灰状にした金属（lokam）
8. 抽出物、すなわちエキス（satthu）
9. 水銀の丸薬（Rasa kulikai）
10. くつろぎをもたらすポーズ、瞑想、マントラを含むヨーガの行法

（Velan, 1963, p.131; Pillai, 1979, p.432）

　シッダたちは霊的（磁気的）な治療も行って大きな成果を上げた。病院を開設することは 32 の神聖な慈善行為の一つとみなされていた。脈をとって病気を診断する方法はシッダの医学体系のなかで高度に発達した技術であり科学である。熟練したシッダの医師は 40 もの異なる脈を識別することができる。目、舌、尿および排泄物の観察、触診、聴診なども行われた。（Pillai, 1979, p.432-33）
　シッダたちは肉体の若返りと不死を達成するために「カーヤ・カルパ」（kaya kalpa）と呼ばれる特殊な療法を開発した。これには以下の方法が含まれる。

1. 調息法（プラーナーヤーマとハタ・ヨーガ）によって体内の分泌物の流れを変え、これによって肉体の生命エネルギーを保つ。
2. 禁欲やタントラ・ヨーガの行法によって、精子や性エネルギーの保持と変容を図る。
3. 複雑な工程を経て作られる、タミル語で「ムップ」（Muppu）と呼ばれる 3 種の混合鉱物塩を使用する。
4. 水銀、硫黄、雲母、金、銅、鉄などの金属や鉱物を高温で燃焼させて灰状にしたものの調合物を使用する。
5. インドの稀少な薬草数種から作った薬を使用する。

（Velan, 1963, p.133）

　おそらく読者は、ヨーガと医学という一見関連のない二つの分野を極めることで、シッダたちが自然を統御する力を得たことを不思議に思うだろう。とりわけ専門分野の細分化が極端に進んでいる現代の西洋においては「霊」と「科学」の融合を図ることなど不可能に思えるかもしれない。シッダたちは、特に化学、天文学、植物学、人体解剖学および生理学の研究においては科学者であった。彼らは集中的なヨーガの行を通

して開発した驚異的な力を、複雑な器具を使わずにこれらの分野の研究を原子や宇宙レベルで行うために使ったのである。

シッダによる「生き方」が目指すのは、現世的で個人的な気質と、神聖で超越的な本質という人間の内にある相反する傾向を調和させることにある。すなわち自然と超自然、つまり、現象界に属す肉体や精神と、人の本質である不滅の精髄との間に生じる正反対の要求を満たすことで双方の調和を図ることにある。

人は至福を求める一方で、現世での幸せを軽んじるべきではない。むしろ自己の気質と宇宙に内在する超越的な本質とが調和したときにだけ、人は生命や幸福を脅かす病気や邪悪な激情の攻撃から免れて、健康と幸福を得ることができる。

こうした考え方は最も偉大なシッダの一人である、ティルムラルによる医学の定義に要約されている。

　「医学とは肉体の不調を治療するものである。
　医学とは心の不調を治療するものである。
　医学とは病気を予防するものである。
　医学とは不死を可能にするものである」

(前掲 p.4)

今世紀に入ってからようやく精神病を治療の対象と見なすようになり、いまだ不死の肉体など想像することもできない「現代」医学と比較すると、シッダたちの医学に対する考え方は、なんと先進的であったことか。

シッダたちはヨーガのクリヤー (技法) を開発してそれを試す過程において、人体構造や生理に関する医学の諸分野の知識や若返りの過程についての多くの知識を得た。「シッダ・ヴァイディヤ」(Siddah Vaidya) と呼ばれるシッダの医学体系は、今日、インドで公認されている四つの医学体系の一つである。この他の医学体系には「アロパシー」(Allopathy: 薬と外科に重点を置く西洋医学)、「アーユルヴェーダ」(Ayurveda: 特に北インドで発展したインド固有の医学)、「ユナニ」(Unani: ギリシャ、ペルシャ、アラブに由来するイスラーム固有の医学) がある。「シッダ医学」には他の医学体系では治すことができない病気への優れた治療

法が多くある。

　ティルムラルのようなシッダは、秘義的なヨーガの行法を補完するものとして医学を発達させた。求道者たちはヨーガの修行を通して、肉体の特定の部分を鍛えた。しかし、修行からくる緊張や負担のために、こうした部分が好ましくない反応を示すこともあった。突然の発病によって修行を中断する者もあった。こうした事態に臨んで、修行者は一時的に修行を中断して病気の治療方法を見つけ、後に修行を再開することを余儀なくされた。このようにして古代のシッダたちは、当時の専門医の知識を凌ぐ医学の知識を得ることになったのである。シッダたちは人体構造や諸器官の働きを熟知していたので、彼らにとってはどのような病気の薬を調合することもたやすいことだった。人体構造に関するシッダたちの知識は膨大であった。一つのことに専念する彼らの集中力には比類がなかった。このために彼らは、どのような仕事であってもそれを完璧になし遂げた。時が経つにつれて医学に関する彼らの文献も増していった。しかし、結束ある共同体を形成していたシッダたちは、自分たちの知識を門下生だけに伝授することを望んだ。彼らの処方は符号やシンボルに置き換えられたために、それを記した文献は謎めいたものになった。このような経緯から、シッダの著作を解読できるのはシッダだけである。外部の者にとっては、彼らの著作はあたかもオベリスクに刻まれた象形文字のように映るだろう。

　眼識があればティルムラルの『ティルマンディラム』の中に、人体構造に関する必須情報をすべて見出すことができる。しかし、初心者が仮にそれを百回読んだとしても、そこからなんらのめぼしい知識も得られないだろう。『ティルマンディラム』には医療科学の見地からして解読に値する多くの情報が含まれている。しかし、そうした試みはまだ始まっていない。

形而上学と医学

　肉体と精神が、聖なる命の光の完全な媒体であることを人々に教えるために、シッダたちは医学と形而上学とが協調関係にあることを示した。医学は実在の精髄を獲得するという最も価値ある体験に至るために、必要かつ適切な手段を提供する。医学的な知識の重要な価値は、聖なる真

理の実現に必要な健全な肉体基盤を整えるという形而上の目的にあり、さらには、人が世俗の要求に応えながら賢者や聖者になること、すなわち、悟りの境地に至ることを助けることにある。したがって医学とは、滅びゆく肉体の内に眠る聖なる存在の開花を助けるものである。死にゆく定めにある「乗物」としての肉体を大切にすることを通して、人は肉体の潜在能力を最大限に発揮することができるのである。

古代の化学

　化学が正当な科学として認められるようになったのは比較的最近のことだが、その起源は哲学的な研究が始まった最古の時代にまで遡る。「化学」と「錬金術」には密接な関係がある。著名なスウェーデンの化学者、S．アウグスト（Svante Augusut）は、その著『現代生活における化学』（Chemistry in Modern Life）の中で、科学としての化学の起源をインドに見ることができるというインド人の主張の根拠を認めている。

　シッダの学問体系において、化学は医学と錬金術に付随する科学として発達した。化学は肉体と精神の諸々の苦痛を癒す薬の調合や、卑金属を金に変えるために役立つことが知られていた。植物や鉱物に関する知識は非常に高く評価されていた。水銀、鉱物、金属を焼いて粉末状にする工程や「ムップ」と呼ばれる特別な塩（金属を変容させる驚くべき特性を持ち、人体組織全体の若返りを可能にする高い効能を持つ、いわば生命エネルギーに満ちた水銀の丸薬）の調合は、他国やインドの他の医学体系には見られないものである。こうした特製の塩や薬草の処方を使って、シッダたちは「カーヤ・カルパ」と呼ばれる独特な若返りの科学を開発した。クリヤー・クンダリニー・プラーナーヤーマ（呼吸法）やヨーガの他の行法によって変容の過程を完了させて不滅の肉体を得るためには長い年月を要するために「カーヤ・カルパ」はその間の延命を図るためのものであった。（Velan, 1963, p.122）

　後のアーユルヴェーダにおける、教科書を使う教育方法とは異なり、シッダたちはグルと弟子という古来からの師弟関係を保ち、彼らの医療科学を誤用しないと見なされた、信頼の置ける弟子だけにその秘密を明かした。こうしてカーヤ・カルパの知識は、人類の向上のために自らの利益を犠牲にする用意のある偉大な賢者たちにだけ伝えられた。

現在におけるシッダ医学の教育と研究

　ティネヴェリー地区（Tinnevely District）パラヤムコーッタイ（Palayamkottai）にあるタミル・ナードゥ州立シッダ医科大学（College of Siddha Medicine）では、医学博士の学位取得に至る厳しい4年制の教育課程があり、現在、500人以上の学生がシッダ医学を学んでいる。この分野での第2の大学が、近年タミル・ナードゥ州のパラーニ（Palani）に開校した。

　現在、シッダの文献に記された薬物や若返りの処方について調査するために、チェンナイ市アルンバッカム（Arumbakkam）にあるタミル・ナードゥ州政府のシッダ医学評議会研究センター（Siddha Medical Board Research Center）およびタミル・ナードゥ州パラヤムコーッタイにある前述の大学において多くの研究がなされている（出典：タミル・ナードゥ州政府1986年刊行物）。以上の組織の他に、何百もの古代文献がタンジャーヴールのサラスヴァティー・マハル図書館（Saraswati Mahal Library）、パラーニ寺院デーヴァスタナム（Palani Temple Devasthanam）、チェンナイの東洋文書図書館（Oriental Manuscript Library）および南インドの伝統医学を実践する多くの医師、すなわちシッダ・ヴァイディヤの実践者たちの私蔵コレクションとして保存されている。ズヴェレビルは、未公表のシッダの文献が大英博物館やコペンハーゲンの王立図書館に大量に所蔵されていることを確認しており、パリの国立図書館、リスボン、ヴァチカン図書館にも他のシッダ文献があるとしている（Zvelebil, 1973, p.219）。これらの文献をすべて収集、分類して、少なくともシッダたちが残した英知の基本的なものを1冊の本にまとめて刊行することが望まれる。

　しかし、シッダたちからの霊的な導きなしには、こうした努力の成果にも限りがあるだろう。シッダたちは彼らの医学知識が純粋な動機を持たない人々によって乱用されることを防ぐために、薬剤の処方についての重要な部分を文献から意図的に削除し、ふさわしい弟子にだけ口頭で伝えてきた。このために、シッダたちがその文献に記した不老不死の霊薬の成分は今も謎のままである。こうした処方を解き明かすためには、植物学、古代タミル語、ヨーガ、さらには医学の専門知識を持つ研究者たちから成る学際的なチームが必要となる。ただし、こうした研究を行

う者は、ヨーガの理想の実現に献身的であるだけでなく、人類に対して私心のない奉仕をするなど、ヨーガ・シッダたちが課している厳しい条件を満たせる者でなければならない。

注釈

* 1. これら18人のシッダの著作の印刷物は、ズヴェレビル（Zvelebil）（1973, p.219）によって調査された。これにはV. ピッライ（Venukopalap Pillai）が編集した816頁からなるシッダの詩選集『シッダの知恵の鎖』（Siddhar nanak korvai: Siddha's Chain of Wisdom）（1956, 2nd edition）、アル・ラマナタン（Aru. Ramanathan）が編集した『シッダ・パタルカル』（Siddhar Patalkal）（1968, 3 rd edition）、さらにはにラーマリンガ・ムダリヤル（Ramalinga Mudaliyar）が1899年に出版した2巻からなる『偉大なる知恵の鎖』（Periya nanak kovai: The Great Chain of Wisdom）が含まれる。ズヴェレビルは、注釈や論評が付されていないこれらの印刷物を「一般向けの著作」としている。

* 2. ズヴェレビルはシッダの文献が無視されてきた理由について次のように推測している（1973, p.219-220, 227-228）。(1) シッダの文献はシッダの思想の信奉者たちによって秘教的な教えと見なされてきたために、それに対する注解書や普及版がほとんど作られなかったため。(2) シッダたちはカースト制度、僧侶階級、寺院崇拝の行き過ぎに批判的であったために、タミル・ナードゥの正統派ヒンドゥー教徒の間にはシッダ文献への偏見があったため。

* 3. 太古において海底に沈んだインド南部の大陸については『サティヤ・サイババ』（Satya Sai Baba, 1977, p.86）の中にある記述も参照のこと。

* 4. **ニーム**：インドセンダン。この種子から取った油は、リューマチなどの外用薬として使われる。邪悪な霊を払うために効果があると信じられている。（訳注）

* 5. **『エリュトラー海案内記』**：紀元1世紀にエジプトに住むギリシャ人によって書かれたという、ローマ帝国と東方世界との海上貿易の事情を記した書物。（訳注）

* 6. 高い評価を得たカミール・ズヴェレビルの著作『ムルガンの微笑み』（The Smile of Murugan,1973）の「謎の存在［シッダ］」（The Cittar: an Enigma）と題された章に含まれる情報の大半は、ズヴェレビルによると「1968年、チェンナイにおいて二人のシッダ・ヨーギーから寛大に提供された」（p.220）ものである。彼はこの二人の名を明らかにしていないが、そのうちの一人が18人のシッダの詩選集と、彼らについての随筆を出版していたヨーギーS. A. A.ラマイアであることは明らかである。（Ramaiah, 1968）

* 7. **ラヤ（Laya）**：魂が無限の実在に溶け込むこと。

第 2 章
ババジ・ナーガラージの誕生と幼年期

バハジの誕生[*1]

　紀元前5世紀、ゴータマ・ブッダはその入滅が間近に迫った晩年において、彼自身の没後から500年以内に自分の教えが歪められて失われるだろうと予言した。さらに彼は、この教えが800年以内に再発見されて「ナーガ」（naga）という語に縁のある名を持つ人物によって存続されるだろうと予言している。一般にこれはゴータマ・ブッダの入滅から800年後に現れた偉大な仏教の改革者である「ナーガールジュナ」（竜樹）を指すものと考えられている。しかしながらこの予言は、ゴータマ・ブッダが次回の再臨において「マイトレーヤ」すなわち世界教師として現れることとの関連で、今日「バハジ」（Babaji）の名で知られ、偉大なシッダ・ヨーギーとして大成した「ナーガラージ」（Nagaraj）という名の子の誕生について述べているであろうことが明らかになってきた。（Leadbeater, 1968, p.274, 279）

　西暦203年11月30日、インド、タミル・ナードゥ州を流れるカーヴェーリ川がインド洋に注ぐ河口近くの小村で、現在はパランギペッタイ[*2]（Parangipettai）と呼ばれる地に一人の子供が生まれた。両親はこの子を「ナーガラージ」と名づけた。この名は「蛇の王」を意味しており、大いなる根源的な力「クンダリニー・シャクティ」を称えている。こうした力を象徴する蛇が鎌首をもたげた様子を象った石像は、タミル・ナードゥ州の村々で幅広く崇められている。一般にこうした石像は、枝葉を広げたバンヤン樹の下に置かれている。

　ナーガラージはワダラ・ゴートラ（Wadala Gotra：血族集団の名）の家系に生まれ、その誕生はローヒニー（Rohini：星座の名）[*3]の上昇時に起きた。奇しくも神の化身、クリシュナも紀元前3228年7月20日、同じ星の下に生まれている（Sathya Sai Baba, 1977, p.90）。ナーガラージは「カルティカイ・ディーパン」（Kartikai Deepam）と呼ばれる「光の祭」の最中に生まれた。この祭は闇に対する光の勝利を祝うもので、タミル暦の「カルティカイ月」の新月前夜に行われる。この祭りの期間中、タミル人は世界の制圧を目論んだ悪魔たちを打ち負かした「ムルガン神」（Murugan）の勝利を祝う。ムルガン神はシヴァ神の息子であり、タミル・シッダたちが最も好んで信奉してきた神である。北インドにおいては、この祭はラーマ神がアヨーディヤー[*4]へ帰還した記念日に行われ、タミ

ル地方と同様に悪に対する善の勝利を祝う。後にクリシュナとムルガン両神の偉大さを徐々に発揮するようになったババジ・ナーガラージの誕生日として、これ以上ふさわしい時期はないだろう。

ナーガラージの両親は、現在のケーララ州マラバール海岸から、当時の交易の中心地であった海辺の村、パランギペッタイに移住したナンブーディリ・バラモン（Nambudri Brhamins）の家系の子孫であった。ナンブーディリ・バラモンは聖職者としての責務を果たして学問に貢献したことで名高い。シャンカラ（Adi Shankaracharya: 788 ～ 820）によってヒマラヤに建立された有名なバドリーナート寺院の僧侶たちは、このナンブーディリ・バラモンのカーストに属す者によって務められてきた（Fonia, 1987, p.115-117）。ナーガラージ少年はこのバドリーナート寺院の近くで、今日「ババジ」として知られる偉大なシッダとして大成したのである。次章や以下に述べるように、後にナーガラージは学問や奉仕の分野で偉大な能力を発揮することになる。

ナーガラージの父は村の中心的な寺院（タミル語で "Koil"）の僧侶であった。この寺院の祭神はシヴァ神であった。寺院のご神体はシヴァ・リンガであったが、後にこれは「クマーラスワーミー」（Kumaraswamy）とも呼ばれるムルガン神の像に変えられた。こうした主宰神の変更は、インドやスリランカにおいて多数のヒンドゥー教寺院の破壊をもたらしたイスラム教徒やポルトガル軍による侵略に村がさらされた時期に行われたものと思われる。この寺院は「クマーラスワーミー・デーヴァスタナム」（Kumaraswamy Devasthanam）という名で今日も残る。

人格の形成期である幼児期に、村の僧侶の長の子として育てられたナーガラージは、両親の宗教的な習慣や寺院で行われた祭礼から多大な影響を受けたに違いない。沐浴、食事の準備、学習や儀式を初めとして、敬虔なバラモン僧の日常生活におけるすべての行為は精神修養と結びついている。パランギペッタイに現存するクマーラスワーミー・デーヴァスタナム寺院の現住職であるマニグルカイの家を訪ねれば、その昔に寺院で執り行われていた諸慣行が、幼いナーガラージに与えたであろう影響が窺える。幼子のような愛すべき気質を備え、抑揚のある声で語る現住職が、数千年来変わることのない環境のなかでマントラやデーヴァーラム讃歌をムルガン神へ捧げる様に接すると、ナーガラージを育んでシッダへと花開かせた当時の文化を偲ぶことができる。

チダンバラム —— 霊的な波動に満ちた聖域

　パランギペッタイは南インド最大の巡礼地の一つであり、宇宙の踊り手としてのシヴァ神の姿を表した比類なく美しい「ナタラージャ」の像を祀るチダンバラムの大寺院から、わずか17キロのところにある。ナタラージャ像が安置されている建物は、2万1600枚の純金の瓦で覆われている。この数は人間が通常1日にする呼吸の回数を表している。これらの瓦は人体にあるナーディー（エネルギーが通る脈管）の数を表す7万2000本の金の釘で固定されている。この古い寺院の面積は50エーカー（約6万坪）におよび、周囲は一辺が1キロにもおよぶ壁に囲まれている。またそこには、神々やシッダたちの姿を描いた御影石製の彫像で覆われた高さ約60メートルの塔が4本聳えている。寺院の周囲には、緑の水田や椰子の木々が並ぶ美しい風景が何キロにもわたって広がっている。数千年の昔、ティルムラルはこの地においてソルバ・サマーディに至った。ティルムラルの自己変容の体験や、何百万人にもおよぶ後世の巡礼者たちの篤い信仰心が、チダンバラムを霊的な波動で満たし、この地を世界有数の聖地の一つにしたのである。この特別な地が、家族と共に巡礼に来たナーガラージ少年の求道精神の芽生えを促したであろうことは想像に難くない。チダンバラムは今日でも真我実現を熱望する者の心を引きつけてやまない。

舞踏の王としてのシヴァ神「ナタラージャ」

ジャックフルーツ事件

　ババジ・ナーガラージは自身の幼少期について多くを語っていない。おそらくそれは、彼が弟子の成長に

役立つと思われること意外は明かさなかったためであろう。彼が明か
した少年期の数少ない逸話の一つに、大きなジャックフルーツにまつ
わる話がある。これは彼が4歳頃の出来事である。ジャックフルー
ツは南アジアの熱帯地方に生育する甘美な果物である。実は熟すと大
きなスイカほどになり、果汁を多く含む黄金色の厚いさやをたくさん
つける。味は蜂蜜のように甘い。ジャックフルーツが食べられる時期
は毎年わずか数週間であるために、これは子供にとってはめったに食
べられないご馳走である。あるときナーガラージの母は、この果物を
家族の祝い事のために取っておいた。ジャックフルーツはナーガラー
ジ少年の大好物であった。彼は母親が家を留守にしている間に、この
美味な果物をすべて平らげてしまった。帰宅後、ジャックフルーツの
食べかすを見つけた母親は、怒りにかられて咄嗟にナーガラージの口
の中に布を詰め込んだ。幸い一命は取り止めたものの、ナーガラー
ジは危うく窒息死するところだった。こうした母の仕打ちにもかか
わらず、ナーガラージは母を許して、むしろ愛着や幻想にとらわれ
ずに彼女を愛すべきことを教えてくれた神に感謝した。こうして母に
対する彼の愛情は、以降、無条件で無執着なものとなったのである。

誘拐されて、長い放浪の旅へ

　ナーガラージが5歳になったある日のこと、彼はパランギペッタイ
のシヴァ寺院に行った。ナーガラージが寺院の門の左側に立ち、宗教儀
式に集まる人々を眺めていると、突然、一人の異邦人が彼の腕をつかん
でそこから連れ去った。この誘拐者は現在はパキスタンの一部になって
いるバローチスターンからやって来た商人であった。この悪漢は美しく
整ったナーガラージの風貌を見て、彼を奴隷として売り、一儲けしよう
と思ったのである。男は村の誰にも気づかれずにナーガラージを帆船に
乗せて、そこから千マイル（1600キロ）以上も離れた北の海岸まで
連れ去った。到着したのは現在のコルカタに近い港であった。そこで商
人はナーガラージを、ある金持ちに奴隷として売り飛ばした。しかし、
ナーガラージの主人となった人物は優しい心の持ち主であったので、す
ぐに彼を解放してくれた。一見、深刻な悲劇のように映るこの事件も、
結果として、バラモンの家に生まれた者が負う義務や制約からナーガ

インドのパランギペッタイにあるカンダサーミ寺院
ここでババジは5歳のときに誘拐された

ラージを解放することにつながった。

　インドでは古来から、大勢の人々が家庭人としての生活を捨てて出家
し、神性を実現するための探求に生涯を捧げてきた。このような人々は
「サンニャーシン」または「サードゥー」と呼ばれ、俗世を離れた身分
であることを示すために、一般に黄土色の服を身につけている。通常、
彼らは有名な寺院などの巡礼地を巡って放浪生活を送る。夜になるとサ
ンニャーシンは、彼らに食事を施したり共に時を過ごすことを大きな祝
福であると信ずる霊的な心の持ち主たちの家や寺院で休息する。

　サンニャーシンはこうしてもてなしてくれた人々と自分の英知を分か
ち合い、人々の心が神に向かうように促す。サンニャーシンの多くは聖
典に精通して、瞑想の実践によってそこに記された真理を理解し、それ
を体現するようになる。彼らのなかには、森、洞窟、あるいは神聖と見
なされる場所に隠棲する者もある。彼らは禁欲的な修行、ヨーガ、学習
などを通して霊的な悟りに至る。彼らのなかでも特に優れた者の下には、
俗世を捨てた弟子たちが引きつけられてやって来る。サンニャーシンは
こうして集まる弟子たちに特定の規律や行法を授けてきた。弟子たちの
集団は緩やかに組織された多様な会派となり、こうした教えの系統が数
百年から数千年にわたって存続することもあった。

心優しい恩人によって自由の身となった後、ナーガラージはさまざまな地方を行脚（あんぎゃ）するサンニャーシンの小集団に加わった。ナーガラージはサンニャーシンたちの光り輝く面立ちや、彼らの神への篤（あつ）い信愛に魅せられたのであった。その後の数年間、ナーガラージはさまざまなサンニャーシンたちと共に方々を旅しながら『ヴェーダ』、『ウパニシャッド』、叙事詩『マハーバーラタ』や『ラーマーヤナ』、『バガヴァッド・ギーター』などのインドの聖典を学んだ。やがて彼の学者としての名声は高まり、さまざまな形而上学派の長や学者との討論会に招かれるようになった。この時代、人々は自分の考えを自由に表現することを許されており、世の中には互いに相反する思想を掲（かか）げる哲学の学派が数多く存在していた。ナーガラージは魂や実在に関する形而上学的なテーマについて、多くの学者と議論を交わした。その若さにしては驚くべき学識を備えていた彼は、問題点を明確にして論争を収拾する優れた能力を発揮した。

注釈

＊1.　ババジ・ナーガラージの誕生と、後に彼が「ババジ」と呼ばれる神人になったいきさつは、ババジ自らが彼の直弟子であるヨーギー S. S. A. ラマイアと V. T. ニーラカンタンに語っている（Ramaiah, June, 1953）。ヨーギー・ラマイアはババジの話から、彼の生家の正確な位置を割り出した。これはババジの両親が三角地に建てた小屋のあった所であり、現在はパランギペッタイの税関近くにある。1973 年、ヨーギー・ラマイアは当時の民間航空局長で元駐米インド大使のカラン・シン博士、私（著者）そして彼の弟子の一人であるエドモンド・アヤッパの援助の下、クリヤー・ババジ・サンガのためにインド政府からこの土地を購入した。1975 年、ババジの生誕地であることを記念して、ここに御影石で造った美しい聖堂が建てられた。

＊2.　パランギペッタイ（Parangipettai）は「異邦人の地」を意味する。ポルトガル人はここを「ポルト・ノーヴォ」（Porto Novo）と名付け、16 世紀の初頭から英国との大海戦に敗れた 18 世紀の初頭まで統治した。今日、町の住民の大半はイスラム教徒である。古くから知られてきたこの港町は、ハーブ、香辛料、絹を求めてやって来た外国人商人にとって重要な貿易の中心地であった。

＊3.　ローヒニー（Rohini）は牡牛座に当たる。ただし、インドにおけるヴェーダの占星術は西洋占星術とは異なるために、厳密には、西洋占星術の牡牛座の約 10 度から 23 度の部分に当たる。ヴェーダの占星術によれば、この星座は神の下肢を表す。

＊4.　アヨーディヤー：かつてのコーサラ国の首都で、デリーの南東約 218 キロのところにあったと推定されている。インドの伝説上の最初の王であるマヌによって建設され、叙事詩ではラーマの都とされている。（訳注）

第 3 章
ババジの真我実現への道

聖典などの学問的な知識だけでは、真我実現や永続的な幸福、さらには成就感が得られないと感じたナーガラージは、徐々に不満を募らせるようになっていった。まるで彼は壁の向こうにある美しい庭園を垣間見るために跳躍を続ける者のようであった。成熟するにつれてナーガラージは、意識の究極の変化、すなわち神性を実現することだけが、彼の目的成就に向けた探究に終止符を打つものであると感じるようになっていった。学者としての名声を得たことは、むしろ彼にとっての障害となってしまった。形而上学的な議論は、決して彼を悟りへと近づけてはくれなかった。いかに知性を駆使したとしても、言葉で真理を捉えることはできなかった。言葉はせいぜい真理への道を指し示すだけである。目的を成就するためには、言葉や理性を超えなければならない。しかし、当時のナーガラージは、自分の目的成就を助ける導師や方法をまだ見出してはいなかった。

スリランカのカタラガマへの巡礼

ナーガラージが修行の旅をする学者の一団と共に、ベナレス（ワーラーナシー）からスリランカのカタラガマ（Katirgama）にあるムルガン神の寺院へと至る、徒歩と舟での長くて困難な旅に出たのは、まさにこのような時期であった。それは彼が 11 歳のときであった。

カタラガマは南北が約 280 マイル（約 450 キロ）あるスリランカ（かつては「セイロン島」と呼ばれた）の南端近くに位置する地である。ババジのカタラガマへの旅は何カ月にもおよんだ。ゴータマ・ブッダが、カタラガマのムルガン寺院までの同様な巡礼をしたのは、ババジの同地への旅から約 800 年前のことであった。以来、カタラガマはタミル人ヒンドゥー教徒とシンハラ人仏教徒の双方にとって、スリランカにおける最も神聖な地となった。カタラガマの寺院群はヒンドゥー教と仏教、双方の聖職者たちによって管理されている。この寺院では仏教徒もヒンドゥー教徒も分け隔てなく自由に祈りを捧げることができる。近年ではここにイスラム教寺院も建立された。今日に至るまで、カタラガマは「多様性のなかの統一」というシッダの普遍的な教えを具現し、宗教的な融和の模範を示している。

ムルガン神（中央）と二人のシッダ、アガスティヤ（左）とボーガナタル（右）
下方はパラーニ山にあるパラーニ寺院

ババジが不滅の生命を得たバドリーナートの谷を臨んでそびえ立つ
ニーラカンタ山

カタラガマ寺院

　シッダの一人、ボーガナタルによって創設されたカタラガマ寺院の本殿には、他の寺院とは異なり神像がない。神像の代わりにボーガナタルは、金板に彫った神秘的なヤントラ（幾何学的なデザイン）を配した。このヤントラの形とマントラの音節には、偉大なムルガン神のエッセンスが込められている。今日に至るまで、このヤントラを刻んだ金板は一般に公開されたことがない。ヤントラを見ることができるのは、これを安置する寺院の僧侶だけである。ヤントラは7月末頃に行われる年に一度の祭りのときに限って、僧侶と多数の信者に囲まれながら、象の背に乗せられて寺院の外へ運ばれる。このヤントラの神秘的な力は、ムルガン神の救いを求めるすべての人々のためにボーガナタルによってそこに込められたものである（Ramaiah, 1982, vol.3, p.36）。古くからカタラガマは、数多くの奇跡が起きる地として知られてきた。

　カタラガマ寺院は奥深い森の中にあり、その傍らには「マニック川」（Manicka Ganga）と呼ばれる小川が流れている。この森は太古の昔から、聖者、賢者、シッダたちの修行の場となってきたところであり、今日でも霊的な波動に満ちている。

　またカタラガマは、ムルガン神が「ウェッダー」（Veddas: スリランカの原住民はこう呼ばれる）の王女、ウァッリ（Valli）に求婚した地でもある。「カルティケーヤ」（Kartikeya）すなわちムルガンはこの地においてウァッリと出会って結ばれた。伝説ではカルティケーヤは現在でもこの地に住むという。「カタラガマ」という地名は「カルティケーヤの村」を意味する「カルティケーヤグラマ」（Kartikeya-grama）に由来する。

カタラガマでのババジとボーガナタルの出会い

　ナーガラージはカタラガマでシッダ・ボーガナタルと出会い、彼の偉大さに触れて弟子になった。枝を大きく広げたバンヤン樹[*1]の下で、ババジはボーガナタルと共に6カ月にわたる「サーダナ」（ヨーガの修行）に励んだ。特に彼はボーガナタルに伝授された各種の「ディヤーナ・クリヤー」（瞑想法）を集中的に行った。ナーガラージは長い間「タパス」（集中的なヨーガの実践）を続けた。初めは丸一日、さらには数日間、

数週間、そして 48 日間という具合に、徐々に「タパス」の期間を延ばしていった。この間、ボーガナタルはナーガラージを見守りながら、徐々に上級の技法を彼に伝授していった。瞑想体験が深まるにつれて、ナーガラージが学者として学び人々と論じ合った真理が、初めて現実味を帯びるようになっていった。彼の心はさまざまな瞑想法を行うことによって、思考過程の限界から解放されて拡大し、全一なる至高の実在と一体であるという自覚に至った。さらには彼の自我意識が後退して「道」（タオ：タミル語では "Thaan"）との一体感が確立された 。

　神との合一が起きた初期の段階（sarvikalpa samadhi：サルヴィカルパ・サマーディ ）において、ナーガラージの意識は宇宙意識（Cosmic Spirit）と融合した。すると彼の生命力は肉体から離れて、肉体はまるで死人のように冷たく動かなくなった。ナーガラージのサマーディの体験は、ボーガナタルの下で過ごした数カ月の間に徐々に深まっていった。その体験は永遠の若者の姿をした「クマーラスワーミー」（すなわちムルガン神）のビジョンを見ることで頂点に達した。自らがムルガン神[*2]の意識を顕現していることをナーガラージは悟った。また彼はボーガナタルの指導の下、インド哲学の十体系を徹底的に分析して、シッダーンタの真髄を知るに至った。

アガスティヤによる行法の伝授

　太古の昔、ティルムラル、アガスティヤ、ボーガナタル、ローマ・リシのようなシッダたちは、神性の体験とそれを顕現することは、霊的なレベルだけに限定されるものではないことに気づいた。それよりも低位にある意識のレベルである、知性体、メンタル体、生気体および肉体に神性が顕現することは可能である。こうした神性の降臨においては、制限のなかで独自に働き、習慣の束縛を受けているそれぞれの「身体」が「至高の実在」に完全に目覚め、神性を調和的に表現する媒体へと変わる。大海のように大いなる実在（リアリティー）を茶碗のように小さな思考で捉えようとし、さらには「実在」そのものを知性レベルにおける「実在」の表れと混同してしまう我々の有限な知性では、神性の降臨がもたらす状態を理解することは難しい。それは超高層ビルの下に立って、最上階からの眺めを想像することに似ている。シッダたちは自己の存在、自我、

そして人生そのものを徐々に明け渡すことで、稀に神性が降臨し、自己の変容が起こり得ることを発見した。こうした変容の過程はハタ・ヨーガのアーサナ、瞑想、マントラ、バクティ・ヨーガ、そしてとりわけクリヤー・クンダリニー・プラーナーヤーマ（呼吸法）を含むさまざまな「クリヤー」（技法）の集中的な実践によって促進された。人体における異化作用（細胞組織の死滅）は25歳頃から同化作用（細胞組織の生成）を上回る傾向があるために、自己変容の実現はまさに時間との闘いである。細胞が死滅する速度をそれが生成される速度よりも低く抑えて、呼吸法や他の技法などの助けによって聖なる変容が実現するまでの間の延命を図るために、シッダたちの多くは「カーヤ・カルパ」と呼ばれる特別な処方に基づいて作られる薬草と鉱物塩の混合物を使った。

ボーガナタルは弟子であるババジに、こうしたシッダーンタ・ヨーガの目的を追及するように勧め、タミル・ナードゥのポティガイ丘陵（Pothigai Hills）にあるクットララム（Courtrallam：現在の Tinnevely District ［ティネベリー地区］）において、伝説的なシッダであるアガスティヤから呼吸法の伝授を求めるように指示した。

こうしてババジは、南インド、タミル・ナードゥのクットララムまで徒歩で旅をした。インド国内に64カ所ある「聖なる母」としての神に捧げられた聖地、シャクティ・ピータム（Shakti peetam）の一つに到着すると、ババジはアガスティヤからヨーガの秘法を伝授されるまでは、その場を動かないという厳粛な誓いを立てた。

ババジは来たるべき試練に備えて瞑想の座法で座り、目を閉じて祈り始めた。彼はアガスティヤの出現と導きを求めて全身全霊を込めて何日間も祈り続けた。ババジの真摯な求道精神に心を打たれた巡礼者が、彼に食べ物や水をくれることもあった。雨、虫、灼熱、埃に苛まれても、ナーガラージの意志は揺らぐことなくその場にとどまり続けた。不信の念に駆られたときには、さらに忍耐心が強まるようにいっそう熱心に祈った。過去の学識や名声にまつわる記憶が心に浮かんだときには、それらを自分の周囲を舞う塵のようなものであると見なした。彼にとっては死さえも重大事ではなかった。苦痛や死の恐怖もババジの心を萎えさせることはなかった。神の化身であるアガスティヤに対するババジの愛は日増しに高まり、四方八方から彼を襲う絶望、退屈、休息への欲求を駆逐した。

ババジの体は日に日に痩せ衰えて弱っていった。彼には自分の体がまるで自分のものではないように思えた。自らの命を神の手に委（ゆだ）ねたババジは、アガスティヤに会うことを求める彼の祈りを神が聞き入れるか、さもなければ、願いが聞き入れられずに死を迎えるかのいずれかであると覚悟した。アガスティヤによるイニシエーションを受けずに生き長らえることは、彼にはまったく意味のないことであった。

　祈りを始めてから48日目、倒れる寸前の状態にありながらババジはアガスティヤの名を呼び続けた。まさにそのとき、卓越したシッダ、アガスティヤが近くの森から姿を現してババジに近づいてきた。アガスティヤはナーガラージのひたむきな信愛の念に心を打たれたのだ。彼は優しくナーガラージの名を呼んで抱きしめた。ナーガラージに水と食べ物を与えた後に、アガスティヤはクリヤー・クンダリニー・プラーナーヤーマの極意を彼に伝授した。これはシッダ文献で「ヴァーシー・ヨーガム」（Vasi Yogam）と呼ばれる呼吸法のことである。この強力な呼吸法は、タミル・ヨーガ・シッダの最も重要な教えの一つである。[*3]　アガスティヤは、この呼吸法が厳格な条件の下で行われるべきこと、またこれが高次の意識の覚醒や霊的な悟りを促して、肉体、生気体、メンタル体、知性体、霊体の五つの身体のすべてを変容させる力を秘めていることを強調した。またアガスティヤは、ヒマラヤ山脈の高地にあるバドリーナートに赴（おもむ）くことを進言し、そこでこれまでに現れたいかなるシッダよりも、さらに卓越したシッダになるようにとババジに奮起を促した。

バドリーナートでソルバ・サマーディに至る

　バドリーナート（Badrinath）はチベット（中国）国境から南に数キロ、海抜約3100メートルのヒマラヤ山中の町である。そこはリシ川（Rishi Ganga）とアラカナンダー（Alakananda）川の合流点でもある。「バドリーナート」という地名は、かつてこの辺り一帯が「バドリー」（badri）つまり「野いちご」で覆われていたことに由来する。バドリーナートは両側をナラ・パルバットゥ峰（Nar）とナーラーヤナ・パルバットゥ峰（Narayan）に挟まれており、彼方には海抜約6700メートルのニーラカンタ峰（Neelakanth）の頂を臨むことができる。青緑色の流れが美しいアラカナンダー川の岸辺には、タプト・クンド温泉（Tapt Kund）があ

る。バドリーナートから一番近い町ジョーシーマット（Joshimath）は、シャンカラによって創設された四大僧院（現地では "math" と呼ばれる）の名の一つに由来する。この僧院はバドリーナートの南方24キロの地にある。ジョーシーマットとバドリーナートを結ぶ道は10月中旬から5月初旬にかけて深い雪に閉ざされる。年間を通してバドリーナートに住むことができるのは、最も勇敢なシッダたちだけである。バドリーナートは、聖者、ヨーギー、リシ、シッダたちの隠棲の地として、またシュリー・バドリーナーラーヤン（ヴィシュヌ神）を祀る重要な寺院がある地として、数千年間にわたって神聖視されてきた。

　ヴィシュヌ神を祀るこの寺院については『ヴェーダ』にも記述があることから、ここがババジの訪問以前から、数千年間にわたって巡礼の地であったことが窺える。またバドリーナートは仏教の聖地でもあるが、これは紀元前4世紀に仏教に帰依したアショーカ王が、この地へ使節団を派遣したことに由来するようである。（Fonia, 1987, p.112）

　9世紀、晩年のシャンカラの調停によって、シュリー・バドリーナーラーヤン寺院はヒンズー教徒の手に戻された。寺院にあるシュリー・バドリーナーラーヤンの石像は、蓮華座で座るババジに酷似している。この石像はシャンカラによってここに置かれたものである。シャンカラは夢のビジョンに導かれて近くのアラカナンダー川でこの石像を見つけたといわれる。『スカンダ・プラーナ』によると、シャンカラが瞑想の聖地である「アシュタ・カンド」（Ashta Khand）に向けて山を登っていると「アカシュヴァニ」（akashvani）が彼にこう告げたという。「シャンカラよ、汝が瞑想を通して得ようと望むことは、ナラド・クンド（Narad Kund）に眠るヴィシュヌ神の像を再び祀ることで成就するであろう。この機会をとらえてこれを実行し、神の祝福を受けよ」。この聖なる命を成就させるために、シャンカラはナラド・クンドに飛び込み、ヴィシュヌ神の像を発見した。ナラド・クンドとは現在のシュリー・バドリーナーラーヤン寺院の正面にある大岩の脇を流れる川の名である。シャンカラはこのヴィシュヌ神の像を祀り、そこに南インド様式の寺院を建立した。これに続いて起きた一連の出来事は「アシュタ・カンド」がシャンカラが聖なる光と一体になったジョーシーマットであり、その聖なる光とは「アカシュヴァニ」と記述されている存在であったことを示している。（Fonia, 1987, p.112）

『シュリーマッド・バーガヴァタム』によれば、紀元前3200年頃、クリシュナ神が弟子のウッダーヴァに、バドリーカシュラマ（バドリーナート）へ赴き、そこで神に祈りを捧げるように命じた日より、人々はこの聖なる地へ巡礼をするようになったという。信仰心に篤いインド人であれば、誰もが一生に一度はバドリーナートへの巡礼を実現させたいと願う。ヒマラヤ地方への旅が現在よりもはるかに多くの危険と代償を伴うことであった太古の昔から、毎年、何千もの人々がバドリーナーラーヤン神に祈りを捧げるために、インド各地からバドリーナートを訪れてきた。

　巡礼者はバドリーナートのような聖地を訪れることで、自分の悪業や気質が浄化されると感じる。こうして彼らは「サンサーラ」（輪廻）からの「モークシャ」（解脱）を得る。ただし巡礼者は、巡礼地において得た境地を後に試されることになる。もし巡礼から戻った後も霊的な波動に満たされ、公正、献身、真実、愛、そして純粋さにあふれた生活を送ることができたならば、確かにその人は解脱を得て巡礼によって崇高な目的を果たしたことになる。少数ではあるが、巡礼者のなかにはこのような霊的な高みに至る者もある。（Singh, 1980, p.14 -15, 18 -20）

　ババジは長い巡礼の旅の末にバドリーナートに至り、そこでの長く孤独な18カ月間を、グルであるアガスティヤとボーガナタルから伝授されたすべてのクリヤー（技法）の集中的な実践に当てた。この厳しいヨーガの修行を経た後に、ナーガラージは「ソルバ・サマーディ」に至った。すなわち神性の降臨によって、彼の霊体、知性体、メンタル体、生気体そして肉体のすべてが神の意識と融合して変容を遂げたのである。こうして彼の肉体は老いから解放されて、汚れのない神聖さを表す黄金の光を放つようになった。

注釈

＊1．ババジがその下で厳しい修行を重ねたバンヤン樹の大木がある聖地に、筆者は何度か巡礼をしたことがある。残念なことに、この大木は約20年前に無神経な男に切り倒されてしまった。しかし、木を切り倒した数日後に男は発狂し、首を吊って自殺した。1985年、カタラガマ寺院群の中にあるタイヴァニ・アンマン（Thaivani Amman: ムルガン神の妃）寺院の正門近くのこの場所に小さな聖堂が建てられた。今日、このババジの聖堂にはタイヴァニ寺院の僧侶が毎日供え物を捧げている。

＊2．ムルガン神について詳しく知りたい読者は、この神についての包括的な研究書である、F. W. クロージー（Fred W. Clothey）著『ムルガンの多様な顔：南インドの神の歴史と意味』（The Many Faces of Murukan: the History and Meaning of a Southern Indian God）を参照のこと。

＊3．**クンダリニー・ヨーガ**は背骨の基底部、すなわち会陰部のムーラーダーラ・チャクラにある「クンダリニー・シャクティ」を覚醒させて、これを上方にある六つのチャクラを経由して頭頂のサハスラーラ・チャクラに上昇させることを目的としている。これが起きると、人は宇宙意識と無限の至福を体験する。

第4章
ババジの使命

「ソルバ・サマディー」に至るとは、神意に自己を明け渡し、それが
自己の存在のすべてのレベルに降臨することによって、反抗的な人間の
気性が変容を遂げることを意味する。こうして神は粗雑な物質界におい
て無言のうちに仕事を遂行し、より高次な生命に進化することを求める
すべての人々を助ける。ソルバ・サマディーに至って以来、ババジは神
性の実現を求めて苦闘する人類の援助を自らの使命と定めた。通常、彼
は名を明かさずに行動する。ババジに助けられた人々は、多くの場合、
助けがどこから来たのかを知らない。またババジの使命には予言者への
援助も含まれる（Yogananda, 1969, p.306）。シャンカラ、カビール、ラ
ヒリ・マハサヤ、S. A. A. ラマイアおよび V. T. ニーラカンタンのよう
に偉大な魂を持つ数少ない人々に対しては、ババジは姿を現してイニシ
エーションを与えた。

　ババジは肉体に留まり、この物質世界の何人かに対しては常に目に
見える姿で現れることを約束した。（前掲 p.312）

　クリヤー・ヨーガはクリシュナからアルジュナに伝授され、パタン
ジャリやイエス・キリストもこれについて知っていたこと、さらには、
聖ヨハネ、聖パウロおよび他の使徒たちにも伝授されたことをババジは
ラヒリ・マハサヤに伝えている。（前掲 p.244-245）

アディー・シャンカラチャリヤ（Adi Shankaracharya：788〜820）

　アディー・シャンカラチャリヤ（以降、シャンカラ）はババジによっ
て呼吸法と瞑想法を伝授された。直弟子であるラヒリ・マハサヤや
S. A. A. ラマイアにババジはこのことを伝えている。またパラマハンサ・
ヨガナンダも、シャンカラにクリヤー・ヨーガを伝授したのがババジ
であると述べている（前掲 p.306）。ヘマンタ・クマール・センに宛て
た1925年1月11日付けの手紙の中で、ヨガナンダはシャンカラの「シーク
シャー」（siksha：発音の科学、五感の訓練）のグルはゴービンダパダ
（Gobindapada：ゴーヴィンダ・ジャティ［Govinda Jati］とも呼ばれた）
であり「ディークシャー」（diksha：ヨーガのイニシエーション）のグル
はババジであったと述べている。さらにヨガナンダは、彼のグルである
シュリー・ユクテスワル、スワーミー・ケバラナンダ、スワーミー・ケ
シャバナンダ、スワーミー・プラナバナンダなどを通してこのことを知
り、彼らの誰もが「ババジこそがシュリー・シャンカラにヨーガを教え

た陰の霊的なグルであったとラヒリ・マハサヤが語ったことを証言している」としている。(Sen, 1954, p.20)

シャンカラは、著述、哲学論議、巡礼、さらには主要な四修道院の、シュリンゲーリ（南インド）、ドワールカー（西インド）、プリー（東インド）およびジョーシーマット（北インド）への建立を通してヒンドゥー教の慣行に大改革をもたらした。

彼の活動によって、仏教やヒンドゥー教の堕落した宗派が、インドから事実上姿を消した。これによって、寺院で動物の生贄を捧げるような非道徳的な慣行も事実上一掃されたのである。また彼が説いた明確で論理的な一元論*1は、後代のヒンドゥー教思想家たちに数世紀にわたって影響を及ぼした。

シャンカラは「サンニャーシン」の道、すなわち生涯独身を保ちながら世俗を離れて禁欲的な生活に徹する生き方は、それに適した少数の人々の道であり、大多数の人々にとっては、自己の責務を無執着で全うする家庭人としての生活を送ることが、真我実現への理想的な道であると説いた。

カビール（Kabir : 1407 ～ 1518）

ババジは15世紀に、偉大な聖者にして詩人であり、ヒンドゥー教徒とイスラム教徒の融和を図ったカビールにイニシエーションを与えた（Yogananda, 1969, p.306, 349；Ramaiah, February, 1954, p.3）。カビールは一元論的な神の概念を説いて偶像崇拝の廃止を唱えた。カビールが行った改革は、イスラム教が呈した挑戦への反応だったとされる。彼はヒンドゥー教徒（属するカースト［階級］にかかわらず）とイスラム教徒の双方に自分の宗派の門戸を開いた。さらには酒や麻薬の使用を禁じて、菜食と禁欲的な生活習慣を提唱した。カビールはもてなしや布施を受け取ることを弟子たちに禁じ、自らを他者の僕とみなすように命じた。カビールの弟子が重点的に行った行法は「ナーダー」（Nada）すなわち聖なる音に集中する瞑想法であった。（Ghurye, 1964, p.189 -190）

弟子の一人のバーゴダス（Bhagodas）がまとめたカビールの格言集（Bijaka）は、出家者、在家者双方のカビールの信奉者たちに聖典として崇められている。

カビールの葬儀では、独自のしきたりで彼を弔うことを望むヒン

ドゥー教徒とイスラム教徒が、彼の亡骸をめぐって争った。カビールの遺体を覆う白布が取り除かれたとき、いつの間にか遺体は消えてなくなり、そこには下に敷かれていた花だけが残っていたという。この花はヒンドゥー教徒とイスラム教徒の間で分けられた。

ラヒリ・マハサヤ（Lahiri Mahasaya: 1828 〜 1895）

　ババジの使命遂行は19世紀後半になって新しい段階に入った。1861年、ババジはラヒリ・マハサヤにクリヤー・ヨーガを伝授して、真摯な求道者たちにクリヤー・ヨーガを伝える仕事を彼に任せた。またババジは、真我実現を求めるすべての人々に模範を示すことができるように、彼に家庭人として生活することを求めた。後にラヒリ・マハサヤは何百人もの生徒たちにクリヤー・ヨーガを伝授した。このうちの少なくとも14人は、他の人々にクリヤー・ヨーガを教えるようになった。スワーミー・サティエスワラナンダの『クリヤー・ヨーガの父、ラヒリ・マハサヤ』（Lahiri Mahasaya, the Father of Kriya Yoga）は、ラヒリ・マハサヤの弟子たちの今日に至るまでの系統を明らかにしている（Satyeswarananda, 1984,p.148-198）。ババジはこれら弟子たちのすべてに手を差し伸べて、今日に至るまで彼の助けを求めるすべての人々を援助し続けている。ラヒリ・マハサヤによれば、ババジの名を敬意もって唱えさえすれば、誰でもが霊的な祝福を受けることができるという。

シュリー・ユクテスワル・ギリ・マハラジ
（Sri Yukteswar Giri Maharaj: 1855 〜 1936）

　ラヒリ・マハサヤの弟子であるシュリー・ユクテスワルは、肉体で現れたババジに3回出会っている。ユクテスワルは『聖なる科学』（The Holy Science）の出版やインドのプリーとセランポールを含む数カ所への「サドゥー・サバー・センター」（Sadhu Sabah centers）の設立を通してクリヤー・ヨーガの光を灯し続けた（Yukteswar, 1984）。1920年、ババジの命によって、ユクテスワルは彼の主要な弟子の一人であったパラマハンサ・ヨガナンダを、クリヤー・ヨーガの普及のためにアメリカに派遣した。（Yogananda, 1969, p.354）

パラマハンサ・ヨガナンダ（Paramahansa Yogananda: 1893 ～ 1952）

パラマハンサ・ヨガナンダは、ヨーガの教えに基づく東洋の神秘主義哲学を西洋に紹介した偉大な先駆者である。彼はキリスト教徒にとって受け入れやすいように東洋の教えを提示し、それが彼らの信仰体系に融合されるように計らった。彼の著書『あるヨギの自叙伝』（Autobiography of a Yogi）は何カ国語にも翻訳されて、世界中の何百万人もの人々にインスピレーションを与えた。ヨガナンダは彼の任務を遂行するために「セルフ・リアリゼーション・フェローシップ」（The Self Realization Fellowship: 略称「SRF」）を設立し、本部を米国のロサンゼルス市に置いた。SRFの支部は世界中に百以上を数える。またヨガナンダは、インド西ベンガルのダクシネースワルに「インド・ヨーゴーダ・サットサンガ・ソサエティー」（The Yogoda Satsanga Society of India: 略称「YSS」）を設立した。YSSの最初の学校は、1917 年、インド、ビハール州のラーンチーに設立された。現在、この学校は 21 校あり、肉体、道徳、精神および霊の理想の実現を目的とする教育をインドの若者たちに与えている。また「YSS」の関連機関には、アロパシー（逆症療法）やホメオパシー（同種療法）の病院をはじめとして、一般教養、ビジネス、医学を教える大学がある。

ヨガナンダはマハートマー・ガーンディーやアメリカの植物学者、ルーサー・バーバンクなど、当時を代表する多数の偉人を含む 10 万人以上の人々にクリヤー・ヨーガを教えた。ヨガナンダが「マハー・サマーディ」すなわち意識的に自分の肉体を去ったとき、彼の遺体には聖なる変容が起きた。死後 21 日が過ぎても遺体が腐敗しなかったのである。最終的に彼の遺体は、ロサンゼルスのフォレスト・ローン墓地の地下に埋葬された。

現在、300 人を超える修道士や修道女たちがヨガナンダの仕事を引き継いで、南カリフォルニアにあるSRFの修道院で暮らしている。彼らはSRFの教会や研究センターでの活動、通信教育および出版活動を通して、一般の帰依者たちへの奉仕活動に当たっている。

ヨガナンダが創設し、現在はシュリー・ダヤ・マタ（訳注：2017 年以降はブラザー・チダナンダ）がその長を務めるSRFとSYYは、クリヤー・ヨーガと「ヨーゴーダ」（ヨガナンダが開発した自己のエネルギーを増強するための技法）を学ぶ場としては、おそらく最もよく知られた

ところだろう。これらの組織より知名度は低いが、ヨガナンダとは別の系統に属すババジやラヒリ・マハサヤの弟子たちが、主にインドにおいて正統なクリヤー・ヨーガを教えている。このうちの一人にスワーミー・シュリー・ユクテスワルの高弟であったスワーミー・サティヤナンダの弟子で、カリフォルニア州サンディエゴ市在住のスワーミー・サティエスワラナンダ（Swami Satyeswarananda）がいる。

ヨーギー S. A. A. ラマイアと V. T. ニーラカンタン

　1942年、ババジはチェンナイの S. A. A. ラマイアとコルカタの V. T. ニーラカンタンという二人の人物を通してクリヤー・ヨーガの新しい門戸を開き、彼のメッセージを広めることを決意したといわれる。(Ramaiah, February, 1954, p.3)

ヨーギー S. A. A. ラマイア（Yogi S. A. A. Ramaiah: 1923 〜 2006）

　S. A. A. ラマイアは南インドで最も裕福な実業家の一人であった父、S. A. アンナマライ・チェッティアと、母、タイヴァニ・アチの次男として生まれた。母はとても霊的な人であり「ジーヴァン・ムクタ」（生ける解脱者）でさすらいの聖者あったチェラ・スワーミーの信奉者でもあった。ラマイアはインドのチェンナイ大学の大学院で地質学を学んだ。アメリカの大学院でさらに研究を続ける予定であったが、渡米直前に骨結核に感染した。以降6年間にわたり彼は病気の進行を食い止めるために石膏のギプスをつけて暮らすことになった。この間彼は病床で、高名なヨーギーの聖者、プラサナナンダ・グルとオームカーラ・スワーミーの指導を受けて瞑想に熟達した。1952年3月7日、パラマハンサ・ヨガナンダが逝去したまさにその日に、インド、チェンナイ市のサントメ地区にあるラマイアの自宅で、彼とモウナ・スワーミーとの非常に興味深い出会いがあった。モウナ・スワーミーは聖者であり、1835年から1918年まで生きた偉大なシッダ、シルディのサイババの信奉者であった(Sahukar, 1971, p.22)。この出会いのなかでモウナ・スワーミーは、ラマイアのそれまでに起きた人生の出来事の詳細を数多く言い当て、特別なお守りとアーユルヴェーダの療法を与えた。モウナ・スワーミーは、与えた療法に従えば病は1カ月以内に治るであろうと予言した(Ramaiah, February, 1954, p.xii-xviii)。モウナ・スワーミーとの出会いに加えて、

さらに二つの特異な出来事が起きてから間もなくして、ババジはラマイアの骨結核を治した。これらのことは、私がヨーギー・ラマイアと初めて出会った1970年代の初頭に彼本人から聞いたことである。ヨーギー・ラマイアに起きた特異な出来事の一つとは、彼のビジョンにモウナ・スワーミーのグルであるシルディのサイババが現れたことである。このときラマイアがシルディのサイババに「あなたが私のグルですか」と訊ねたところ、シルディのサイババは「私はあなたのグルではないが、あなたのグルを見せよう」*2 と答えてババジのビジョンを見せたという。

第二の出来事はラマイアの病気に関するものだった。悪化の一途をたどっていた病状のために、失意と苦悩のどん底にあったラマイアは、あるとき息を止めて命を絶とうとしたことがある。すると突然、優しい音色のような声が聞こえてきた。その声はラマイアに「息子よ、命を絶ってはいけない。おまえの命を私に預けなさい」と語りかけた。ラマイアは驚いて息を呑んだ。声の主がババジであることに気づいた彼は、それ以降、自分をババジに捧げようと決心したのである。翌朝、病に冒されていた彼の足は目覚ましい回復の兆を見せた。数日後、彼の病気は奇跡的に完治し、医者や家族を驚嘆させた。

病気が回復するまでの間、ラマイアは足を引きずりながら歩くババジのビジョンを見た。これについてババジに訊ねると、弟子の病を治すために自らが一時的に病を引き受けたことをババジは明かした。

1955年頃、ヒマラヤのバドリーナートの近郊において、ババジはさまざまなクリヤー・ヨーガの技法をラマイアに直伝した。ラマイアはクリヤー・ヨーガの技法を真剣に実践して、卓越した「サット・グル」であるババジに自らを委ねた。こうしてかつては不治の病であった骨結核に冒されていたラマイアは、ババジの恩寵によってヨーギーとして花開いたのである。1958年から61年にかけて、ラマイアはムンバイのGS医科大学で理学療法を学び、ここでヨーガ療法の手法をさまざまな機能障害の治療に応用して成果を上げた。こうした研究活動を経た後に、彼はチェンナイに診療所を開設し、そこで約10年間にわたって身体障害者の無償治療に当たった。*3

V. T. ニーラカンタン（V.T. Neelakantan: 1901〜 1983）
V. T. ニーラカンタンはチェンナイ大学を卒業した著名なジャーナリ

ストであった。彼はインドの初代首相、ジャワハルラル・ネルーの友人
であり、神智学協会のアニー・ベサント博士の門下生でもあった。

　だが、ニーラカンタンは無数の病気に苦しめられていた。彼は糖尿病、
赤痢、蜂巣炎、足の腫瘍などを患い、高熱にも苦しめられていた。ババ
ジは何回かにわたってニーラカンタンを治療した。こうした交流を通し
て、彼はババジが口述する情報を3冊の本（後述）にまとめることに
なった。ババジは何度となくニーラカンタンの献身的な姿勢に強く心を
動かされた。ときには激痛に耐える彼の姿に強く心を打たれたババジの
目から涙があふれて、ニーラカンタンの足にこぼれ落ちることもあった。
またあるときニーラカンタンは、本を書き終えることができさえすれば、
出版を待たずに自分の命が尽きても構わないと言ったまま震えて倒れた
ことがあった。このときババジは、即座に椅子から飛び上がってニーラ
カンタンを抱きかかえた。ババジはニーラカンタンの額に口づけながら
彼の涙を拭い取り、聖者マールカンデーヤがシヴァ神によって永遠に16
歳の若さを約束されたように、ニーラカンタンも51歳の姿のままでと
どまるであろうと告げたという。

ラマイアとニーラカンタンとの出会い

　あるときニーラカンタンの著書『ボーグ通り9番地』（No.9 Boag
Road）の広告がラマイアの目に留まった。1952年5月の第3週、ラマイ
アはこの本を注文するためにニーラカンタンに手紙を送った。ラマイア
の手紙の最後に記された、"Truly your Self"（訳注：直訳すると「あ
なたの[真我]の僕より」という意）という結びの言葉に関心を抱いたニー
ラカンタンは、この数週間後にラマイアを訪問することになった。こう
して1952年6月中旬、インド、チェンナイ市のサントメ地区アルラー
ナンダ・ムダリ通り2番地にあるラマイアの自宅で二人は初めて出会っ
た。ラマイアが29歳、ニーラカンタンが51歳のときであった（Ramaiah,
1952, p.3-4）。これは10年間にわたりババジが二人を準備した結果、よ
うやく実現した出会いであった。

クリヤー・ババジ・サンガの結成

ババジはこの二人にクリヤー・ヨーガの指導、慈善、教育および霊的な活動を行うためのヨーガの団体「クリヤー・ババジ・サンガ」を結成するように求めた。こうして 1952 年 10 月 17 日、二人はインド、タミル・ナードゥ州チェンナイ市にこの団体を設立、登記した。1952 年 3 月 7 日、米国カリフォルニア州ロサンゼルス市において、パラマハンサ・ヨガナンダが「マハー・サマーディ」（意識的に肉体を離れること）に至ってからちょうど 7 カ月後のことである（Ramaiah, February, 1954, p.3; Yogananda, 1969, p.iv）。私が「クリヤー・ババジ・サンガ」の事務局長を務めていた 1980 年に、団体名は「クリヤー・ババジ・ヨーガ・サンガ」に改められた。

クリヤー・ババジ・サンガの活動

出版活動
　ババジは以下の 3 冊の本をニーラカンタンに口述筆記させた。

● 『明かされた神秘』
　（The Voice of Babaji and Mysticism Unlocked）

● 『すべての病を癒すマスターキー』
　（Babaji's Masterkey to All Ills）

● 『死の終焉』（Death of Death）

　これらの本は 1952 年と 53 年に、インド、チェンナイ市のクリヤー・ババジ・サンガから出版された（Neelakantan, 1952 a & b; Neelakantan, 1953）。ヨーギー・ラマイアはババジの要請に基づいて、これらの書の序文を執筆した。この序文には、本の執筆と出版に関してババジとニーラカンタンの間で交わされた興味深いやりとりや、当時のニーラカンタンとラマイアに起きた出来事が述べられている。なかでも最も劇的な出来事は、1952 年 7 月 26 日、ラマイアの自宅で行われていたグループ瞑想のときにババジがニーラカンタンの前に初めて完全な姿で現れたことである。これに引き続く数カ月間、チェンナイ市エグモア地区スラマル

通り9番地にあるニーラカンタンの自宅の礼拝室に、ババジはほぼ毎日現れた。こうしてババジは、前述した本の大半の内容を口述またはテレパシーを通してニーラカンタンに伝えた。往々にしてこうした情報は、ニーラカンタンにとって予備知識のない事柄に関するものであった。こうしたやりとりが行われていた際に、ババジはラマイアを「我が息子 (My Son)」と、ニーラカンタンを「我が子 (My Child)」と呼んだという。

　1952年、ラマイアはババジの要請によって偉大なヨーガの大師である、オームカーラ・スワーミーの伝記『至福の聖者』(A Blissful Saint[Paramahansa Omkara Swami]) を執筆、出版した。オームカーラ・スワーミーは、1951年にヨーガの行法に関するラマイアの疑問に答えて援助した人物である (Ramaiah, 1952)。この本の序文はニーラカンタンが執筆した。またババジは月刊誌『クリヤー』(Kriya) の発行に当たっても二人を導いた。同誌の発行は、編集主幹であったヨーギー・ラマイアが長期にわたる海外業務のために出版が困難になった1960年代まで定期的に続けられた。ヨーギー・ラマイアの妻のソラチは、ヨーギー・ラマイアやニーラカンタンと一心同体になって、設立当初の団体の活動に力を注いだ。彼女もまた心からの献身によってババジの恩寵を得た人であった。ヨーギー・ラマイアとニーラカンタンは、前者がオーストラリアとアメリカ合衆国へ旅立つ1967年まで活動を共にした。二人の本は長く絶版であったが、2003年、これをカナダの「ババジのクリヤー・ヨーガ教師の会」が『ヴォイス・オブ・ババジ：クリヤー・ヨーガに関する3部作』として出版した。

　ヨーギー・ラマイアは18人のシッダたちが椰子の葉にタミル語で記した古代文献を四半世紀以上にわたって収集、保存してきた。1968年、彼は18人のヨーガ・シッダの著作の抜粋からなる『18人のヨーガ・シッダの歌』(Songs of the 18 Yoga Siddhas) を出版した。この本はババジのグルであるアガスティヤとボーガナタルに関する詳しい情報やババジの人生の一部について明らかにしている。またヨーギー・ラマイアは、ボーガナタルの全著作を1972年と1982年に出版している。

ババジの教えの海外への普及

　ヨーギー・ラマイアとヨーギーニ（女性のヨーガ実践者）である妻のソラチは、ババジの教えを海外にもたらした。1956年、彼らは後に頻繁

に訪れることになるスリランカを初めて訪問した。二人は 1960 年代に
マレーシアを数回訪問し、各地でクリヤー・ヨーガを教えた。ソラチは
度重なる闘病生活を経て 1962 年に他界した。

　1964 年、ヨーギー・ラマイアは、オーストラリアとニュージーランド
で集中的にヨーガを教え始め、68 年に渡米した。以来彼は、本部をイ
ンド、タミル・ナードゥ州カナドゥカタン（Kanadukathan）に置く「国
際ババジ・ヨーガ・サンガ」（International Babaji Yoga Sangam）の
活動の一環として、世界に 50 以上ものヨーガ・センターを設立し、ク
リヤー・ヨーガ・シッダーンタの普及に努めてきた。これまでに呼吸
器系疾患、糖尿病、ストレスや麻薬中毒の治療を目的とするヨーガ療
法に関する多数の会議やワークショップが、ヨーギー・ラマイアによっ
て世界各地で開催されてきた。またシッダたちの基本理念に基づいて、
インド、タミル・ナードゥ州のアタノア（Athanoor）とポルト・ノー
ヴォ（Prto Novo）、米国ニューヨーク州のリッチヴィル市、ニューヨー
ク市、ワシントン D. C.、そしてアリゾナ州のユマ市に寺院が建立された。
霊的な波動を放つこれらの寺院は、ヨーガの集中訓練の場として理
想的な環境を提供している。

年次大会の開催

　1954 年以来「クリヤー・ババジ・ヨーガ・サンガ」は、ババジの霊
的な導きの下に「世界宗教とヨーガの国際会議」（Parliament of World
Religions and Yoga）を毎年開催し、あらゆる霊的な伝統に属す指導者
たちに、彼らの教えを一般に公表する場を提供してきた。

　ヨーギー・ラマイアは、将来ババジが現在よりも公的な役割を担うよ
うになることを示唆しており、その時期を「世界宗教とヨーガの国際会
議」の第 100 回大会が開かれる、西暦 2053 年であろうとしている。

医科大学とヨーガ研究所の設立

　「クリヤー・ババジ・ヨーガ・サンガ」では、インド、タミル・ナードゥ
州アタノア近郊に、医科大学、病院および研究所を設立中である。ババ
ジの霊的な導きの下に、これらの機関では、シッダたちが編み出した治

療法の一部が、やがて研究されて臨床の場で応用されることになるだろう。

ババジのクリヤー・ヨーガ教師の会と研究・出版活動

　1997年、筆者はババジから「ババジのクリヤー・ヨーガ教師の会」（Babaji's Kriya Yoga Order of Acharyas）の設立を依頼された。この会は一般人の教師からなり、ババジのクリヤー・ヨーガの世界的な普及を目的とする友愛団体である。ヨーギー・ラマイアは筆者がこの団体を設立するだろうと、1986年の時点で予言していた。1998年「ババジのクリヤー・ヨーガ教師の会」は、非課税の慈善教育団体として、カナダ歳入庁とアメリカ合衆国内国歳入庁から認可された。2001年1月には、インドのバンガロール市で慈善団体として登録された。この会の目的は「アーチャーリア」すなわち資格をもつ公認教師が、講演会、公開講座、入門セミナー、黙想会をとおして、ババジのクリヤー・ヨーガの教えを世界に広めることにある。選ばれた後に厳しい訓練に合格した者だけが教師の資格を与えられる。クリヤー・ヨーガを他に教えるにあたっては、規定のカリキュラムに沿って指導することが求められる。また教師は、自身のために行う、要求水準の高い修練を継続する一方で、厳しい倫理規定の遵守も求められる。発展途上国や恵まれない地域で開催されるイニシエーション・セミナーについては、教師はその開催のためにしばしば自ら出資する。現在、世界の十数カ国で32名の有資格者がいる。このほかに、インド、ヨーロッパ、北米において、数名が教師となるための訓練を受けている。最近では、10回のイニシエーション・セミナーがインドで、また2回がスリランカで開催された。このほか、ポーランド、マケドニア、コロンビア、アルゼンチン、マレーシアでも、教師の会が主催するイニシエーション・セミナーが開かれた。

　2000年以降、教師の会の出資により「ヨーガ・シッダ研究プロジェクト」と名付けられた一大研究プログラムが実施されてきた。古代のタミル・ヨーガ・シッダが数千枚の椰子の葉に書き記したヨーガ文献の研究、保存、転書、翻訳、注解文の執筆が、このプロジェクトの内訳である。この作業にあたってきたのは、タミル・ナードゥ州在住の学者チームである。

この研究プロジェクトは、T.N. ガナパティ博士を責任者として続けられてきたが、その成果として、これまでに以下の注解文付き翻訳文献が出版された。

● 『シッダ・ボーガナタルのヨーガ』
（The Yoga of Siddha Boganathar） 全2巻

● 『18人のシッダのヨーガ文献選集』
（The Yoga of the 18 Siddhas: An Anthology）
18人のシッダ全員のヨーガ文献から選りすぐった内容が含まれる。

● 『シッダ・アッヴァイのヨーガ』（The Yoga of Siddha Avvai）

● 『ティルムラルのヨーガ：ティルマンディラムの概論』
（The Yoga of Tirumular: Essays on the Tirumandiram）
『ティルマンディラム』に含まれる主要なテーマの解説書である。5世紀にシッダ・ティルムラルによって書かれた優れた古典『ティルマンディラム』は、ヨーガとタントラについて書かれたものとしては、南インドで最も重要な文献である。

● 『ティルマンディラム英訳完全版』（Tirumandiram）
『ティルマンディラム』のすべての詩に解説を付した、新しい英訳の完全版である。2007年から2010年にかけて教師の会が出資し、翻訳にはタミル人の学者チームがあたった、3800頁、全10巻からなる記念的な大著である。翻訳と注釈の編集には、プロジェクトの責任者であるT.N. ガナパティ博士の下で、教師の会のメンバーがあたった。出版に際しては、N. マハーリンガム博士から寛大な資金援助を得た。そしてチェンナイ市にて盛大な出版記念行事が催された。この記念行事には、シヴァ派4僧院の代表者、中央タミル・ナードゥ州政府の大臣と閣僚、500人以上の学者、シッダ文献の愛好家などが参加した。

● 『シヴァ・シャクティ：18人のタミル・ヨーガ・シッダの詩集』
（Shiva Shakti: the Collected Poems of the 18 Tamil Yoga Siddhars）

クンダリニー・ヨーガについて書かれた 800 以上の詩に関する手引き書である。原本は椰子の葉に残された手稿で、これを現代タミル語に書き起こした。この本には、すべての詩を納めた DVD が添付されている。

● 『パタンジャリとシッダのクリヤー・ヨーガ・スートラ』
(Kriya Yoga Sutras of Patanjali and the Siddhas)
10 年の歳月を経て 2000 年に完成した筆者の労作である。欧州の 6 言語、ヒンディー語、タミル語で出版されており高い評価を得ている。

● 『イエス・キリストとヨーガ・シッダの英知』
(The Wisdom of Jesus and the Yoga Siddhas)
ヨーガ・シッダの教えと、聖書の寓話や格言に残されたイエス・キリストの原初の教えとの共通点について明らかにした本である。2006 年に出版された。

　1991 年以来、筆者はババジのクリヤー・ヨーガの世界各地での普及や、教師の会のアシュラムがあるカナダ、インド、スリランカにおける活動の伸展に努めてきた。2000 年以来、教師の会は、ラーメーシュワラムとベンガルールのアシュラムにも出資している。これによりアシュラムの専従スタッフが無料のヨーガ・アーサナ教室を毎日開催する従来の活動に加えて、インド各地でのイニシエーション・セミナーの開催や、クリヤー・ヨーガやヨーガ・シッダ研究プロジェクの本の出版や配布といった活動も実現した。また同会は 2005 年以来、スリランカ、コロンボ市にあるアシュラムの改修と運営にも出資し、同じくスリランカのカタラガマにあるババジ縁の地に建つ寺院の改修にもあたった。元来この寺院は、ババジがそこで 4 年を過ごして悟りを開いたことを記念して建てられた。現在、教師の会は、ヒマラヤのバドリーナートに大きなアシュラムを建設中である。そこはニーラカンタ山麓の風光明媚な地である。
　2002 年 7 月 25 日、筆者はドゥルガ・オーランドと結婚した。2001 年以来、ドゥルガは教師の会の一員として、世界十数カ国から来た 150 人以上の人々を、クリヤー・ハタ・ヨーガ指導員養成コースで指導してきた。このコースは、計 200 時間のプログラムからなり、北米におけるヨー

ガの学校の登記機関であるヨーガ連盟に登録されている。また彼女は「バ
バジのクリヤー・ヨーガ・グレース・コース」という通信講座の制作に
もあたった。現在、この通信講座は、世界の数カ国語で受講できる。

将来の活動

　人類が徐々に神性に目覚めることを助けて、これによって芽生える普
遍的な愛のビジョンを通して世界を聖なる楽園に変容させることは、バ
バジの使命の一つである。ババジを自己の霊的な導きの源泉とするすべ
ての人々を通して、さらには自己の活動、思考、言動を通して純粋な愛
を表現するすべての人々を通して、ババジの使命は遂行されている。愛
ある所にババジは在る。ババジとの意思の疎通を図る方法を学ぶことで、
誰もが自分の人生や周囲の人々を変容させて、人類が多方面で直面する
無数の問題の解決が可能になる。

　ババジの使命遂行のための優れた手段は、サーダナ（第 12 章で述べ
られるクリヤー・ヨーガの五つの道）、自己の明け渡し、そして奉仕で
ある。人は自我意識を手放すことなしに普遍的な愛のビジョンを得るこ
とはない。行為の結果やそれがもたらす代償に執着しない無私の奉仕は、
自分こそが行為者であるという幻想、すなわち自分は神から切り離され
ていると感じる自我の幻想から人を解放する。ババジや彼の聖なる使命
に仕えることを熱望する者は、以上に述べた自己変容のための三つの方
法を真摯に行うことが最良の道である。ババジのクリヤー・ヨーガにお
いては、クリヤー・ヨーガの実践者に援助を求める人々にも自動的に恩
恵の一部がもたらされる。たとえるならば、クリヤー・ヨーガの実践者
はガウリー・シャンカール・ピータム（Gauri Shankar Peetam）（訳注：
バジのアシュラムがあるといわれている地）にあるヒマラヤの放送局
から発信されるバジの霊的な導きと愛を、すべての活動分野にもたら
すことができる中継基地になるのである。

注釈

＊1.　シャンカラの説いた一元論は、一般に「不二一元論」と呼ばれる。これは宇宙
の根本原理である「ブラフマン」と、それから生じた「アートマン」（個我）が同一
であるという考え方に基づいている。（訳注）

＊2. **シルディのサイ・ババ**は、ヒンドゥー教徒とイスラム教徒の双方から敬愛される偉大なヨーガの聖者であり奇跡を現した人であった。プッタパルティのサティヤ・サイ・ババ（1926 ～ 2011）は、自身がシルディのサイ・ババの生まれ変わりだと語っている。ババジとサティヤ・サイ・ババという二人の神性の具現者は活動を共にしてきた。バドリーナートの近くにあるグファ・アシュラム（Gufa Ashram)の長を務めるサティヤ・サイ・ババの弟子は、ババジが語ったことを次のように引用している。「私はシヴァ神の三人のアヴァターラ（神の化身）をすべて知っている。私はシルディのサイと現在のアヴァターラであるシュリー・サティヤ・サイのダルシャンを受けた。また私は、プレム・サイとして現れるシヴァ神の未来の化身も知っている」(Swami Maheshwarananda, 1989, p.51)

＊3. ソフロロジー（Sophrology）の創始者である医学博士、アルフォンソ・カイセド（Alfonso Caycedo）は、その著『ヨーギーたちのインド』（India of Yogis）の１章をヨーギー・ラマイアと彼の診療所の説明に当てている。

ババジ生誕の地を記念して建てられたスリランカの
カタラガマにあるババジ寺院

インドのヒマラヤ山中にある寺町バドリーナートの近郊に
あるアシュラム

バドリーナートのアシュラムは秀麗なニーラカンタ山の麓
標高 3200 メートルの地に立つ

第 5 章

ババジのアシュラム

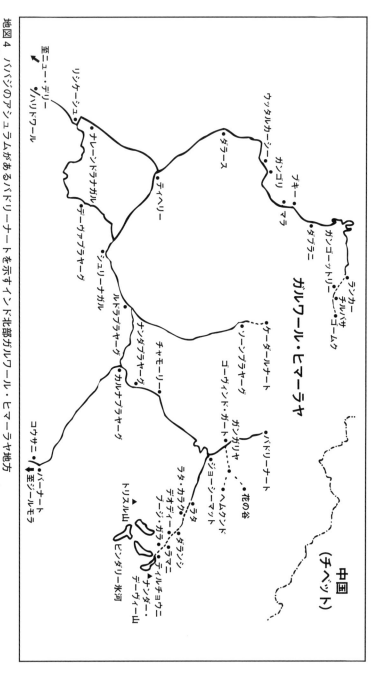

地図4 ババジのアシュラムがあるバドリーナートを示すインド北部ガルワール・ヒマーラヤ地方
原典：『India, Travel Survival Kit』(Lonely Planet Publications, P. O. Box, Victoria, 3241, Australia)

中国（チベット）

ガルワール・ヒマーラヤ

至ニュー・デリー

ハリドワール

リシケーシュ

ナレーンドラナガル

デーヴァプラヤーグ

シュリーナガル

ウッタルカーシー

ガンゴトリ
マラ

ブキー

ダラース

ティハリー

ルドラプラヤーグ

ナンダプラヤーグ

カルナプラヤーグ

チャモーリー

ゴーヴィンド・ガート
ガンガリャ

ソーンプラヤーグ

ケーダルナート

ランカー
チルバサ
ゴームク

バドリーナート

花の谷

ヘムクンド

ジョーシマット

コサニ

バーナート

至ジールモラ

ラタ・カラク
デオディー
ブージ・ガラ
ラタ

ドルジー
ダラシン
サンダー・
ディルチョウニ
デーヴィー山
ピンダリ氷河

トリスル山

アシュラムの住人たち

　ヒマラヤのバドリーナートの近くにあるババジのアシュラムは「ガウリー・シャンカール・ピータム」(Gauri Shankar Peetam) と呼ばれる。V. T. ニーラカンタンは、このアシュラムの様子についての記録を残している (Ramaiah, May 1954, p.3-10)。ニーラカンタンによると、彼は1953年10月の後半にアストラル体でババジのアシュラムを2度訪問することを許されたという。このときインドのチェンナイ市にいた彼は、突然、自分が肉体から遊離して「別の身体」（訳注：アルトラル体）でガウリー・シャンカール・ピータムにいるババジの傍らに立っていることに気がついたという。アシュラムとそこでの活動について、彼は次のように記している。

　アシュラムはバドリーナートの寺町の近くにあり、四方を険しい断崖に囲まれている。この断崖の麓には複数の洞穴が並んでおり、そのうちの最も大きいものがババジの洞穴である。洞穴が並んでいる崖の対面には二つの滝がある。ニーラカンタンが訪問した時点でのアシュラムの住人は14人だった。彼らは大きな滝で行水をし、小さな滝の水を飲料用に使っていた。滝の水は二つの水流となってやや離れた地点で合流し、奥がトンネル状になっている開口部へと流れ込んでいる。辺りに光源は見当たらないが、アシュラムの一帯は夜でも明るかったという。なんらかの神秘的な力が働いているために、アシュラムの周囲1マイル（約1.6キロ）には人が近づけないようになっている。ババジの許可がないかぎりは、誰もそこへ到達できないのである。

　ニーラカンタンによると、アシュラムの住人はババジの洞穴の前で車座になって食事をとり、薄赤色のドーティー（腰布）をまとったババジ以外はみな白い服を着ていたという。昼食中の彼らはヒンドゥー語と英語で会話を交わし、その表情は光り輝いて大いなる歓びと至福に満ちあふれていたという。

　アシュラムの住人のなかにはババジの「シスター」（父方の従姉妹）である「マタジ・ナーガラクシュミー・デーヴィーヤル」(Mataji Nagalakshmi Deviyar: 別名「アナイ」) がいる。彼女は緑色の縁どりがある白い木綿のサリーを着て、赤い飾り帯をつけていたという。ニーラカンタンによると、色白でほっそりした体つきの彼女は、まれに見る美

貌の持ち主であり、ババジよりも長身だという。彼女の顔は面長で頬骨がやや高く、前から見るとパラマハンサ・ヨガナンダの弟子のカーシーに、そして横から見るとニーラカンタン自身の妻に似ていたという。

　アナイはアシュラムの運営を任せられており、さまざまな役割を通してアシュラムの住人に奉仕している。毎日、正午に食される簡素な菜食料理の調理を取り仕切っているのも彼女である。こうした食事はアシュラムにおけるヨーガ的な生活様式に則っている。また彼女は聖堂（Peetam）の上に生えている4フィート（1.2メートル）にまで伸びた「トゥラシー草」を大切に育てている。こうして彼女はクリシュナ神の大いなる信愛者であった「トゥラシー・デーヴィー」を毎日礼拝する。「トゥラシー・デーヴィー」は主なるクリシュナの恩寵によって、聖なるトゥラシー草として天上界にある主の住み処に留まることを許された存在である。

インド北部のバドリーナートにあるバドリーナーラーヤン寺院
ババジのアシュラムはこの寺院がある村から近いチベット（中国）との国境地帯にある

アナイが好む儀式に、彼女が仕えるババジの御足を礼拝する「パーダ・プーサイ」（Pada Poosai）がある。「パーダ」は「足」を「プーサイ」は「花を飾って礼拝する」を意味する。[*1]　アナイはこの儀式において、ババジの御足を敬愛の念を込めて銀の皿の上に乗せ、それをゴマ油、緑豆の粉、牛乳、香料および他の聖なる品々によって清める。さらに彼女は「ヴィブーティ」（「マントラ・ヤグナ」と呼ばれる火の儀式で生じた灰）、「クムクマ」（朱色の花から作られる赤い粉）、さらにはアシュラムに咲く花々でババジの御足を飾る。

　このほかアシュラムには臍のあたりまで長く髭を伸ばした男たちが何人かいた。またかつてはイスラム教国の統治者であったという男もいた。この男はババジの弟子になるために自分が持つすべての兵力と富を差し出して断られ、ついには自分自身を差し出して弟子入りを認められたという。このほかアシュラムには、がっしりした体格の西洋人の女性や10歳ぐらいの少女もいたという。またそこには「二つの身体を持つ聖者」として知られるスワーミー・プラナバナンダもいた。

　現在この聖者は「アマン・プラナバナンダ」（Amman Pranabananda）という名で知られており、その外見は彼自身の前世の姿に酷似しているが、今生では髪と髭を長く伸ばしているという。この聖者についてはヨガナンダが彼の著書の中で述べている（Yogananda, 1969, p.22-28）。スワーミー・プラナバナンダはその前世において、集まった弟子たちの目前で「マハー・サマーディ」すなわち意識的に肉体を去って生涯を閉じた。彼はその数年後に生まれ変わった。そして青年になったときに、突然、自分の前世とババジとの絆について思い出した。その後彼はこの不死身のグルを捜し求めてヒマラヤに赴いた。そしてババジの恩寵によって、ついにババジとの再会を果たしたのである。ババジの指導の下に、何年にもわたって集中的にクリヤー・ヨーガを実践した後に、彼は不死身になることを意味する「ソルバ・サマーディ」に至った。現在、彼は敬愛を込めた呼び名である「ダダジ」または「アマン・プラナバナンダ」という名で知られる。今日の彼は数多くの人々に霊的なインスピレーションや導きを与えている。また彼はアシュラムの庭園の管理も受け持っている。

　ババジの弟子のなかで不死を意味する「ソルバ・サマーディ」の域に達したのは、アナイとこのアマンだけである。このことはとりもなおさ

ず、彼らがクリヤー・ヨーガの至高の目的である、神への自己の明け渡しを完全に実現したことを意味している。

　自我意識の制限を乗り越えたアナイとアマンは、彼らの助けを求めるすべての人々に援助の手を差し伸べている。アナイは彼女が行う深夜の瞑想において、クリヤー・ディヤーナ・ヨーガ（瞑想法）のイニシエーションで最初に伝授される技法を行じて、クリヤー・ヨーガを伝授された人々の潜在意識が完全に浄化されるような援助をしている。また第4番目の瞑想法の達人であるアマン・プラナバナンダは、クリヤー・ヨーガを伝授された人々が、彼らの知的潜在力を最大限に生かせるように援助している。

　霊体とメンタル体のレベルにおいて神性を実現した聖者や賢人は多くいる。しかし、生気体や肉体の細胞レベルにおいて、聖なる意識に自己を完全に明け渡すことができた者はわずかである。生気体や肉体は、病、老化、死の影響を簡単に受けてしまう。生気体と肉体は有限な自我や潜在意識の最後の砦である。クリヤー・ヨーガを伝授された人々や帰依者たちすべてにとって、ババジ、アナイ、アマンは、神への自己の明け渡しを実現する上での優れた模範を示している。事実上、彼らは神の生ける化身である。

アシュラムの日課

　アシュラムの住人はヨーガのポーズ、呼吸法、瞑想法、マントラ・ヨーガ、バクティ・ヨーガなどからなるヨーガの実践を基本にした日課を忠実に守っている。ニーラカンタンによると、アシュラムでは全員が朝の4時に起床するという。大きな滝で行水をした後に、彼らは呼吸法に重点を置いた行法を1時間行い、午後には行法の実践について、時折ババジの助言を求めながら各自で実践するという。

　その愛すべき性格、暖かいユーモアのセンス、そして普遍的な慈愛の心によって、ババジはアシュラムの住人のすべてから慕われている。もしババジを形容する最もふさわしい言葉を選ぶとすれば、それは「謙虚さ」であろう。

　ババジのアシュラムを訪れた他の人々の証言によると、夕方になると住人たちはババジの洞穴の前で車座になって「ホーマ」（Homa）と呼ば

れる大きな火を囲み、マントラを朗唱する。このとき彼らが最も好んで詠ずるのは「オーム・クリヤー・ババジ・ナマ・アウム」である。最初の「オーム」(OM) は外的に体験される宇宙の音を、そして最後の「アウム」(AUM) は内的に体験される宇宙の音をそれぞれ表している。「ナマ」(Nama) は「礼拝」を意味する「ナマハー」(Namaha) に由来する。マントラの朗唱は旋律とリズムを適宜変えて行われる。7月初旬に行われる「グル・プルニマ祭」(Guru Purnima celebrations) では、アシュラムの住人全員がババジの御足に花を捧げる。アシュラムの「母」であるアナイ・ナーガラクシュミーは、みんなから「聖なる母」すなわち「宇宙のシャクティ」の化身として深く敬われている。

　その講話のなかでババジは、自らを至高の実在・真理・至福であると語っている。また彼は自らを宇宙の非人格的なパーソナリティー、唯一にしてすべて、すべてにして唯一なる存在、不死身にして無限の存在、そして永遠の実在（eternal Self）であるとも語っている。ババジの聖なる人格を十分に知るためには、クリヤー・ディヤーナ・ヨーガ（瞑想法）を学ばねばならない。

　クリヤー・ヨーガを伝授された者は「地上の楽園」ともいえるガウリー・シャンカール・ピータムがヒマラヤだけにあるのではなく、ババジに帰依する者たちの心のなかにもあることを理解すべきである。人はババジのアシュラムに容易に行くことができない。それはババジが沈黙と無名性を保ちながら活動し、何千人もの帰依者や何百万もの魂が、各自のペースで進化するのを助けることを望んでいるからである。さながら巨大な放送局のように、ババジはその普遍的な愛と平和のメッセージをすべての人々に発信している。ババジのメッセージの「送受信局」となるための方法については第12章で述べる。

注釈

＊1. 神の御足を崇めることは、神への敬愛の念を親密な形で表す行為であると同時に、自己の明け渡しや求道の精神を表す行為でもある。ティルムラルの『ティルマンディラム』を初めとするタミル人の聖典の随所には、神の御足の崇拝に関する記述が見られる。「神の御足にすがって上昇する」という表現は、自己を神に明け渡し、求道の精神を持つことによって、人は真我実現に至ることを比喩的に説いている。

第6章

シッダ・ティルムラル
(Siddha Thirumoolar)

ティルムラルの使命

　伝承によると、スンダラナータ聖仙（Rishi Sundaranatha）（訳注："Rishi"
［リシ］は「聖仙」の意）は、ナンディー・デーヴァルの弟子の一人で
あり、シヴァ神の住み処であるカイラース山に住んでいたという。彼は
南インドのポティガイ山に住む、友人でグルバイ（共通のグルに学んだ
弟子）であったシッダ・アガスティヤを捜すことを思い立った。スンダ
ラナータ聖仙は神性を実現したジーヴァンムクタ（解脱者）であり、彼
の誕生は過去生のカルマによるものではなかった。無知な人類に対する
慈悲心ゆえに、彼は自らの意志で生まれることを選択したのである。旅
の途中、彼はケーダールナート、パーシュパティナート（ネパール）、カー
シー、カーンチー、ティルヴァティカイそしてティライ（チダンバラム）
の聖なる寺院で神に祈りを捧げた。カーヴェーリ川を渡って、ティルヴァ
ヴァドトゥライに至った彼は、その地の主宰神に祈りを捧げた。そして
後ろ髪を引かれる思いでそこを後にした。

　カーヴェーリ川の土手に沿って歩いていると、スンダラナータ聖仙は
不思議な場面に出くわすことになった。すでに絶命している「ムラル」
という名の牛飼いを囲んで、牛の群れが涙を流して嘆き悲しんでいたの
である。喜びも苦悩も超越していた聖仙ではあったが、なぜかこのとき
は名状しがたい哀れみを牛たちに感じたのだった。そこで彼は牛たちを
元気づけるために、中空の丸太の中に身を隠して、ヨーガの力によって
死んだ牛飼いの体に入り込んで起き上がった。牛たちは自分たちの主人
が元気になったのを見て大喜びし、愛情を込めて彼を舐め回した。その
晩、スンダラナータ聖仙は牛たちを連れて村に帰り、牛飼いのムラルの
家に行った。そして彼の妻に、以降は一切の関係を断つことを告げてか
ら、その夜の宿を求めて地元の僧院へと向かった。

　その翌日、旅を続けるために自分の体を隠しておいた場所に向かった
スンダラナータ聖仙は、鳥や獣に襲われない場所に隠したはずの体が消
え失せていることを発見して大層困惑した。そこに座って瞑想した彼
は、自分の体を持ち去ったのがシヴァ神であることを悟った。シヴァ
神は聖仙が南インドの男の肉体にとどまって、タミル地方において生命
の偉大な神秘について説く存在となることを望んだのである。村人た
ちは牛飼いのムラルが気高い聖人に変貌したことを知り、以来、彼は

「ティルムラル」という名で呼ばれるようになった。「ティル」（thiru）という語には「神聖な」という意味がある。ティルムラルは踊り手の王者としてのシヴァ神の化身「ナタラージャ」を祀る古い寺院であるチダンバラム（ティライ）の村の近くに居を定めた。そこで彼は「スワヤンブー・リンガ」（Swayambhu Lingam: シヴァ神を表す石柱）が置かれた菩提樹のそばで神に祈りを捧げた。彼は昼夜を通して瞑想を続けた。伝承によるとティルムラルは、毎年末にしばしの間瞑想を中断して、その年に彼が悟ったことのすべてを4行の詩に要約したという。こうして彼は3千年間を過ごしたといわれる。（Natarajan,1979；Suburamaniyam, 1979；Velan, 1963, p.41-43；Pillai, 1979, p.313-322; Sekkizhaar, 1985, p.317-320）

　ティルムラルは『マントラ・マライ』（Mantra Malai）（「マントラ撰集」の意）と題される韻文3千節を残した。これらは序文を付した9冊の本（「タントラ」と呼ばれる）にまとめられている。その序文の中でティルムラルは、自らが残した傑作の崇高な目的についてこう記している。

　「我が至った至福から、世界は益を得ることができよう。すなわち5文字からなる神秘の言葉［ナ・マ・シ・ヴァー・ヤ］（Na-Ma-Ci-Vaa-Ya）のマントラを深く念じ、それを身体の随所にて感ずるならば、天界の英知を綴ったヴェーダの本質が自ずと明らかになるであろう」（『ティルマンディラム』第85節）（Sekkizhaar の文献中の G.Vanmikanathan による翻訳, 1985, p.321）

　今日、ティルムラルが残した詩は『ティルマンディラム』（Thirumandiram）と呼ばれる（訳注：Tirumantiram［ティルマンティラム］とも呼ばれる）。『ティルマンディラム』は、ヨーガや神秘的な真理を綴った最も偉大な文献の一つである[*1]。「ティル」（Thiru）にはタミル語で「神聖な」という意味があり「マンティラム」（Mantiram）は、サンスクリット語の「マントラ」に当たるタミル語である。「マントラ」とは意識を高次に導く祈りの言葉、あるいは定型化された音からなる聖なる音節のことである。ティルムラルは後に著したいくつかの著作の中で、特定の神に捧げられる儀式において使われる特別なマントラについて述べている。また彼は根源的なマントラである「オーム」と「ナマシヴァヤ」の詳しい意味についても説明している。彼のこの著作は『タントラ（礼拝様式）、マントラ（礼拝の言葉）、ヤントラ（礼拝のた

めの象徴または道具）およびヨーガの書』（a book of Tantra, Mantra, Yantra and Yoga）と呼ばれる。これは祈りと哲学についての書である。(Subramaniyam, 1979; Sekkizhaar, 1985, p.323)[*2]

　ティルムラルが信奉する神は、超越的な実在、すなわち至高の実在としてのシヴァ神である。ティルムラルはシヴァ神について次のように述べている。

　「神々と我らの統治者にして、あらゆる空間に遍在し、大洋に囲まれた七つの世界を超越する神。誰もこの神の本質を知らない」（『ティルマンディラム』第32節）（Subramaniyam, 1979）

　「唯一なる神が在（あ）る。この神、十方位の随所に遍在する。いかなる所であろうと、この神そこに在（あ）らずと誰が言えようか。ゆえに、汝、この神の御足の影に安らぎを求めよ。そして荒れ狂うカルマの海を渡り、彼岸（ひがん）へと至れ」（『ティルマンディラム』第1451節）（前掲）

『ティルマンディラム』の教えの真髄

　ティルムラルは聖なる変容を遂げた肉体で久遠（くおん）の時を生きたと述べている。

　「聖なる［ナンディー］（Nandi：「雄牛」、「人心を超えた自在神」［Supramental Ishwara］、「実在の至高の統治者」［Supreme Master of Being］のこと）の恩寵の足元にひれ伏し、黄金に輝ける英知の世界における神の無欠の戯れを目の当たりにしたときより、我は7クロール年という比類なき時を生き続けた」（『ティルマンディラム』第74節）（注釈：1クロールは1千万に当たる）

　「我はこの肉体にて幾千万年もの永久（とわ）の年月を生きた。そこは昼夜なき世界である。我はナンディーの御足の下で生きた」（『ティルマンディラム』第80節）

　「我はナンディーの恩寵にて真理なる意識（Truth-Consciousness）を求め、それと合一した。ナンディーの恩寵にて我は生き続けた」（『ティルマンディラム』第92節）

　「肉体の存続が許されるなら（つまり「もし私が生き続ける意志を持つのならば」）それは幾千万（年）にもわたる久遠の時を生き続けるであろう。束縛するもの、ムーラーダーラ（尾骨にある心霊エネル

ギー・センター）に宿る太陽と月の燃える光によって、毛髪でさえしなやかにしてつややかとなり、光を放つようになる」（『ティルマンディラム』第93節）

「たとえ死神が来ようとも、我はこれを知恵の剣にて駆逐しよう。聖なる神、シヴァが現れたときは、必ずこの神につき従おう。我はカルマと誕生というこの世の頑なな循環を断ち切って破壊した。魂の切望から生まれ出ずるタパスの力に誰が抗えようか」（『ティルマンディラム』第2968節）

「我はナンディーの恩寵にて生命の矛盾と対立の状態を解消し、病や老いから解き放たれ、齢を重ねる必要がなくなった。かつて我の前に立ちはだかった困難や苦しみは、我の前にうやうやしくひれ伏した。（つまり「これらは進歩のための機会に変わった」）聖なるシヴァ御自らが現れたのである」（『ティルマンディラム』第2974節）

「気づきによって神との合一に至れば、あらゆる汚れと無知は一掃され、動物的な気性は消え去る。神との合一を果たした者の肉体は、一点の曇りなき純粋なものとなり、8種の汚れは融解する。彼らは汚れなき肉体で、この広大な世界を生き続ける」（『ティルマンディラム』第2320節）

「我はまさにこの肉体の内に、純粋なシャクティの表れである至福に満ちたシャクティの恩寵を具現した。我はこの合一において英知の主を実現し、それは我となることで神となった（つまり「私はこの存在そのものになった」）。この存在は神々の源にして優れて大いなる光である」（『ティルマンディラム』第2324節）

「我は自らの意識の内にて、神性（Shiva Gati）遥かなる天界（つまり「人の心を超越した天界」）の父、さらには聖なる意識そのものと合一し、久遠の時を生き続けた」（『ティルマンディラム』第2953節）

「我に英知を授けた至高の神が我の内に入り、この肉体を意識の身体に変えた（つまり「神が私の肉体を通してその存在を顕現された」）ときより、神は我と共に在る」（『ティルマンディラム』第1529節）

「肉体の原理、基本元素、カーラ（kala：心）、時間、マーヤー（幻影）などに幻惑されたり執着することなく、永久に在る神の住み処にて、時を超越した英知の真理と合一すれば、人は優れた不滅の身体「ヴィーヤ・パラカーヤ」（Veeya Parakaya）すなわち変容を遂げた卓越的な不滅

の身体を得る」(『ティルマンディラム』第643節) (Thulasiram, 1980, p.457-458, 464)

「シッディ」すなわちヨーガの奇蹟的な八つの力の一つについて、ティルムラルは次のように述べている。「魂がすべての内に宿る普遍的な神と合一すれば、しなやかにして(つまり「柔軟性に満ちて壊れることのない」)熱を帯びない(おそらく「暑さを感じない涼やかな」)変容を遂げた卓越的な身体「パラカーヤ」を得る」(『ティルマンディラム』第668節) (Thulasiram, p.459)

「太陽(「真理の英知」[Truth-Knowledge]が宿る天界の象徴)の7の3倍(つまり「21」)の法則の英知を得た者、およびこの法則に触発された英知を得た者は、不滅にして老化知らずの若々しさを保ち、変容を遂げ、壮健にして神々しく美しい身体を得る。また彼らは、すでに死せる求道者と死にゆく求道者の双方に、彼らの住み処として黄金の地を与える力を得る」(『ティルマンディラム』第706節)

「美しく聖なる青きシャクティと常に固く結ばれた者は、皮膚のたるみや白髪が失せ、若返ることをパラ・ナンディー(「人の心を超越した至高の実在」)にかけて誓う」(『ティルマンディラム』第734節) (Thulasiram, 1980, p.460)

古代の賢者や見識者の多くは、魂の重要性を強調するあまりに、図らずも肉体の価値を軽視するようになった。後にこれは肉体を敵視する風潮につながった。何世紀もの間、人体は攻撃の対象となり、名声ある学者や神学者たちは肉体を蔑む言葉を次々に生み出した。これらはすべて魂を称えるためになされたことであった。しかし皮肉なことに、肉体の支持と協力なしには、決して魂は救われ得ない。ティルムラルは肉体を蔑むこうした風潮に初めて挑み「肉体なき魂や命とはどのようなものか」、「肉体の役割とは何か」、「肉体には価値があるのか」といった質問への答えを示した。こうしてティルムラルの教えは、新思想の潮流となる「シッダーンタ」の基盤となった。「生命の成就」(the perfection of life) を意味する「シッダーンタ」(Siddhantham) という言葉は「成就」を意味する「シッディ」(Siddhi) と「目標」や「結果」を意味する「アンタ」(anta) という語に由来する。「シッダーンタ」という言葉は『ティルマンディラム』の中で初めて使われた。

肉体は魂と同様に重要であり、肉体から切り離された魂は無に等しい。

「肉体が死に至ることは魂にとっての悲運である。これ（死）によって、確固として真の英知を得ることが遠のくからである。故に我は体の養生法を学んだが、体を養うことは、すなわち魂を養うことに通じる」（『ティルマンディラム』第724節）

「ときに我は肉体を蔑むことがあった。しかし、肉体の内に神を見いだし、それが神の神殿であることを悟って以来、大いなる注意を払って肉体の維持に臨むようになった」（『ティルマンディラム』第725節）（Thulasiram, 1980, p.460）

「ビンドゥー（Bindu: プラーナーの低次の形態）が体内に保たれれば、生命は衰えない。ビンドゥーが正しく保たれれば、卓越した力、エネルギー、鋭敏な知性、タパス（集中的な修行）、黙想、モウナ（沈黙）、永続的なシッディ（ヨーガの力）、これらすべてが得られる」（『ティルマンディラム』第1948節）（Subramaniyam, 1979）

以上はティルムラルが残した教えである。体は肉でできた家であり、魂、すなわち「ジーヴァ」（jiva）はこの肉の住み処を必要とする間借り人のようなものである。家が肉でできているからといって、それを非難するには当たらない。むしろそれが生身であり傷つきやすいからこそ、細心の配慮が必要である。さまざまな病に冒されやすいからこそ、人は病から肉体を守る務めを負う。肉体はガラスのように注意深く扱われなければならない。

シッダたちは肉体の脆さや繊細さについて理解していた。肉体の助けがあってこそ、魂はその目標を初めて達成することができる。こうしてシッダたちは、肉体と精妙な他の身体について綿密に調べた。魂そのものに取り組むことに先立って、魂の「覆い」に取り組む必要があったのである。つまり霊的な身体に対処する前に、肉体、生気体、メンタル体、知性体を冒す病気に対処する必要があったのである。

『ティルマンディラム』の教えの真髄はここにある。至高の実在、シヴァ、すなわち絶対的な真理は、霊的な次元だけに顕現されるものではなく、他の諸次元やそれらに対応する知性体、メンタル体、生気体、そして最終的には肉体においても、漸次、顕現されなければならない。こうして人の身体には、ついに不死の炎が灯るようになる。

「二文字の内に脈動する舞踏。それは喜びあふれる舞踏である。それは融解をもたらす舞踏である。それは至福へと至る舞踏である。それは

シヴァ・リンガの舞踏である。その舞踏は銅の魂を黄金の魂に変える錬金術である」（『ティルマンディラム』第902節）

「水、土、空、火、風、体内の閃光。これらすべてが彼の存在の顕れである。彼の存在とはパラパラム（Paraparam）、我々の神、シヴァである。シヴァ、それは生けるジーヴァ、不滅の存在である」（『ティルマンディラム』第3045節）（Subramaniyam, 1979）

運命に対する個人の責任

なぜシッダたちは、彼らが得た医学の知識を人類の利益のために社会に広めなかったのだろうか。こうした疑問への答えを得ることは容易ではない。しかし、明らかなことが一つある。それはシッダたちが、彼らの知識が広まることを意図していなかったということである。古代のシッダたちの使命は、おそらく全人類の病を治すことにはなく、自身の肉体を冒す病だけを治すことにあったのだろう。一人一人が自己救済のために行動しなければならない。実際、ティルムラルは一人一人が己の運命に対する責任を負っていると信じて、本人の行為とまったく無縁な運命が神意によって課せられることはないと公言していた。運命が生じる原因は他ならぬ人間の行為にある。種を撒いた者はその結果を刈り取らねばならない。

「人の魂は過去の行いの結果として生じる運命を背負う。神が（一方的に）人に特定の運命を強いることはない」と彼は述べている。

「思い、言葉、行いによってカルマは蓄積される。思いと言葉が一致していればカルマは増さない。思いと言葉が相反すれば、人はカルマを経験し、これによって人生の進路が変わる。これらは大いなる知恵である」（『ティルマンディラム』第2612節）（Subramaniyam, 1979）

ティルムラルは、人が自己の内に神を顕現して最高の霊的な境地に至るためには、ヨーガによって自己の鍛錬と制御に励むことが必要であるという彼得意の主張を繰り返して述べた。

「神に至ることを望みつつも果たせぬときは、その原因が己の過去の悪業にあると思え。熱き献身をもって弛まずに臨むのであれば、汝、ついには大本なる神に至る」（『ティルマンディラム』第2668節）（前掲）

求道者の内に芽生える普遍的な愛のビジョンについて、ティルムラル

は次のように述べている。

「随所に聖なる御姿がある。随所にシヴァ・シャクティがある。随所にチダンバラムがある。随所に神の舞踏がある。シヴァは遍在するが故に、その恩寵も遍在する。すべてが神の聖なる戯れである」（『ティルマンディラム』第2722節）（前掲）

すべての存在に対して愛と慈悲心を抱くことは、神を求める真の求道者にとって不可欠な姿勢であるが、これについてティルムラルは次のように述べている。

「無知なる者は愛とシヴァは異なると言う。彼らはシヴァが愛そのものであることを知らない。愛とシヴァが同一であり、愛こそすなわちシヴァであることを知る者のみが永遠に生きる」（『ティルマンディラム』第270節）

「自己を実現する者は、神の御足を求めてそれを敬愛する。自己を実現する者は、惜しみなく与える。自己を実現する者は、タットヴァ（tattvas：諸原理）の支配者となる。彼らは神と深い友好を結び、その親族となる」（『ティルマンディラム』第251節）

また普遍的な愛は手段にも目的にもなる。

「己を放棄する者に親類、縁者はない。物乞いを定められた者に真の喜びはない。慈悲心なき者に、神はその姿を現わさない。汝、その慈悲の行いに応じて神を知る」（『ティルマンディラム』第256節）（前掲）

「神の恩寵によって普遍なる神（Haran）への奉仕に身を委ね、黄金なる英知の世界の神を求めて、肉体が闇や汚れなきものとなり、行為の二元性の内にあって（自我意識を離れ）平静を保つなら、まさにその者は神の化身にして英知（Shiva Vedam）なるスワァー（Swa）であり、神の奉仕者として聖化される」（『ティルマンディラム』第1676節）（Thulasiram, 1980, p.463）

「我、至高にして普遍なる神の愛の内に溶け、常に神に己を明け渡し、すべての行為を神に捧げる。人の体を黄金*3に変える、自らが黄金の御体を持つ神の蓮華の御足の前に立ち、霊感に満ちた恩寵の御言葉を礼拝のために求める。彼の存在は骨片の中にも顕れる［光］である」（『ティルマンディラム』第1456節）

各方面でさまざまな危機に直面している現代社会では、とかく神を敬う心や、他者や他の生き物への思いやりが忘れられがちである。『ティ

ルマンディラム』は、不滅の命を求める求道者が、他の存在に対して持つべき思いやりについても言及している。

「いかなる者でも神の（礼拝に）供する緑の葉を手に入れることはできよう。できるならば一握りの葉を牛の食物として取り分けよ。夕食時には（牛のために）少量の食物を取り分けよ。またふさわしい状況においては、他に思いやりのある言葉をかけよ」（『ティルマンディラム』第252節）（Sekkizhaar, 1985, p.336）

パタンジャリの『ヨーガ・スートラ』とティルムラルの「アシュターンガ・ヨーガ」[*4] との比較

『ティルマンディラム』の「第3タントラ」すなわち第549節から第739節は、ヨーガの修行の8部門と八つのシッディ（ヨーガの超越的な力）に関する「アシュターンガ・ヨーガ」について述べている。これについてT.R.トゥラシラムは「これら（修行とシッディ）は、パタンジャリのアシュターンガ・ヨーガ、そしておそらく我々が知る他のいかなるアシュターンガ・ヨーガの体系の教えや、それらが達成した事柄をはるかに凌ぐものである」と述べている。（Thulasiram, 1980, p.822-854）

パタンジャリはティルムラルと同時代に生きた人物であり、後者が『ティルマンディラム』の中で「ナンディー」と呼ぶグルに指導を受けていた8人の弟子の一人である可能性があるとトゥラシラムは指摘する。ティルムラルは彼の弟子のうちの4人が、それぞれ違った形でヨーガの教えの普及に努めたと述べている。（『ティルマンディラム』第70節）パタンジャリは自らが得た悟りや、彼の気質や肉体が遂げた変容について述べていない。パタンジャリが『ヨーガ・スートラ』の中で述べている「真理のみを保有する直観智」[*5]（"Rtambhara tatra Prajna" 第1章第48節）、「真智」（第3章第5節）あるいは「法雲三昧の境地」（第4章第29節）などの記述は、人間の心（マインド）を超えた真理のビジョンを表すものであり、彼が述べている数多くのシッディとは直接的な関係がないものと思われる。パタンジャリは『ヨーガ・スートラ』の第3章第51節において、シッディへの執着は求道者が真我実現（Kaivalyam）に至ることを妨げるものであるとして警告しているが、すでに確実に真我実現に至った者における、シッディを通した神性の顕現については述べてい

ない。ティルムラルが述べている修行とシッディは、明らかに人の「心を超えた領域の属性」(supramental nature) を表すものであり「心を超えた真理の世界」(supramental Truth-world) の意識を実現した後に得られるとトゥラシラムは指摘する。さらにトゥラシラムは、ティルムラルのヨーガと彼が遂げた変容について次のように述べている。「ここで再度述べるが、ティルムラルのアシュターンガ・ヨーガは、大いなる［真理の世界］(Truth world) の意識の実現を目的としており（『ティルマンディラム』第 589 節、第 619 節、第 628 節、第 631 節、第 641 節、第 333 節〜第 336 節）、不死身になることを含む 8 種のシッディは［心を超えた真理の英知］(supramental Truth-Knowledge) に確固として目覚め、それを自己の内に実現した後に［真理を知る恩寵の光］(Truth-Conscious Grace-Light) によって実現され（『ティルマンディラム』第 649 節、第 668 節、第 643 節、第 706 節、第 2062 節、第 2952 節）、彼の言う不滅の肉体の獲得とは、肉体の構成要素、つまり、細胞の変化を意味し（"bhuta padai," "bodha medhadi"：『ティルマンディラム』第 684 節、第 1705 節、第 1707 節、第 668 節）、これによって細胞に宿るシャクティが自覚され、さらには肉体の全細胞が拡大と収縮を繰り返す宇宙的な戯れの聖なるリズムと結びつくことを指す（『ティルマンディラム』第 682 節、第 2863 節、第 2833 節、第 2860 節、第 2589 節、第 2940 節、第 706 節、第 1787 節、第 1726 節）。こうして彼（訳注：ティルムラル）の身体は光輝を得、知覚のおよばぬ物質界の闇の法則や死から 解放された。（『ティルマンディラム』第 4 節、第 15 節、第 1517 節、第 1522 節、第 1996 節、第 2051 節、第 2050 節、第 2054 節、第 2316 節、第 2694 節、第 2695 節、第 114 節、第 93 節、第 3027 節、第 3045 節、第 2001 節)」(Thulasiram, 1980, p.843)

　トゥラシラムの研究はティルムラル自身が聖なる変容を肉体のレベルで実現していたことを明確に示している。さらにトゥラシラムは、ティルムラル、ラーマリンガ、およびオーロビンドとマザーたちが彼ら自身の体験として述べている事柄には、多くの興味深い類似点があると指摘している。

注釈

＊1.『ティルマンディラム』はその秘教的な内容のために、学者やシッダの信奉者以外には知られていない。

＊2.『ティルマンディラム』（Thirumandiram または Thirumantiram）は、シヴァ神を信奉するシヴァ派の六大宗派の一つである南インドのシャイヴァ・シッダーンタ（Saiva Siddhantha）（訳注：一般に「聖典シヴァ派」と訳される）の 12 巻からなる聖典である『ティルムライ』（Thirumurai）の第 10 巻である。『ティルムライ』の大半は 1 世紀から 10 世紀にかけてシヴァ派のさまざまな聖者によって書かれ、11 世紀と 12 世紀にまとめられた。この聖典の初めの 7 巻は『デーヴァーラム』（Tevaram）と呼ばれ、ティルグナナ・サンバンダル（Thirugnana Sambandhar）、アッパル（Appar）およびスンダラル（Sundarar）の詩歌からなる。第 8 巻（Thiruvachakam）はマーニッカヴァーサガル（Manikkavasagar）の作であり、第 9 巻『ティルイサイッパー』（Thiru-isaippa）は、第 11 巻と同様にさまざまな内容からなる。最後の第 12 巻はセッキザール（Sekkizhaar）の『ペリヤプラーナム』（Periyapuranam）で、これは「ナーヤナール」（Nayanars）と呼ばれるタミル地方の 63 人のシヴァ派の聖者の人生を叙事体の物語で綴ったものである。『ティルマンディラム』の中の 9 章は 9 巻のアーガマ聖典（訳注：シヴァ派の聖典）の解説書であると考えられている。ヒンドゥー教の聖典は、ヴェーダ、一般教典、アーガマ聖典、および 28 の特別教典に大別される。（Sekkizhaar, 1985, p.ix, 326）

＊3. シッダの文献に見られる「黄金の世界」や「黄金の身体」とは、そこから宇宙が生まれたという「黄金の胎児」（hiranyagarbha: ヒラニヤガルバ）に由来する。

＊4. アシュターンガ・ヨーガ（Ashtanga yoga）はヨーガの修行の 8 部門を指す。これらは、制戒（yama）、内制（niyama）、座法（asana）、呼吸の調整（pranayama）、感覚の制御（pratyahara）、心の集中（dharana）、静慮（dhyana）、三昧（samadhi）である。（訳注）

＊5. パタンジャリの『ヨーガ・スートラ』から引用された語句の日本語訳は『解説ヨーガ・スートラ』（佐保田鶴治著、平河出版刊）を出典とする。（訳注）

第7章

シッダ・アガスティヤ
(Siddha Agastyar)

バ バ ジ の グ ル の 一 人 、 ア ガ ス テ ィ ヤ
（プランバナン博物館、インドネシア、ジャワ島）

南インド、タミル・ナードゥ地方の守護聖人、アガスティヤは神話上の人物とされ、多くの時代にわたる数々の伝説に登場する。タミル地方のドラヴィダ人の文献だけでなく、北インドのリグ・ヴェーダ時代の文献にも、アガスティヤについての言及がある。『リグ・ヴェーダ』はアガスティヤを、ヴェーダ時代の7人の偉大なリシ（聖仙）の一人であるとしている。また『ヴェーダ』の讃歌のいくつかはアガスティヤの作だとされる。

　『ヴェーダ』によれば、太古の昔、愛と調和の神であるミトラと海の神ヴァルナが、美少女ウルヴァシーの愛を得るために争い、ミトラは壺の中に、ヴァルナは海の中に、それぞれ自分の種（精子）を落としたという。そして壺の中からはアガスティヤが産まれ、海からは7人の偉大な聖仙の一人とされるヴァシシュタが生まれたという。このように聖なる神の系統に連なるアガスティヤは「マイトラヴァルニ」(Maitra-Varuni)あるいはまた「オーウルヴァシア」(Ourvasiya) とも呼ばれるようになった。またアガスティヤは、サンスクリット語で、ミトラの種から生まれたことを意味する、カラサジャ（Kalasaja）、カラシシュタ（Kalasisuta）、クンバヨーニ（Kumbhayoni）、クンバサンバヴァ（Kumbhasambhava）、クンバムニ（Kumbamuni）、ガートッドバーヴァ（Ghatodbhava）などの名でも知られる。(Pillai, 1979, p.254)

　こうした伝説の正しい解釈が待たれる一方で、アガスティヤが歴史上の実在人物であったことを示す数多くの証拠が残っている。アガスティヤにはローパームドラー（Lopamudrai）という妻、姉妹が一人、そしてサガレン（Sagaren）という名の息子がいたという。ローパームドラーはアガスティヤに献身的な愛を示したといわれ、アガスティヤは修行と家庭生活の双方を両立させたことで知られる。

アガスティヤのアシュラム

　シヴァとパールヴァティーがカイラース山において結婚したとき、あまりにも大勢の神々がそこに集まったために、地球のバランスが崩れたという言い伝えがタミル地方に残っている。地球のバランスを回復させるために、シヴァ神はアガスティヤにカイラース山から南インドに行くことを命じた。地理的な見地からすると、アガスティヤの南インド

への移動は、三つの時期に明確に分けられる。移動の最も初期の段階におけるアガスティヤは、ダンダカの森（Dandakaranya）の北の境にあるナースィク（Nasik: 古代名は "Pancavati"）から数マイル北のアガスティアーシュラマ（Agastyasrama）に滞在した。彼はこの地においてヴィダルバ国の王（Vidarbha King）の娘であるローパームドラーと結婚し、ラーマと初めて出会った。(Pillai, 1979, p.254-57)

　叙事詩『ラーマーヤナ』の中で、ラーマは森の中にあるアガスティヤのアシュラムに向かう道すがら、自分の兄弟であるラクシュマナに、いかにアガスティヤが猛毒の蛇から世界を救ったかについて語っている。さらにラーマはヴァーターピ（Vatapi）の死についても話している。これは『マハーバーラタ』に記された内容とは異なるが、このような違いはさして重要ではない。注目すべきことは、アガスティヤがアスラ（鬼神）を破り、ダンダカの森の一帯が人間の居住に適した地になったということである。アガスティヤがアスラとラークシャサ（生気界の次元に存在する敵対的な力）（訳注：一般には「悪霊」とか「悪鬼」と訳されている）と対決したことは『ラーマーヤナ』の随所において示唆されている。例えば賢者ヴィシュヴァミトラは、なぜタータカーがアーリア人の住人を襲ったかについてラーマに説明している。アガスティヤはタータカーの夫であるスンダを倒したために、タータカーとその息子のマーリーチャに襲われた。アガスティヤはこの二人を呪って、マーリーチャをラークシャサに、また母のタータカーを醜悪な食人鬼に変えてしまった。以来、ラーマがタータカーを退治するに至るまで、タータカーは復讐の戦いを続けたのである。（前掲 p.255）

　現在、アガスティヤは最も名高いインドの聖人の一人として知られており、偉大な賢者、ヨーガ行者、さらには最古の教師とも見なされている。アガスティヤは5フィート（約150センチ）に満たない小さな体でありながら、野蛮な敵を打ち負かした戦士であり、狩りや弓の名手としても知られる。またアガスティヤは、古代ギリシャのヘラクレスのように無類の酒飲みで大食漢でもあった。

　アガスティヤの南進の第2期は、マラクタ（Malakuta）に居を定めたことから始まる。ここはムンバイ管区カラッジ地区（Kaladge District）にあるバーダーミ（Badami: 古名は "Vatapipura"［ヴァーターピプラー］）ともダクシナカーシー（Dakshinakasi）とも呼ばれる地から3マイ

ル（約4.8キロ）ほど東にある。この新しい定住地は、ナースィクにあるアガスティアのアシュラムから300マイル（約480キロ）ほど南にある。前述のとおりアガスティヤはこの南進の第2期において、ヴァータービ（Vatapi）を食いつくしてイルヴァラ（Ilvala または Vilvala ）を倒した。

南進の第3期におけるアガスティアについては、彼がパーンディヤ王国、西ガーツ山脈の最南端に当たる、ポティガイ丘陵（Pothigai Hills）にいたときの逸話が数多く残されている。タミル地方における初の文芸院（Sangam:「サンガム」または「シャンガム」）の設立は、アガスティヤがこのタミル・ナードゥの中心部に住んでいた時期の功績だとされている。またアガスティヤは、文芸院の長を務めるかたわら、タミル語の詳細な文法書を著したほか、医学、薬学、錬金術、植物学、ヨーガ、道徳、自然哲学、若者の教育、宗教儀礼、悪魔祓い、祈祷、神秘主義、はては魔術にいたるまで幅広い分野の書物を著した。

伝承によると、引き続く二つの移動期において、アガスティヤは海を越えてインドネシアの島々へと渡り、バルヒナドゥヴィーパ（Barhinadvipa:ボルネオ）、クサ・ドゥヴィーパ（Kusa Dvipa）、ヴァラハ・ドゥヴィーパ（Varaha Dvipa）を訪れたとされる。また彼はマラヤ・ドゥヴィーパ（Malaya Dvipa: 現在のマレーシア）のマハー・マラヤの丘（Maha Malaya Hill）に居を定めたと考えられている。第5の移動期において彼はアジアに上陸し、シャム（タイ）とカンボジアに至る。ここで彼はヤショーマティー（Yasomati）という名の美女と結婚し、高貴な血筋を引く子孫を残すことを求められた。これは彼の東進の旅の終盤で起きたことである。こうしてヤショーヴァルマ王（Yasovarma）を初めとする傑出した人物が誕生したのである。（前掲 p.256-257, 262）

タミル・ナードゥの南部、ポティガイ丘陵のクットララムの滝（Courtrallam waterfalls）近くにあるティネヴェリー地区（Tinneverly district）には、アガスティヤのアシュラムのなかでも最も名高いアシュラムがあるとされ、彼は今もこの地に隠棲すると信じられている。ババジがアガスティヤから呼吸法を伝授されたのはこの地であった。

叙事詩『マハーバーラタ』では、アガスティヤにまつわる物語がさらに詳しく述べられており、彼と南インドとの結びつきが明らかにされている。こうした物語のなかにはヴィダルバ国の王女、ローパームドラーとの結婚の話があり、アガスティヤはこの王女から、もし彼女との結婚

を望むのであれば、彼の禁欲的な生活をまったく変えることなく、彼女が父である王の許で親しんだ高価な宝石や贅沢品を用意することを求められる。アガスティヤが王女の要求に応えるためには、莫大な富をどこからか贈与されることを期待するしかなかった。こうして彼は3人のアーリア人の王たちに次々に接近したが、彼らから富を得ることはできなかった。アガスティヤは王たちと共にマニマティ（Manimati）のダイティヤ（daitya: 鬼神）の王であるイルヴァラ（Ilvala）に会いに行った。しかしイルヴァラは、あるバラモン（司祭）がインドラのような息子を彼に授けることを拒否したためにバラモンたちを嫌っていた。イルヴァラはバラモンたちに対して奇怪な復讐を企てた。それは自分の弟であるヴァータービを雄山羊に変えて、その肉をバラモンたちの食べ物として差し出すというものだった。バラモンたちがこの肉を食べた後に、イルヴァラはヴァータービを蘇らせるのだった。こうしてヴァータービは笑いながら、バラモンたちの脇腹を切り裂いて蘇るのである。二人の兄弟はこの方法で数多くのバラモンを殺していた。アガスティヤと3人の王が訪れたときも、イルヴァラはこれと同じことを企てた。イルヴァラが彼らをもてなすためにヴァータービの肉を用意したところ、王たちは不快感を示したが、アガスティヤは出された肉をすべて平らげてしまった。イルヴァラはいつものようにヴァータービに蘇るように命じたが、アガスティヤの胃からは、ただげっぷだけが出てきた。ヴァータービはアガスティヤの胃の中で消化されてしまったのである。イルヴァラはこれを不快に思ったが、もし彼の富の内容を当てることができたら、それをアガスティヤに与えることを約束した。アガスティヤはイルヴァラの心を読むことができたので、王たちと共に求める富を持ち帰ることができたのであった。ヴァータービ（Vatapi）はチャールキヤ朝初期の首都であり、デカン地方の西部にある有名な要塞都市の名である。現在、この都市はバーダーミと呼ばれる。ここで述べた物語は、アガスティヤと南インドとのつながりの発端を示すものとして理解されるべきであろう。（前掲 p.255）

　また『マハーバーラタ』には、善なる神々が海に隠れている敵を退治できるように、アガスティヤが海水を飲み干す話と、同じくアガスティヤが、ある目的で南インドへ赴いたときに、ヴィンディヤー山脈に対して、自分が戻るまでは、さらに高くなることを止めるように言い聞かせ

たものの、ついに彼はそこに戻らなかったという話がある。アガスティヤとヴィンディヤー山脈との約束や彼が海水を飲み干した話は、アーリア文明がヴィンディヤー山脈以南の地域に初めて広まったことや、同文明が海を越えた島々やインドシナ地方にまで広まったことの寓話的な表現であると一般には理解されている。アガスティヤの生涯に関する他の記述もこれを裏づけている。

アガスティヤとアーリア人の南インドへの侵入

　ここで南インドがアーリア化される過程とその結果について知ることは、本章の内容を理解する上で役立つであろう。異なる言語を話す種族がいても、それは彼らが異なる人種に属すことを必ずしも意味するものではなく、単に異なる文化圏に属していると考えることもできる。アーリア文化として知られる北インドの文化は、古代、その黎明期において、ドラヴィダ人が文化的に多大な貢献をしたことによって形成された複合文化であることを銘記すべきであろう。このことを踏まえると、これまで解明不可能であったり、誤解されがちだった多くの謎を解き明かすことができる。

　今日、インドで使われている言語を地域別に見てみると、北インドとマハーラーシュトラ地方の言語が、サンスクリット語のさまざまな方言であるか、サンスクリット語に類する語法を含む言語であることは明らかである。これらの方言は、もともとはサンスクリット語以外の言語を話していたさまざまな階層の人々が、サンスクリット語を使っていく過程で形成されたものである。こうして生まれたサンスクリット語の主要な方言においては、もともとの言語にはない音や単語が数多く見られる。これらの音や単語は、ドラヴィダ人やアーリア人侵入以前の先住民の言語に由来するものであることは間違いない。北インドやデカン地方西部では、以上のような言語形成をたどったが、インドの東岸や南部では、かなり事情が異なっていた。アーリア人は彼ら固有の文明を現地の住民に伝達するに足るほどの人数で各地に浸透することはなかった。このために彼らは、現地住民をアーリア人社会に完全に取り込んで、現地固有の文化や言語を一掃することはできなかった。これら地域の人々の大半は、彼ら独自の話し言葉や習慣を維持したが、彼らの文化は北の文化と

の接触を通して豊かさを増した。進出したアーリア人は、彼ら独自のサンスクリット語の語句を生み出していく一方で、南部の人々の言語を習得して土地の慣習を取り入れた。

こうして複合的な社会秩序が形成されて、彼らの複合文明の寛容な万神殿には、ドラヴィダ系の人々に信奉されてきた多数の神々が受け入れられることになった。複合文明が形成されるに至る過程の詳細を明確に知ることは難しい。しかし、我々に入手可能な初期のタミル語文献を研究するかぎりでは、こうした新潮流は幅広く歓迎されて受け入れられたという明確な印象を得ることができる。つまりこうした変化は、平和裏（へいわり）にしかも秩序ある形で実現されたのである。他方『ラーマーヤナ』では、アーリア人の賢者が信奉する生贄（いけにえ）を求める宗教への反感から、鬼神たちが供犠の殿堂への攻撃を繰り返して、大きな混乱と騒動をもたらしたことが強調されている。祈りの場の平和と安全を守り、バラモンたちを保護するためにはラーマ神の介入が必要となった。『ラーマーヤナ』で述べられるこうした話に、なんらかの歴史的な根拠があるとすれば、それは古くからインド南部に住んでいた、少なくとも一部のドラヴィダ系住民が、新文化が浸透する初期の段階において、抵抗の姿勢で臨んだことへの裏づけとなるだろう。(Pillai, 1979, p.257-258)

アガスティヤとタミル語

アガスティヤはタミル語とその文法の生みの親であり、パーンディヤ王朝の司祭であったと伝統的に考えられてきた。パーンディヤ王家の血統はシヴァとパールヴァティーに連なり、この名高い神々の末裔が初代の王と女王になった。パーンディヤ国王クラセカーラ (Kulasekhara) は、現在のインド最南端からさらに南にあった古代のタミラガム (Tamilagam) の首都、南マドゥライにパーンディヤ王朝を築いた。

アガスティヤが著したタミル語文法についての論文には、少なくとも1万2000以上の経文や警句が収められていたといわれる。この論文の内容は同じ主題を扱ったトルハーピヤナル (Tolkappiyanar) の著作『トルハーピヤム』(Tolkappiyam) の中で引用文としてごく断片的に残されている以外は現存しない。(Pillai, 1979, p.264)

アガスティヤが南インドに定住した時期は明らかではない。これはア

ガスティヤの後援者であった王、パーンディヤ国王クラセカーラの存命期間が確定されるまでは明らかにならないであろう。マドゥライにパーンディア王国を建設したのがクラセカーラ王であったという点においてはあらゆる記録が一致している。しかし、王国が建設された時期については記録によってかなりの食い違いがある。

アガスティヤはクラセカーラ王の王宮での職務を退いたことをきっかけに、禁欲的な求道者としての生活に入り、ポティガイ丘陵に退いたとされる。そして現在に至るまで、彼はこの地に隠棲すると信じられている。

現存する初期のタミル語文献には、アガスティヤと彼の偉業に関する明確で具体的な記述はない。アガスティヤについては、文芸院時代の選集の中にいくつかの間接的な記述が見られるだけである。そうした記述の一つに「ポティガイの賢者」（ポティガイは西ガーツ山脈の最南部にある）がある。これは当時その地域にアガスティアの伝承があったことを示す。仏教の叙事詩『マニメーハライ』（Manimekalai）の著者、ヴァシシュタ（Vasishtha）は、アガスティヤの奇跡的な誕生にまつわる話を知っていた。また彼は、この聖者がチョーラの王、カンタ（Kanta）の友だったとも記している。アガスティヤが自分の水がめからカーヴェーリ川を降卜させたのは、それがカンタ王の望みだったからとされる。またアガスティヤの住まいは、ポティガイ山であったという。中世の注解者、ナッチナールキニヤル（Naccinarkkiniyar）（14 世紀）が（彼に先立つ時代の著作家を拠り所として）語るところによれば『ラーマーヤナ』に登場する鬼神たちの王、ラーヴァナがポティガイ丘陵に来て、土地の最南端に住む人々に猛威を振るったとき、彼はその地を去ってスリランカ島に移るようにアガスティヤに説き伏せられたという。（Pillai, 1979, p.258; Zvelebil, 1973, p.136）

タミル語文法におけるアガスティヤの業績に関する記述は、かなり後代になって現れる。最古の記述は 8 世紀の著作『イライヤナル・アガッポルル・ウライ』（Iraiyanar-Agapporul Urai）で言及されている、古代タミル地方の三つの文芸院（サンガム）に関する伝説中に見出せる。このなかでアガスティヤは、4400 年間続いた第 1 文芸院と 3700 年間続いた第 2 文芸院の指導者だったとされる。アガスティヤの著作『アガスティヤム』(Agastyam)は第 1 文芸院の文法書であったとされ、同書と『トルハー

ピヤム』およびその他3冊の書が、第2文芸院の礎^{いしずえ}となったとされる。『イライヤナル・アガッポルル・ウライ』によれば、第3文芸院は1850年続いたという。(Pillai, 1979, p.258-259)

　はたしてアガスティヤは、タミル語文法に関する論文を著したのか。それが事実なら、この主題について現存する最古の文献『トルハーピヤム』と比較して、彼の論文はどう位置付けられるのか。これについては、タミル地方について研究した偉大な歴史家や注解者が、これまでに多くの議論を繰り広げてきた。ペラシリヤル (Perasiriyar: 1250 ～ 1300) は、本人の名を冠する文法書の著者であるトルハーピヤナルが『アガスティヤム』以外のすでに現存しない文法書に示された原則に則ってその文法書を著したと、彼（訳注：ペリシリヤル）と同時代の複数の学者たちが主張していると述べている。しかしペラシリヤルは、特に『イライヤナル・アガッポルル・ウライ』などの伝統的で権威ある文献を拠り所として、こうした論に反対の意見を唱えている。すなわちアガスティヤがタミル語文法の創始者であること。『トルハーピヤム』はこの偉大な賢者の12人の弟子から最も賞賛された書であったこと。『アガスティヤム』こそが文法の源であること。トルハーピヤナルは『アガスティヤム』で示された教えを踏襲して自身の文法書を著したこと。さらにペラシリヤルは次のように主張する。パナンバラナル (Panambaranar) は『トルハーピヤム』の序文で、タミル地方が海水の浸水によって、ヴェンガダムの丘 (Vengadam hill) からコモリン岬にまでその範囲を縮小されたと述べているが、アガスティヤの著作は、こうした海進が起きる以前に著されたというのである。(前掲 p.259)

　他方トルハーピヤナルがアガスティヤに多くを負っていたという意見に反論を唱える人々は、その姿勢を崩そうとはしなかった。トルハーピヤナルがアガスティヤの弟子であったという通念は抗し難いほど強固であったために、彼らは「アガスティヤの嫉妬心と短気から、師弟間に敵対意識が生まれたのであると主張した」(Sastri, 1966, p.365-393)

　アガスティヤは南進した後、北にいる妻のローパームドラーを自分の許に呼ぶために、弟子のトリナードマグニ（トルハーピヤナル）を派遣したとナッチナールキニアルは記録している。旅の期間中は自分の妻と一定の距離を保つようにと、アガスティヤは弟子に指示した。しかし、ヴァイハイ川の増水によってローパームドラーが溺れそうになったと

き、トルハーピヤナルは彼女を無事に岸に上げるために竹の棒を差し出して、その過程で彼女に近づき過ぎてしまった。アガスティヤは自分の命令を破った二人が決して天国に入れないように呪った。他方トルハーピヤナルも同様な呪いで自分の師に応じたのである。(Pillai, 1979, p.259 ; Zvelebil, 1973, p.137)

　K. A. シャストリは、アガスティヤの伝説にまつわる論争が「今日においてもいまだ決着を見ない、重要かつ積年の論争である」としている（Sastri, 1966, p.77）。この論争に決着をつけるためには、椰子の葉に残された幾千もの文献や、チェンナイの東洋文書図書館、タンジャーヴールのサラスヴァティー・マハル図書館、パラーニ寺院やパラヤムコーッタイ・シッダ医学校の図書館、さらには個人の収集家やシッダ医療の従事者などが所蔵する文献をさらに詳しく調査する必要がある。

　アガスティヤがタミル語の創始者であり、彼の業績こそが『トルハーピヤム』の源であったとする視点への賛否両論は、サンスクリット語文化圏の南進がもたらした影響に対する相異なる反応を象徴的に表している。事実『トルハーピヤム』の本文や同書のパナンバラナルによる序文においてもアガスティヤへの言及はない。すでに触れたとおり『アガスティヤム』への言及が文献上で初めて見られるのは8世紀のことである。これはパーンディヤ王家の年代記作成者たちが、アガスティヤが同王家専属の教師であったことを記録に残し始めた時代であった。パーンディヤ王朝はタミル文学や文芸院の後援者であり、政治的な権勢を増して帝国を築き上げた、タミル地方では初の強大な権力であった。アガスティヤとタミル語との関係、さらには彼とトルハーピヤナルとの関係の論拠とされる多くの物語は、後代において漸次発展していったものと思われる。タミル文化の発展に寄与した主要な人物としての地位をアガスティヤに与えようとする試みは反感を招いた。アーリア人による北方の言語や文化の影響が、穏やかな段階を経てタミル地方に浸透し、土着の要素を静かに変えていくことに満足していたうちは、物事は穏便に進んでいた。太古に始まった文化的な融合の過程は、土着の文化とアーリア文化の融合が進み、それぞれの文化的な要素の起源が判別できなくなるほどにタミル人に受け入れられていった。しかし、ある説が唱えられるようになった。それは話し言葉としてのタミル語や、タミル地方のす

べての文化の起源がヴェーダ期の先覚者にあるという説である。こうした説は、その論拠となる伝説が捏造されたと思われるときに打ち出された。当然の結果として、こうした説とは正反対の論を繰り広げる説が打ち出され、その裏付けとなる伝説が生み出されることになった。

　インド北部と南部に残るアガスティヤにまつわる主要な伝説は類似しており、それらのいずれもがアガスティヤの奇跡的な偉業を伝えている。しかし、伝説の内容には、地域や時代によって多少の違いも見られる。たとえば北部の伝説に登場するヒマラヤは、南部ではポティガイに置き換わっている。またアガスティヤは『リグ・ヴェーダ』の讃歌を数多く作り、医学的な業績をサンスクリット語で残したが、南においての彼はタミル語で多数の秘教的な論文や医学書を著している。北部の伝説では、アガスティヤの努力によって、シヴァ神の許可の下に、ガンジス河が降下するようになったが、これに対応する南部の伝説では、彼はシヴァ神からタムラパルニを得たり、カーヴェーリをめぐってガネーシャ神と駆け引きをしている。同様にアガスティヤのカーシー（ワーラーナシー）の住み処は、南部ではダクシナカーシーとも呼ばれるバーダーミの住み処に置き換えられている。さらにまたヴィダルバ国王の娘、ローパームドラーとアガスティヤとの結婚は、彼とカーヴェーリ国王の娘、カーヴェーリとの結婚に呼応している。北方にあるアガスティヤの霊的な砦をその発信源とする彼の呪いや、自分の弟子であったトルハーピヤナルへの呪いは、この小人の賢者がはるかインド南部においても、自身の名声や習慣を守ることにいかに忠実であったかを裏づけるものである。(Pillai, 1979, p.258-261)

アガスティヤの科学への貢献

　科学の諸分野にわたる幾百もの古代論文がアガスティヤの作とされている。こうした諸分野には、医学、化学、薬学、天文学、外科医学が含まれる。タミル地方においてアガスティヤが外科医として占めた地位は、ギリシャにおけるヒポクラテスの地位に匹敵する。特に病気、危篤状態および死の兆候の予測と診断に関する両者の学説には非常に興味深い一致が見られる。精液中の精子の存在は、1677 年、ヨーロッパのルードヴィッヒ・ハムによって初めて発見されたが、すでにアガスティヤは『ク

ルナディチュトラム』（Kurunadichutram）と題される医学書の中でこれについて言及している（Pillai, 1979, p.265）。以下はアガスティヤの作とされる著作のリストである。これらはシッダ医学に関する160年前の文献目録に掲載されているものである。（訳注：文献目録の原文に"Tamool"と表記されている語については「タミル語」と訳した。文献の題名については原文のまま記載した）

1. Vytia Vaghadum Ayrit Anyouroo（Vaidya Vahadam 1500）
    1500節のタミル語の詩からなる医学文献。

2. Tunmundrie Vaghadum（Dhanvanthari Vahadam）
    ツンムンドリー（Tunmundrie）が原文をサンスクリット語で書き、これをアガスティヤがタミル語の詩に翻訳した医学文献。2000節よりなる。多数の病気についての詳しい説明と貴重な処方が述べられていることから、ヒンズー教徒の開業医に高く評価されている。（パラヤムコーッタイに写本あり）

3. Canda Pooranum
    古代史に関する文献。原文はサンスクリット語の詩でアガスティヤによって書かれ、後にクシアパ・ブラミニー（Cushiapa Braminy）によってタミル語に翻訳された。1000連からなる。

4. Poorsavedy
    ヒンドゥー教徒の宗教儀式と祭事について述べた書。200節からなる。（タンジャーヴールとチェンナイに写本あり）

5. Deekshavedy（Deeksha Vithi）
    魔術、呪文、数珠の使用法とその効用、および若者の教育について述べた文献。200節からなる。（タンジャーヴールとチェンナイに写本あり）

6. Pernool（Peru Nul）
    アガスティヤが格調高いタミル語で書いた医学文献。1万節からなり、あらゆる病気と養生法について述べている。（パラヤムコーッタイに写本あり）

7. Poorna Nool
    主に悪魔祓いについて述べた書で、さまざまな祈祷方法についても言及している。200節からなる。

8.　Poorna Soostru

　宗教信奉者の直観や帰依の形態に関する文献。医薬品や養生法については も述べている。216節からなる。（チェンナイとパラーニに写本あり。印刷物あり）

9.　Curma Candum（Karma Kandam）

　300連のタミル語の詩からなる医学聖典。ドゥルムントリー（Durmuntrie）のサンスクリット語の書から翻訳されたと思われる。人間の愚行や悪徳によって引き起こされる病気について述べている。（タンジャーヴールとチェンナイに写本あり。印刷物あり）

10.　Agastyar Vytia Ernoot Unjie（Aghastier Vaidyam 205）

　205節のタミル語の詩からなる医学と化学に関する文献。（パラーニに写本あり）

11.　Agastyar Vytia Nootieumbid（Agastyar Vaidyam 105）

　150連からなるタミル語の詩。64種の（動物、金属および植物系の）毒物を浄化、中和することでこれを安全な物質に変え、薬として投与可能なものにする方法について述べている。（パラーニに写本あり。印刷物あり）

12.　Agastyar Vytia Vaghadum Napotetoo（Agastyar Vaidya Vahadum 48）

　48連のタミル語の詩からなる医学聖典。淋病の治療について述べている。

13.　Agastyar Vytia Padinaroo（Agasthiyar Naidyam 16）

　16連のタミル語の詩からなる医学聖典。頭部の病気とその治療方法について述べている。

14.　Agastyar Vytia Eranoor（Agastyar Vaidyam 200）

　200節のタミル語の詩からなる医学聖典。化学と錬金術について述べている。（パラヤムコーッタイに写本あり。印刷物あり）

15.　Calikianum（Kalai Gnanam）

　200連のタミル語の詩からなる神学に関する文献。（タンジャーヴールに写本あり）

16.　Mooppoo（Muppu）

　50連のタミル語の詩からなる医学聖典。18種のハンセン氏病とその治療方法について述べている。（ティルパティに写本あり）

17.　Agastyars Vytia Ayrit Eranoor（Agastyar Vaidyam 1200）

1200 連のタミル語の詩からなる医学聖典。植物学と医薬品について述べている。(印刷物あり)

18. Agastyar Vytia Ayrnouroo (Agastyar Vaidyam 500)
500 連のタミル語の詩からなる貴重な医学文献。多数の病気について子細に述べており、種々の有益な処方を含む。

19. Agastyar Vytia Moon-noor (Agastyar Vaidyam 300)
300 連のタミル語の詩からなる薬学の文献。(パラヤムコッタイに写本あり。印刷物あり)

20. Agastyar Vydeyakh Moonooro (300 節)
主に各種の粉末の作り方について述べている文献。

21. Agastyar Auyerutty Annooroo (1500 節)
医薬品全般に関する文献。(タンジャーヴール、チェンナイ、パラーニに写本あり)

22. Agastyar Aranooroo (600 節)
(タンジャーヴールとパラーニに写本あり)

23. Agastyar Moopoo Anbadoo (Agastyar Muppu 50) (50 節)

24. Agastyar Goonnoovagadam Moonoor
(Agastyar Guna Vahadam 300) (300 節)
タンジャーヴール、ティルパティ、パラーニ、パラヤムコッタイに写本あり。印刷物あり。

25. Agastyar Dundakum Nooroo (Agastyar Thandaham 100) (100 節)
化学と物理に関する各種の論考からなる。神学や身体を強化する最善の方法についても述べている。(タンジャーヴールとチェンナイに写本あり)

(Pllai, p.268-70)

　アガスティヤは 12 人の弟子たちにさまざまな技術や科学を教え、後に彼等を雇用して人々の指導に当たらせたといわれる。これらの弟子の名は、トルハーピヤナル (Tolkappiyanar)、アダンコータシリヤナル (Adankotasiriyanar)、ツラリンガナル (Turalinganar)、センプトチェヤナル (Semputcheyanar)、ヴァイヤビガナル (Vaiyabiganar)、ヴィッピヤナル (Vippiyanar)、パナンバラナル (Panambaranar)、カズハランバナル (Kazharambanar)、アヴィナヤナル (Avinayanar)、カッキパディ

ニヤル（Kakkypadiniyar）、ナッタッタナル（Nattattanar）、ヴァマナル（Vamanar）であるが、彼らについての詳細はほとんど知られていない。他の優れた弟子には、タミル文学の不滅の古典である『ティルックラル』（Thirukural）の著者、ティルヴァッルヴァル（Thiruvalluvar）が、また現代におけるクリヤー・ヨーガ・シッダーンタの始祖であるババジ・ナーガラージがいる。彼らが今日の世界に及ぼした影響は計り知れない。これについては後章で述べる。

　アガスティヤは文化を統合した賢者であり、北のアーリア人文化と南のドラヴィダ人文化の融合を導いた。彼のアシュラムは調和と統合を目指す実践的な道を示し、あらゆる訪問者が彼ら独自の方法で絶対者を崇拝することを可能にした。そこには異なる神々を祀る個別の神殿があり、正義の神を祀る光明の神殿があった。彼の弟子たちが『ヴェーダ』の讃歌を詠ずるなか、アガスティヤは美しいタミル語でラーマを迎えたとカムバン（Kamban）は記している。この話はヒマラヤでのパールヴァティーとの結婚の際に、シヴァ神自らがアガスティヤを南に派遣したという物語に見られる。ヒマラヤに結集した天界の住人たちの重みで北が沈む一方、南は神々を支える負担から解かれたために隆起してしまった。そこで小柄な賢者が、その傾きを正すために南に派遣されたのである。この話は、当時の南の地では、神々が忘れられたことを表しているのか。あるいは北の地が神々であふれたために、唯一の絶対者としての神のイメージが覆い隠されてしまったことを表しているのか。いずれにせよ、調和的で統合された文化を広めたのはアガスティヤであった。彼がババジに教えたクリヤー・ヨーガの不滅のメッセージと霊的な技法は、電気通信やコンピューター技術の発達によって相互依存する「地球村」となった近代社会が、文化的な融合を遂げるために必要なマスターキーだといえよう。この困難に満ちた現代において、偉大な賢者アガスティヤの名が我々を奮起させ、公正で調和的な行為へと導いてくれることを願う！統合を志すすべての組織に栄光あれ！

第8章

シッダ・ボーガナタル
(Siddha Boganathar)

道教の祖、ボー・ヤン（老子）

大洋のような人生伝

　ババジにとってのジュニャーナ・ヨーガ（訳注：哲学的なヨーガ、究極の自己認識をもたらすヨーガ、あるいは超越的な真理の認識を重んずるヨーガのこと）のグルである、ボーガナタル（通称 "Bogar"［ボーガル］）は『ボーガル・ジュニャーナ・サガラーマ』（Bogar Jnana Sagarama: 557 節からなる『大洋のようなボーガルの人生伝』［Bogar's Oceanic Life Story］の第 2 節第 3 行〜第 4 行）と題された詩の中で、自身がタミル人であると述べている（Ramaiah, 1979; 1982, p.17）。[*1]　ボーガナタルはこの詩の中で、彼にジュニャーナ・ヨーガを伝授したのは偉大なシッダ、カランギ・ナタル（Kalangi Nathar）であると述べている。

　カランギ・ナタルはインドのカーシー（ワーラーナシー）で生まれた。彼は 350 歳のときに不死の状態を意味する「ソルバ・サマーディ」の域に至り、後に教えの場の中心を中国に定めた。彼はシヴァ神をその起源とする「聖なる 9 人の修行者」（Nava Nath Sadus）と呼ばれる古代の霊的な伝統に属していた。この霊的な伝統に縁（ゆかり）のある重要な寺院は 9 カ所あるが、このうちの五つの寺院がヒマラヤ山中にある。これらはすなわち、アマルナート（シヴァ神が自身のシャクティ・パートナーであるパールヴァティー・デーヴィーに初めてクリヤー・ヨーガを教えた地）、ケーダールナート、バドリーナート（インド）、カイラサナート（チベット）、そしてパシュパティナート（ネパール）である。

　ボーガナタルはクンダリニー・ヨーガの 4 段階を実践した。このうちの初めの 3 段階については第 11 章で述べる。ボーガナタルは集中的なヨーガの修行の最終段階を行なう地として、現在のタミル・ナードゥ州の南西部に位置するパラーニ・マライ（Palanimalai: マライは「山」の意）を選んだ。そのパラーニにおいて彼は、ムルガン神、すなわち永遠の若者の顕現である「クマーラスワーミー」（Kumaraswamy）の恩寵によって「ソルバ・サマーディ」に至った。こうしてパラーニにあるクマーラスワーミー寺院は、ボーガナタルの活動の中心地となった。彼はアストラル体や肉体のレベルだけでなく、他者の肉体に入ることで数多くの国々を訪れた。ボーガナタルは自作の詩の中で、自らが造った飛行機のような乗り物で中国へ行き、そこで中国人のシッダたちと討議を交わした後にインドへ戻ったと述べている（Kailasapathy, 1969, p.197-211)。チリのムイカ族（Muycas）が残した記録から、ボーガナタルが南米を訪れたことが確認されている。「ムイカ人に律法をもたらしたボーチャ（Bocha）は、顎ひげを生やした色白の男で、長い衣をまとっていた。彼は暦や祭礼を定めた後に、やがて他の者と同じように姿を消した。（インカ、アステカ、マヤの各種族のさまざまな伝説によれば、他にも優れた教師たちが太平洋を渡って来たという）」（Lal, 1965, p.20）*2

　現在のカリ・ユガが始まる直前の紀元前3102年に、来たるべき暗黒の時代において、人類が霊性の道に沿って進歩するための最善の方法を決定するために、大勢のシッダたちが集まって会議が開かれたという。その結果、愛と献身のヨーガであるバクティ・ヨーガが最良の道として選ばれた。そしてボーガナタルは集まったシッダたちから、彼らが最も敬愛する神「パラーニアンダヴァル」（Palaniandavar）すなわちパラーニの神（ムルガン）を礼拝する儀式を定める役目を委ねられた。

　パラーニアンダヴァルの神像を5種の果物と蜂蜜からなる「パンチャアミルタム」（pancha-amirtham）を初めとする多数の供物に浸す儀式はボーガナタルが定めたものであり、今日まで受け継がれている。この儀式に使われる神像は、カリ・ユガの期間を通して存続する物質から造られる必要があった。花崗岩は当時知られていた物質のなかでは最も耐久性に富むものであったが、先のような儀式において数千年間も使われると、磨滅や損壊を免れ得ないであろうと考えられた。このためにボーガナタルは、9種の神秘の薬草や化学物質からなる「ナーヴァ・パシャナム」（nava pashanam）を使って、花崗岩よりも堅牢な神像を造り上げた。「ナーヴァ・パシャナム」を作るための八つの成分は、神像の鋳型の中で混ぜ合わされ、それらの成分を凝固させる触媒として9番目の成分が加えられた。

　近年、この神像の成分を調査した科学者たちは、神像から得た少量のサンプルを過熱したところ、それがたちどころに昇華してしまうことを発見して驚嘆した。神像の成分は現在でも神秘のベールに包まれている。儀式の際に神像を浸すために使われる供物には、微量ながら神像の成分が含まれることになる。これらの供物が帰依者に配られて食されると、彼らの霊的な向上が促進されるのである。

中国人の肉体へ入り使命を果たす

あるときカランギ・ナタルは、隠遁生活に入って3千年間をサマーディの状態で過ごすことに決めた。彼は自分の布教活動を引き継がせるために、タミル・ナードゥにいるボーガナタルにテレパシーを送り、中国へ来るように命じた。ボーガナタルは交易路をたどって船で中国へ渡った。中国にたどり着いた後に、ボーガナタルはシッダ科学のすべてについてカランギ・ナタルから教えを受けた。こうした教えには長寿を得るためのカーヤ・カルパと呼ばれる薬草の調合法や使用法も含まれていた。カランギ・ナタルがトランス状態に入った後に、ボーガナタルは中国人への布教という使命の遂行に着手した。彼は使命の遂行を容易にするために、死亡した中国人男性の肉体へ自分の生気体を移して、以後は「ボーヤン」（Bo-Yang）と名乗った。「ボー」（Bo）は「物質的、霊的な至福」を意味する「ボーガム」（Bhogam）という語に由来する。「ボーヤン」という名の由来となっている「至福」は、クンダリニー・シャクティ、すなわち根源的で女性的な「陰」のエネルギーが目覚めて、頭頂にあるサハスラーラ・チャクラ、すなわちシヴァの座である男性的な「陽」の極へと上昇してそれと合一することで起こる。こうして人間の女性的な側面と男性的な側面とが統合された状態が「サッチダナンダ」すなわち「至高の実在、至高の意識、至高の至福」である。この状態はシャクティ（陰）とシヴァ（陽）との合一（ヨーガ）を意味する。

不滅の肉体を得る

ボーガナタルは自分の媒体として選んだ中国人の肉体が老化するのを見て、この肉体の限界を克服しようと決意した。彼は呼吸法や他のヨーガの行法の効果がソルバ・サマーディとして結実するのに必要な寿命を得るために、カーヤ・カルパの薬草の使用によって延命を図った。彼は自から著した詩『英知の経書』（Bogar Jnana Sutra-8）の第4節において、35種の薬草を使って念入りに錠剤を作った後に起きたことを生々しく描写している。

「細心の注意と忍耐によって、

　我は（カーヤ・カルパの）錠剤を作り、

　これに秘められた意味と重要性を解さぬ愚者や

　懐疑論者を待つことなくこれを飲んだ。

　我は異邦人（Parangis）の地に生き続けた。

　それは実に1万2000年もの歳月であった！

　我は永い時を生き、生気のオージャス

　（vital ojas：昇華した霊エネルギー）を命の糧とした。

　そのオージャス・ビンドゥによって、我はボーガルという名を得た。

　肉体は丸薬と同様に黄金色となり、今、我は黄金の世界に在る」

（ヨーギー S. A. A. ラマイアの英訳に基づく）

（S. A. A. Ramaiah, 1979, p.40-42）

　ボーガナタルは弟子のなかから最も優れた者三人と忠実な犬を選んで、彼らを山の頂に連れて行った。ボーガナタルはまず犬に一粒の錠剤を与えた。すると犬は見る間に倒れて死んでしまった。次に彼は一番弟子のユーに錠剤を与えた。するとユーも立ちどころに倒れて死んでしまった。彼は残りの二人の弟子にも錠剤を与えたが、その時点ですっかり怯えてしまった彼らは錠剤を飲み込まずにそれを素早く隠した。ボーガナタルは残りの錠剤を自ら飲み下し、やはりそこに倒れ込んだ。残された二人の弟子は、悲嘆のあまりに泣き暮れながら、死体を埋葬する道具を取るために下山した。二人の弟子が山に戻ると、そこには死体の代わりにボーガナタルが残した一枚の短い手紙があった。そこには次のように記されていた。

　「カーヤ・カルパの錠剤はよく効く。忠実なユーと犬がトランス状態から覚めた後に、私は彼らを元通りにしてやった。お前たちは不死身になる機会を逃してしまったのだ」（前掲）

　このカーヤ・カルパによってボーガナタルは中国人の肉体を変容させて、1万2000年もの長い年月にわたって生き続けた。この間に彼の肉体は黄金の輝きを放つようになった。（ただし、ソルバ・サマーディの状態へと至る生理的な変容は、後にパラーニにおいてクリヤ・クンダリニー・ヨーガの最終段階や他の関連行法を実践することによって完成された。これらの段階については第11章で述べる。ボーガナタルのサマー

ディの体験については、自作の詩である『サマーディへのイニシエーション』(Initiation into Samadhi) の中に臨場感あふれる描写が見られる。この詩は本章の最後に記載した)

前述の『英知の経書8』の第1節においてボーガナタルは、近代において何百万もの人々が呼吸法を実践して、薬物濫用を免れるであろうことを予言的に述べている。

「統合をもたらすヴェーダーンタの詩歌を朗唱しよう。
ウマー（宇宙の聖母、シャクティ）の聖なる御足に栄光あれ。
汝に催眠術から錬金術（カーヤ・カルパ）に至る
科学の知識を授けよう。
丸薬や錠剤を欲することなく、プラーナーヤーマの偉大なる
科学的な技法が説かれ、幾百万もの民衆や清き乙女たちが
これを受け入れるであろう」

(前掲)

道教の祖、老子となる

中国人の弟子たちとのこの一件の後に、ボーヤンは「老子」の名でも知られるようになり、以降、約200年間にわたって人々を指導した。彼は精液と性エネルギーを蓄えて霊的なエネルギーへと昇華させるタントラ・ヨーガの行法を何百人もの中国人の弟子に教えた。彼が教えた高度な行法は、霊性の向上を志向する相手と性的な交渉を持つ際に、肉体では会陰に当たるムーラーダーラ・チャクラからサハスラーラ・チャクラに向けてエネルギーを上昇させるというものである。これによって、昇華されたエネルギーである「テージャス」(tejas) が生じて、体のすべての細胞を満たすようになる。紀元前5世紀に老子（すなわちボーヤン＝ボーガナタル）に会った孔子は、後に彼について次のように語ったといわれる。

「鳥は飛び、魚は泳ぎ、獣は走ることを私は知っている。走るものは網で捕らえ、泳ぐものは糸で釣ることができよう。しかし、風雲に乗って天まで昇る龍ともなれば、私の理解を超えている。今日、私は老子と会った。彼はまさに龍のような人物であった」。中国人、とりわけ道家

にとって、龍は根源的な力であるクンダリニー・シャクティの象徴である。

　中国での使命を果たした紀元前400年頃、ボーガナタルは弟子のユー（Yu：インド名は"Pulipani"［プリパニ］）と他の側近の弟子たちに伴われて陸路中国を後にした。道教の文献によれば、老子は函谷関の関守に懇願されて、自らの教えの真髄を説いたという。こうして彼は37節からなる『道経』と42節からなる『徳経』という2冊の書を著した（MacKintosh, 1971）。『徳経』の中で老子は「汝に害をなした者に徳行をもって報<ruby>報<rt>むく</rt></ruby>いよ」と述べている。これは老子と同時代のタミル人シッダ、ティルヴァッルヴァルが『ティルックラル』（Thirukkural）の中で述べていることでもある（Thiruvalluvar, 1968）。道家におけるヨーガ的な伝統は、タミル・シヴァ・ヨーガ・シッダーンタの行法と酷似する方法によって不老不死を追求してきた。[*3]

インドへの帰還

　インドへの帰路、ボーガナタルの一行はヒマラヤ山中にあるいくつかの寺院とアッサム地方[*4]にある有名なタントラ・シャクティの寺院であるクマルパ（Kumarupa）を訪れた。またカイラース山の近くでは、シヴァ神の祝福を得て、彼の傑作ともいえる70万節からなる詩歌を著した。この詩歌は後に7000節にまとめられて『ボーガル・サプタ・カンダム』（Bogar Saptha Kandam）と呼ばれるようになった。その後ボーガナタルは、インドのガヤーとアラビアを訪れた。これらの地からタミル・ナードゥへ戻ったボーガナタルは、中国産の薬塩や彼が「シーナ・チャラム」（Seena charam）と呼んだ化学、そして磁器の製法を伝えた。また彼はクットララム（Courtrallam）にいる彼のグル、アガスティヤと同地にあるシッダの文芸院に、7000節からなる自作の詩歌の原稿を提出して評価を求めた。この詩歌は皆から卓越した作品であることが認められて称賛された。

　この後、コンカナヴァル、カルヴッラル、ナンディースワル、カマラムニ、サッタムニ、マッチャムニ、スンダルアナンダルを含む多くのシッダが、カーヤ・カルパやヨーガの科学を学ぶためにボーガナタルの弟子となった。やがてボーガナタルは、教えを広める使命を弟子の

プリパニに託した。

カタラガマ寺院の建立とソルバ・サマーディの達成

　ボーガナタルは、サトゥラ・ギリ（Sathura Giri）とシヴァ・ギリ（Shiva Giri）でタパス（集中的なヨーガの実践）を行った後に、さらにタパスを行ってムルガン神の恩寵を得られるように、スリランカのカタラガマに向かった。ここでボーガナタルはムルガン神から得た霊感にしたがって、名高いヤントラを祀る寺院を建立した。このヤントラはカタラガマの地で彼の内に花開いた1800枚の花弁をもつ蓮華のチャクラを表している。続いてボーガナタルはパラーニへ向かい、その地でソルバ・サマーディの域に達した。この後、彼はカタラガマで隠遁生活に入り、紀元211年頃にババジ・ナーガラージと出会ったのである。

再度、中国に渡る

　その後、六朝時代（紀元220〜590年）の後に、ボーガナタルは数人のタミル人の弟子と共に中国に戻った。このとき彼はタミル・ナードゥにおける活動を中国人シッダのプリパニに託した。900年頃、タミル・ナードゥ州のタンジャーヴールにおいてシヴァ神を祀るブリハディーシュワラ寺院が建立されたとき、ボーガナタルは80トンにも上る冠石を高さ60メートル以上もある寺院の頂上へ載せる方法を宮大工に助言した。この偉業は仲介役を果した弟子のカルヴッラルや他タミル人の弟子一人の働きに加えて、今日の伝書鳩のような鳥を使った伝言の伝達によって実現した。ボーガナタルの提案によって全長8キロの傾斜路が築かれ、石はこの傾斜路を伝って寺院の頂上に載せられた。これは古今を通して行われた土木工事のなかでも、最も優れた偉業の一つであるといえる。この工事が行われたのと同じ頃に、ボーガナタルはブリハディーシュワラ寺院の裏に、彼の優れた弟子の一人であるカルヴッラルに捧げる小さな聖堂を建てることをタンジャーヴールの王に進言した。

ボーガナタルの現在の活動

　ボーガナタルはパラーニで肉体次元を離れたといわれるが、アストラル次元では活動を続けており、弟子や帰依者たちに創造的な刺激を与えている。稀にではあるが、彼は特別な目的で人の体に入ることもある。ヨーギー S. A. A. ラマイア、米国ヴァージニア州とインドのコーヤンブットゥールにあるヨーガヴィルのスワーミー・サッチダナンダ（Swami Satchidananda）そしてインドのパラーニにいるシュリー・ダルマナンダ・マドワ（Sri Dharmananda Madhava）のように人々の尊敬を集めている何人かは、ビジョンを通してボーガナタルと会ったり、彼からヨーガの技法を伝授された経験を持っている。スワーミー・サッチダナンダは、以前、彼がパラーニ寺院を目指して山を登っていたときに起きた出来事について、1988年、私に話してくれたことがある。これによると、スワーミーが途中で休んで瞑想をしていると、突然、ボーガナタルのビジョンが現れて彼に高度なヨーガの行法を伝授したという。またヨーギー・ラマイアは、シッダ・ボーガナタルの詩について講義をするときに、まるでこのシッダの魂と才能に感応したかのように、霊感に満ちあふれた詩の解釈をする。つまり、ボーガナタルがヨーギー・ラマイアを自分の媒体としていることに、ほぼ疑いの余地はないように思える。

　ヨーギー・ラマイアによれば、ボーガナタルは近代の数多くの科学者たち、とりわけニールス・ボアやアルバート・アインシュタインの発見にインスピレーションを与えたという。ボーガナタルはテレパシーを通して科学者の研究活動に知的な暗示を与えて、人知れず彼らが重要な発見に至るように援助しているのである。アインシュタイン自身、あの有名な相対性理論 $E＝MC^2$ の発見がインスピレーションの閃きによって生まれたことを随筆の中で明かしている。1968年、月へと向かう人類初の宇宙船が機械の故障のために危機的な状況に見舞われたときも、ボーガナタルはその念力と透視の力を使って援助した。また彼は自分の弟子や帰依者たちを通して、科学の諸分野、医学およびヨーガに関する自らの著作の収集と出版にも当たっている。やがてはこうした分野の研究が進んで人類のために活用されることだろう。

　パラーニ寺院の境内には、ボーガナタルがそこでサマーディーに入ったことを記念する建物がある。

シッダ・ボーガナタルの著作からの抜粋

　ババジにとってのジュニャーナ（英知）とディヤーナ（瞑想）の偉大なグルであるボーガナタルの著作集から抜粋した以下の詩は、クリヤー・ヨーガの入門者が伝授される特別な瞑想法を実践しながらタミル語の原文で詠まれたときに、その内容を最も良く理解することができる（Ramaiah, 1979, 1982）。こうして瞑想者は詩の源泉へとたどり、詩の内容を広い視野で捉えることができるのである。個々の詩はボーガナタルが1年間の瞑想で得たことの総括である。仮に先に述べた方法で詩を解釈したとしても、せいぜい我々は彼の体験の一端しか垣間見ることができない。こうしたプロセスにおいては、人知の限界を痛感せずにはいられない。ちょうどこれは茶碗で大海を量ることに似ている。

ボーガナタルによるサマーディへの
イニシエーション

［第1節］
　　　慎重に花弁の輪を描け。
　　　「アー」の音は修正される。
　　　（呼気において、その箇所に）「風」（Air）を集中せよ。
　　　すると四つのすべてが分泌して現われ出でる。
　　　そこにとどまれ。ムーラー（根のセンター）にとどまり、
　　　息を吹け。
［第2節］
　　　こうして息をすると、独特なる黒色が知覚されよう。
　　　それを臍のセンターに見よ。
　　　黒色が赤色に変わり、
　　　続いてサマーディの体験が起こる。
［第3節］
　　　呼吸において「己」の領域に力強く息を吹けば、
　　　上昇する火はグルとして現れ出でる。
　　　そのグル「真理」の精髄として現われる。
　　　これにて闇夜は終わる。

［第 4 節］
　　生気エネルギーの根源的かつ静かなる空間にて、
　　聖なる炎が闇に終止符を打つ。この空間にて、
　　シッディ（聖なる力）の壺、すなわち、変容の源泉が見出され、
　　光のサマーディがとどまる。

［第 5 節］
　　箱は閉じられているが、汝、それを開けよ。
　　固く閉ざされた蓋を開け、その内を掻き回せ。
　　うち、中身の半分を 6「ジャーン」(jaan: 手を広げた幅) の器に注げ。
　　すると驚くべき効果をもたらす「パシュパム」
　　(Paspam: 酸化物) が生じる。

［第 6 節］
　　慎重かつ自然に、3 ジャーンの高さに引き上げよ。
　　静かなるシャクティを見つめ、花開かせた後に。
　　汝の存在の深奥にて、彼の方を崇めよ。
　　サマーディが八つの領域に光明をもたらすであろう。

［第 7 節］
　　光り輝ける変容の間、香油は染み入り美化する。
　　美しきナンディー（シヴァ）は、
　　いかに死を駆逐するかを権威をもって語った。
　　サマーディにより（肉）体を永続的なものとするために。

［第 8 節］
　　内なるヴァーユ（プラーナ、エネルギー）が巡れば、
　　短命な肉体は 1 千万の太陽に匹敵する力を発揮し、
　　滅びゆく肉体は三つの時代を耐え抜くであろう。
　　目覚めよ！ 欲望への執着を捨てよ！

［第 9 節］
　　首に集中せよ。そうしつつ六つのチャクラから抜け出でて、
　　霊妙なる活力をもつ文字に集中せよ。
　　ジーヴァ（個々の魂）は王国である。
　　活力に満ちたその都に集中せよ。
　　大いなる努力により、汝、力強く生命エネルギーを引き入れ、
　　それを保て。

［第10節］
　　日々集中せよ。10の生気エネルギーは内に保たれ、
　　ナンディー（シヴァ）の燦然（さんぜん）たる光が目覚める。
　　すると汝は、ただちに未来の潮流の目撃者となり、
　　幾時代にわたり肉体が生きるかを知るであろう！

　　　　　　　　　　（ヨーギー S. A. A. ラマイアの英訳に基づく）

　　　　　　　　　　　　　　　　（Ramaiah, 1982, p.44-45）

　ボーガナタルはこれらの詩の中で、真我実現や最終的には肉体にもおよぶ自己変容をもたらす方法として、クリヤー・クンダリニー・プラーナーヤーマ（呼吸法）の実践やカーヤ・カルパの薬草処法の使用について語っているのである。

注釈

＊1. 本章の内容はボーガナタルの著作集『ボーガル・カンダム・ヨーガム：ババジによるボーガナタルのヨーガ』（Bogar Kandam Yogam: Babaji's Yoga of Boganathar）の第3巻の序論のなかで、ヨーギー S. A. A. ラマイアが述べたシッダ・ボーガナタルの伝記と同氏の講義録に基づく。

＊2.「太平洋の国々」（Pacific States, Vol.V., 23-24）中のバンクロフト（Bancroft）による引用文を典拠とする。

＊3. 近世の中国における不老不死の道家と彼らの修行法については、デン・ミン・ダオ（Deng Ming-Dao）著『タオの年代記』（Chronicles of the Tao, 1992）を、また道教における修行の最高の目標である黄金の不滅性の獲得については、ダ・リュー（Da Liu）著『タオと中国文化』（The Tao and Chinese Culture, 1979）を参照のこと。

＊4. ボーガナタルの弟子の一人であるマッチャムニ（Macchamuni または Macchendranatha）は、後にこの地においてクリヤー・タントラ・ヨーガの科学的技法についての初の重要な論文を著した。これが「カルピア」（Kalpia）と「カパリカ」（Kapalika）タントラの伝統の源となった。

第 9 章

ラーマリンガ・スワーミハル
(Ramalinga Swamigal)

近代においてソルバ・サマーディは何人かの偉人によって達成された。こうした存在の一人に「ワダルールの聖者」(The Satint of Vadalur) と呼ばれた、南インド、タミル・ナードゥの聖者、ラーマリンガ・スワーミハルがいる。彼は「聖なる変容」の諸段階を経て、その体験を4万節の詩に綴った。湛えていた偉大な神聖さ、死の克服、さらにはシヴァ神を称える数々の啓発的な詩歌を残したことによって、ラーマリンガは南インドで最も賞賛される聖人の一人となった。彼が最も好んで使った神の呼び名は「アルッ・ペルン・ジョーティ」(Arul Perun Jyoti: 至上の恩寵の光) であった。今日、この光を称える彼の詩歌は、インドの何百万人もの学童たちによって愛唱されている。こうした詩歌は子供たちだけでなく、ラーマリンガを自身の先駆者として認めていた、シュリー・オーロビンドやマダム・ブラバツキーのような霊的な巨人たちにも愛された。

ラーマリンガの生涯

ラーマリンガは1823年10月5日、マルドゥール (Marudur) 村で生まれた。この村から北に1マイル (約1.6キロ) の地に、踊るシヴァ神「ナタラージャ」を祀るチダンバラム の大寺院がある。[*1]　父のラマイア・ピッライと母のチンナンマイは、お清めを受けるために、生後5カ月のラーマリンガをチダンバラムの大寺院に連れていった。『恩寵の聖歌』(タミル地方では『ティルヴァルルパ』[Thiruvarulpa: Divine Song of Grace]) と呼ばれるラーマリンガの詩には、このときの彼の体験が綴られている。これによると、ナタラージャ像の前にある帳が上げられて、そこに置かれていた樟脳ランプの炎が揺らめいたとき、ラーマリンガは大声で笑い出し、辺りにはただならぬ神々しさが漂ったという。

至高の神の本尊と幼子との霊的な交感を目撃した住職は、駆け寄って幼子を抱きしめて、その子が神の子であることを宣言した。同じく『恩寵の聖歌』(『ティルヴァルルパ』) の中 (第6編第38章第44節) でラーマリンガは、神はとても慈悲深く、彼が幼い頃から無条件ですべてのことを明かしてくれたと述べている。

この出来事から約1カ月後に、ラーマリンガの父はこの世を去った。一家は生計を助けてくれることになったラーマリンガの兄が住むチェン

ナイ市に移った。ラーマリンガが5歳のとき、彼の兄は著名な家庭教師を弟につけた。この家庭教師の下で数回のレッスンを受けるやいなや、ラーマリンガは神を称える歓喜に満ちた詩を作り始めた。詩の中で彼は次のように語っている。

「おお神よ、何という不思議か。あなたはすべての知恵を私に授け、あなたへの熱烈な愛を教えてくれた。あなたはまた、この世のすべてが蜃気楼にすぎないことを確信させてくれた。おお慈悲深い方よ、あなたは私の内に在り、その恩寵を惜しみなく与えてくれる。あなたは自らを降下させて私の霊的な師となり、この取るに足らない私を祝福し、物乞いをする道に追いやることもなく、必要以上のものを与えてくれた」(『恩寵の聖歌』第5編第40章第4節)

ラーマリンガが目ざましい霊的な成長を遂げるのを見た家庭教師は、彼に新たな教えを施すことをやめてしまった。教育の重要性をラーマリンガに教えるため、兄はこの弟を家から出すことにした。しかし、兄の妻は秘かにラーマリンガの食事の世話をし続けた。あるとき家に戻って勉強を続けて欲しいと兄の妻に懇願されたラーマリンガは、彼女のひたむきさに心を打たれて帰宅を決意した。これはラーマリンガが9歳のときの出来事であった。ラーマリンガは筆記用具と学習教材を与えられると、すぐにチェンナイ市のヴィーラスワーミー・ピッライ通り9番地にあった一家の自室に籠った。ちょうど鏡が光を反射するように「至高の恩寵の光」がラーマリンガを通して光輝き、全知の神が彼の内に降臨したときに、彼の心は霊感に打たれ、奔流となって押し寄せる讃歌に満たされたのである。こうして次のような詩が生まれた。

「あなたは私に学びの試練を課すことなく、最も学識ある者が私に教えを乞いに来るほどのあらゆる知識を授けてくれた。おお神よ、私を支える方よ。あなたは私が学ばずとも、あらゆる知識、英知、そして他のすべてを実現するあの光を授けてくれた」(『恩寵の聖歌』第6編第1章第23節〜第24節)

ラーマリンガが12歳のとき、宗教の教師だった兄が病気になった。このとき兄は自分の代役を務めるようラーマリンガに頼んだ。ラーマリンガが兄の代役を務めて行った講義に集まった人々は、彼が中世のシヴァ派の聖人の一人であるティルグナナサンバンダル(Thirugnanasambandar)の詩に優れた注釈をしたことに大層感銘を受け

た。そして予定されていた連続講義を、彼が最後まで続けるように強く求めたのであった。ラーマリンガはこの出来事を、自分に使命の遂行を求める至高の神意であると受け止めて、人々の要望を受け入れることにした。

　ラーマリンガのその後の12年間の生涯については、わずかな記録しか残されていない。しかし、彼にとってこの年月は、熱く固い志を抱きながら神の恩寵の降臨を切望し続ける試練のときだったようである。この時期についてラーマリンガはこう記している。

　「あなたこそが常に私のすべての苦しみの証人であり、私の心の内と外を遍く満たす存在であるにもかかわらず、なぜ私はこの苦渋に満ちたあなたへの憧憬の念を語らねばならぬのか」(『恩寵の聖歌』第6編第139章第78節)

　1849年、名声あるタミル語とサンスクリット語の学者にして詩人であったトゥズフヴール(Thuzhuvoor)のヴェラユタ・ムダリエル(Velayutha Mudalier)が、ラーマリンガの一番弟子になった。彼は以降の20年間にわたって、ラーマリンガ・スワーミハルについての論文を初めとする数多くの書を著した。ラーマリンガが姪のタナンマルとの結婚を強いられたのはこの頃であった。しかし、彼に世俗的な生活をさせようという家族たちの企てはすべて徒労に終わった。彼の妻は生涯を処女のままで過ごすことになった。

　それからの10年、ラーマリンガはティルヴォティユル(Thiruvothiyur)とチダンバラム(Chidambaram)において、神の慈悲の光を切望する自らの熱い気持ちを綴った霊感にあふれる詩を数多く残した。1860年頃、ラーマリンガはワダルール村に転居した。この村は南のチダンバラム、西のヴリダチャラム(Vridachalam)、北東のティルッパティルポリユル(Thiruppathirupoliyur)にある三大寺院を結んでできる正三角形のほぼ中心に位置する。1867年、彼は貧しい人々に食物を与えて、旅行者や生活苦にあえぐ老人たちを温かく迎えるための慈善施設をこの地に作った。この施設の落成式は3日間にわたって行われ、この間、約1万人に食物が施された。ラーマリンガの論文 "Jeevakarunya Ozhukkam" の前半がこのときに発表された。この論文には、すべての生き物に対して慈しみの念を抱くという彼の教えの基本原則が示されていた。ここでラーマリンガは「サンマルガム」(Sanmargam)すなわち、すべての生

き物に対して慈しみの心を持つ「公正なる道」に沿った生き方を提唱したのであった。優しさは人間生来の特質であることを彼は説いた。神はすべての生き物に宿っている。つまり、命あるものに優しさと思いやりをもって接することは、神に愛と優しさを示すことである。慈悲心にあふれる人は、神の愛や恩寵によって満たされることをラーマリンガは説いた。人は神の恩寵を得るために、自ら優しさの化身となって、他との一体感や友愛の精神を心の内に確立すべきである。最上の慈悲の行為とは、属すカーストや共同体、地域、信条、肌の色、行い、国籍などにかかわらず、働けずに糧を得られない人々がいれば彼らに食物を施すことである。また万物に神が宿ることを自覚して、動物、鳥、昆虫、さらには植物の飢えや渇きを取り除くことである。ラーマリンガは動物の殺生を非難し、多くの人々を菜食主義に転向させた。

　ワダルールでのラーマリンガは、弟子と共に数多くの講義を行い、彼の奇跡を一目見ようとやって来る大勢の訪問者を受け入れた。こうして飢える者には食事が施され病人は癒された。また諸々の哲学学派に属す学者たちは、ラーマリンガに会うことによって、各自の疑念を晴らすことができた。

　ラーマリンガは「サンマラサ・ヴェーダ・サンマルガ・サンガム」（Sanmarasa Veda Sanmarga Sangam）という名の協会を設立した。後にこの協会名は、ラーマリンガ自身によって「サンマラサ・シュッダ・サンマルガ・サティア・サンガム」（Sanmarasa Suddha Sanmarga Sathya Sangam）と改名された。ラーマリンガが提唱した教えの名である「サンマルガム」すなわち「公正な道」は、ティルムラルの『ティルマンディラム』から借用されたものである。

神を称える『恩寵の聖歌』を著す

　ラーマリンガは神に対する彼自身の帰依心や霊的な情熱を綴った数多くの讃歌や詩を残した。彼が最も好んで創作に励んだのは夜であった。1867年、ヴェラユタ・ムダリエルはようやくのことでラーマリンガを説得して『恩寵の聖歌』（『ティルヴァルルパ』）と題された詩集を編纂・出版する許可を得た。ヴェラユタはラーマリンガが『恩寵の聖歌』を創作したいきさつを63節の詩にまとめて同詩集に収めた。

この詩集が出版された直後に、アルムガ・ナヴァラル（Arumuga Navalar）という著名な学者が率いるスリランカのジャフナの一団が、詩集を『恩寵の聖歌』と題するのは僭越（せんえつ）であるという趣旨の小冊子を発表した。こうした題名に値する作品は、タミル地方のシヴァ派の先人である四聖人の詩だけであるというのが彼の主張であった。双方の陣営から何冊かの小冊子が発表された後に、ナヴァラルはラーマリンガの詩集の題名の変更を求める訴訟を起こした。タミル・ナードゥ州カッダロールの高等裁判所は、ラーマリンガに召喚状を送った。ラーマリンガは指定された時間に現れた。彼が現れたのは原告と被告、双方の当事者が全員法廷に着席した直後のことだった。ラーマリンガが入廷すると、英国人判事を除く全員が彼に敬意を示して即座に起立した。ラーマリンガは法廷に敬意を払って一礼した後、自分の席へ向かった。彼が法廷を出る際も、原告のナヴァラルを含む全員が起立した。全員がラーマリンガを敬う（うやま）様を注意深く見ていた英国人判事は、なぜ被告にこれほどまでの敬意を示すのかとナヴァラルに訊ねた。聖人に敬意を払うのはインドの習慣であると彼は答えた。判事は即刻この告訴を棄却した。もしラーマリンガが彼の批判者にさえ聖者と見なされているなら、彼が著した作品も偉大で神聖であると見なせよう。これが法廷の裁定であった。

　『恩寵の聖歌』はタミル文学の最高傑作の一つである。そこには神の本質や属性、魂や人生が奏でる（かな）シンフォニーが、旋律的な美しい詩句で綴られている。聖歌は真我実現の諸段階やラーマリンガが遂げた変容、つまり、生身の肉体が神聖な不死の身体へと変わる様を描いている。死にゆく定めの肉体が金色に光り輝く「愛の身体」（body of love: Anburoo つまり Suddha deham）に変わったと詩の中でラーマリンガは語っている。彼はまた自分の内に流れ込む「神の恩寵」（Divine Grace）を忘我の境地で綴っている。ラーマリンガの「愛の身体」は「恩寵の身体」（body of Grace）すなわち「プラナヴァ・デハム」（Pranava deham）または「光の身体」（body of light）とも呼ばれる光り輝く身体へと変化した。「光の身体」は通常の肉体とは違い触覚では感じられない。この身体は不滅であり、自然の猛威にさらされても影響を受けない。この身体を得た段階で、至高の神と一つになるラーマリンガの大望は叶った。彼はこう述べている。

　「風、土、空、火、水、太陽、月、死、病、殺人兵器、惑星、邪（よこしま）な行

いによる害悪、あるいは他のあらゆる事柄の影響をも永遠に受けない光り輝く身体を私は望んだ。神は私の祈りを聞き入れてくれ、私はその身体を得た。これを普通の授（さず）かり物と考えてはならない。ああ人々よ、生身の肉体さえ不滅の身体に変える、至福の輝きの主にして我が父なる神に庇護（ひご）を求めよ」（『恩寵の聖歌』第6節第13章第59節）

　あるとき弟子たちがラーマリンガの写真を撮ろうとしたことがある。撮影のために著名な写真家であるマシラマニー・ムダリエル（Masilamany Mudalier）がチェンナイから呼ばれた。写真家はラーマリンガの撮影を8回試みたが、写真には彼の衣服が写るだけで、身体のどの部分も写らなかった。この理由についてラーマリンガの弟子、K. ピッライ（Kandaswamy Pillai）は次のように説明している。ラーマリンガの身体は崇高な光の身体に変容したので、その姿は写真には写らないのだと。

　ラーマリンガには影ができなかった。この事実が世間に知れ渡ることを避けるために、彼は光り輝く頭部と身体を白布で覆っていた。ラーマリンガは中背でほっそりしており、その背筋はまっすぐに伸びていた。彼の鼻は秀でて高く、霊的な炎で光り輝く大きな目は人々の心に安らぎを与えた。彼は華奢（きゃしゃ）に見えた。食事は少量の食べ物を2、3日に1回摂（と）るだけであった。彼にとって人の心を読むことはたやすいことで、人の病気を癒すといった奇跡も頻繁に行った。また彼は何日も姿を消すことがしばしばあった。彼の人となりは謙虚で飾らず、穏やかで慈愛に満ちていた。

英知の寺院

　1870年、ラーマリンガはワダルール村から約3マイル（約4.8キロ）南にあるメットゥクッパム（Mettukuppam）村の小屋に引っ越した。この小屋は「聖なる奇跡の館」（Siddhi Valaga Thirumaligai: the sacred mansion of the miracle）と呼ばれて今日も残っている。1871年、ラーマリンガは自ら設計した「英知の寺院」（Temple of Wisdom）の建設を弟子たちに命じた。寺院は半年たらずで完成した。1872年1月25日に落成したこの寺院は今なお現存する。寺院の独創的な設計には、ラーマリンガが体験した真我実現の過程が象徴的に表されている。そこにある七つのカーテンは、永遠の光や心の内にある諸々の領域を覆う、人間

の激情や無知を表している。これらの「カーテン」は「個」、「命そのもの」、「実在（リアリティー）の領域」、「至高の神の領域」さらには霊的な諸体験を次々に覆い隠してしまう。これらのカーテンの向こうに、清らかな魂を表す高さ5フィート（1.5メートル）のガラスの箱がある。ここには「至高の恩寵の光」（アルッ・ペルン・ジョーティ）との合一を果たした、魂の真の輝きを表す永遠の炎が灯されている。

　ラーマリンガは弟子たちに、この寺院では樟脳の炎を灯す以外の、他のいかなる儀式も執り行ってはならないと命じた。ここへ来る帰依者たちは、儀式を行う代わりに沈黙の中で祈りを捧げ、神への愛に満たされながら法悦の境地に至るのである。

神への回帰

　寺院の基礎を築き始めた頃のラーマリンガは、自分の庵に数日間引き籠った後に、普遍的な霊との交感についての胸踊るような講義をするという生活を交互にしていた。1873年の終盤には「至高の恩寵の光」（Supreme Grace Light）に至った標として、彼は「サンマルガム」の旗を掲げた。また聴衆に対しては、一人一人の心の内に宿る「光の主」を黙想して「至高の恩寵の光」に祈るように促した。またその年の終わりにかけて、彼はこれまで自室内で使っていたオイル・ランプをドアの外に置き、弟子たちにこれを敬い永遠にその火を絶やさないように指示した。こうすることでラーマリンガは、弟子たちにランプの光に象徴される「至高の恩寵の光」に思いを馳せて、恩寵を求めて神に祈りを捧げるように求めたのである。

　しかし、自分の霊的な教えが、思ったほどには人々の間に根づかなかったことを知ったラーマリンガは、その悲しみを次のように表現している。「我々は財宝を公にしたが、誰もそれを手に入れようとはしなかった。我々はもはやこの試みをやめよう」

　彼は次のようにも述べている。「親愛なる人々よ、あなた方は私の言うことを聞き入れまいと、すでに決めてしまったようだ。そして今でも聞く耳を持ってはいまい。はるか北の地には光明を得た人々がいる。彼らはこの地にはるばるやって来るだろう。彼らはこの哲学を学び、それをあなた方に説くだろう。おそらく、そのときになってあなた方は耳を

傾けるのだろう」

　チェンナイに国際本部がある神智学協会の共同設立者であり、近代の西洋世界において、霊性や秘教的な研究への関心を復活させたマダムH. P. ブラヴァツキーは、ラーマリンガが彼女たちの運動の先駆者であったことを明らかにしている。(July, 1882 edition of the Theosophist)

　それから40年後、シュリー・オーロビンドはラーマリンガの住まいの近くにあるポンディシェリーに住み着いた。オーロビンドとラーマリンガの諸体験の共通点については次章で述べる。

　大衆が自分のメッセージを聞き入れないことを知ったラーマリンガは、神に次のように訴えている。「ああ命の源なる神よ、私の心を知るあなたに、私のこの慎しい望みを繰り返し告げることに何の意味があろうか。全世界が普遍的な霊との交感を実現して、苦悩や死とは無縁な永遠の幸せを味わうのはいつのことか。人々の幸せな姿を見て私が満たされるのはいつのことか」(『恩寵の聖歌』第2編第23章第10節)

　1874年1月30日、50歳になったラーマリンガは、帰依者に対して次のような声明文を発表した。「親愛なる皆さん！　私はしばしの間皆さんの前から姿を消さねばならない。案じることはない。ランプの[光](Gnana Deepam) を永遠に灯し続けなさい。神がそこにおられることを思い描いて光を崇めなさい。あなた方は十分に報われるであろう。私は今この肉体の中に在るが、ほどなくして神のすべての被造物の中に入るであろう。私の部屋の扉を閉めて外から鍵をかけなさい。指示されて扉を開けたときには、室内は空であろう」

　ラーマリンガはこう言い残してメットゥクッパム村にある小屋に籠った。その夜、帰依者たちがラーマリンガの部屋の外で「至高の恩寵の光よ。至高の恩寵の光よ。我らの上に降りたまえ。至高の恩寵の光よ」と唱え続けていると、突然、紫色の閃光がラーマリンガの部屋から輝いた。それはラーマリンガが「神のすべての被造物」と融合したことを告げるものであった。後に扉が開けられたとき、室内は空であった。ラーマリンガは何の痕跡も残さずに姿を消したのである。

　数日後、警察からの報告を受けて、南アルコット地区の首席事務官で徴税官でもあったインド植民省の英国人、J. H. ガースティンと、同じくインド植民省の地区医療監督官のジョージ・バンベリー、そして地元の小地区（Taluk）の長である、ヴェンカタラマン・アイヤルは、この

蒸発事件を調査するために、馬で急遽メットゥクッパム村に向かった。彼らは入念な事情聴取を行った。村人は皆悲嘆に暮れて打ちひしがれていた。役人たちはラーマリンガの小屋の周囲をくまなく調査したが、彼の「蒸発」が起きなかったことを裏づける証拠は何も発見できなかった。役人たちが下した結論はこうであった。すなわちラーマリンガは実際に偉大な人物であり、彼は空中に姿を消したのであると。役人たちはラーマリンガが弟子たちに与えていた指示について聞いた。弟子たちは彼らの師が、貧しい人々に食物を与えるように指示していたことを伝えた。二人の英国人の役人は、人々への施しの足しにするようにと、弟子たちに 20 ルピーを渡してからカッダロールへの帰路についた。

　1878 年に発行された南アルコット地区の便覧の中で、徴税官の J. H. ガースティンはラーマリンガの蒸発について次のように述べている。「1874 年、ラーマリンガ・スワーミーはメットゥクッパムの自室に入り、外から鍵をかけるように彼の帰依者に指示した。以後、彼はまったく外出しなかった。弟子たちは彼が神と融合したと信じている」

　ラーマリンガの死は「ナーヤナール」（Nayanars）と呼ばれる、タミル・ナードゥの偉大なシヴァ派の四聖人が物質界を去った様子を思わせる。この四聖人は誰一人として地上に肉体を残さず、埋葬や火葬されることもなかった。彼らはエーテルの中、つまり「聖なる神」の中にその姿を消したのである。四聖人の一人、ティルグナナサンバンダル（Tirugnanasambandar）は、自分の婚礼のときに現れた聖なる光の中に姿を消した。そしてアッパル（Appar）はプガルール（Pugalur）において、その肉体を神の至高の姿と融合させた。スンダラル（Sundarar）はカイラース山でシヴァ神と合一し、マーニッカヴァーサガル（Manickavasagar）はチダンバラム寺院の至聖所において、宇宙の踊り手、ナタラージャの神像と一体になった（Sekkizhaar, 1985）。これらの聖人とラーマリンガとの相違点は、ラーマリンガの場合には、自分が不死身であることを秘密にしなかったことにある。彼はこれについて公言しており、不死身であることの喜びを語り「至高の恩寵の光」を体験することをすべての人々に勧めていたのである。

変容の諸段階

　ラーマリンガは自らが体験した変容の諸段階について記した4万行以上もの詩を残している。以下に掲げる彼の体験の要約は、ババジと18人のヨーガ・シッダが説く、霊、知性、メンタル、生気、肉体の各レベルにおける神との合一の過程が、聖なる存在の霊的な導きによってもたらされるものであり、人間の最も偉大な潜在力の開花を可能にする過程であることを示している。

　ラーマリンガは段階的に起きるいくつかの変容について次のように述べている。

1.　普遍的な霊との交感と神への献身によって、死に至る定めにあった人間の肉体が「完璧なる身体」（Suddha deham: perfect body）へと変容する。
2.　「完璧なる身体」が「恩寵と光の身体」（Pranava deham: Body of Grace and Light）へと変容する。
3.　「英知の身体」（Gnana deham: Body of Wisdom）が「至高の神の身体」（the body of God Supreme）へと変容する。

　以上のような変容の実現が可能であることは、ラーマリンガ自身の肉体に起きた変化からも明らかである。さらにラーマリンガによれば、7世紀にチダンバラムのナタラージャ寺院の至聖所で消えた聖人、マーニッカヴァーサガルは、消える以前にすでにこうした変容の過程を経ていたという。

「完璧なる身体」

　ラーマリンガは「不純な要素」でできた彼の「不純な肉体」が、いかに「スワルナ・デハム」（Swarna deham）と呼ばれる無限の輝きを放つ「金色の身体」すなわち、純粋な要素からなる純粋な身体に変容したかについて、いくつもの詩の中で述べている。

　「ああ神よ！　永遠の愛よ。私に黄金の身体を与えるために、あなたはその普遍的な愛と私の心とを融合させた。ああ至高の愛よ。あなたは自

らを私の中に注ぎ、その恩寵の光で私の身体を変容された」(『恩寵の聖歌』第6編第1章第480節)

　また彼は『恩寵の聖歌』の第6編第132章第54節において「シュッダ・サンマルガム」(Suddha Sanmargam)の「聖なる道」を守れば、物質界の拘束と腐敗を免れない最も不純な肉体であっても、恒久不変の身体に変わるであろうと言明している。

　「第一の変容を唯一もたらすことができる［光］の原則」についてラーマリンガは説明している。この原則には二つの重要な側面がある。それは「すべての生命を敬うこと」(Paropakaram)と「献身的な黙想をすること」(Satvicharam)である。このうちラーマリンガは前者を重視し、もしこれを修得すれば神の恩寵はたやすく得られるであろうとしている。神はあらゆる生き物の内に在り、あらゆる生き物は神の内に在る。人は万物への慈悲心を培うことで普遍的な霊と交感して、その愛を得ることができる。恩寵とは神の慈悲である。そして思いやりの心とは、人の魂の慈悲の表れである。ちょうど一点の光が輝きを増して燦然たる輝きを放つ光となるように、人は慈悲の心を育むことによって、神の恩寵を自分の内に実現するのである。

　ラーマリンガは光の原則のもう一つの側面である「献身的な黙想」すなわち神への熱き献身が深まることの必要性を説いている。この場合、神を絶えず思い続けたり、神の恩寵を求めて熱心に祈ることが鍵となる。

　『恩寵の聖歌』第6編第110章第1節においてラーマリンガは、人は神の愛を感じてそれと一体になるまで、絶えず神のことを心に留めねばならないと述べている。神との合一が起こると、求道者の目からは突然涙が、そして唇からは神を称える歌があふれて、心の内には温もりと安らぎが生まれる。ヨーガ行者はこうした秘密を知らずに、この心の温もり (Shuddhi ushanam)を得るために、ひたすら禁欲的な修行に励んできたのである。この普遍的な愛と聖なる温もりが増してくると「光」として訪れる「神の恩寵」の降臨を受け入れる準備が魂と肉体に整う。そしてこれが実現すると、不純な要素からなる物質的な肉体は、黄金の輝きを放つ「純粋な光の身体」へと変容する。

　『恩寵の聖歌』第6編第99章第6節、同編第139章第98節、および同編第1章第1490節の記述によると、この「黄金の身体」は12歳くらいの子供の身体のように見えるという。この身体は生理的な活動はせず、

食物の摂取、消化、排泄、成長、老化とは無縁である。その外見は優美にして影を作らない。同じく『恩寵の聖歌』の第6編第1章第1449節から第1476節において、ラーマリンガは身体に起こる変容の諸段階について細かく描写している。それによれば、変容が起こると皮膚の真皮と表皮はとても柔らかくなり、神経、筋肉、腱は徐々に緩んでくるという。また、骨、細胞膜、軟骨組織はすべてしなやかになり、血の凝血力は増して、精液は濃度が高まって強壮となる。脳の各部分もすべて開花した花のように緩んでくる。身体全体に「霊薬」（elixir: エリクサー）が行き渡り、表情は光り輝く。穏やかにして涼やかな呼吸には、繊細さ、優しさ、調和がある。心からは涙がとめどもなくあふれ出て、唇は息を呑んでわななき、耳は美しい旋律で満たされる。身体全体が涼しく感じられ、目に見える身体のすべての部分が法悦に浸って花開く。心臓は愛に満ちて高鳴り、エゴは消え、精神と感情の汚れも洗い流される。そして優しく慈愛に満ちた沈黙を指向するようになり、さらには聖なる神の恩寵を求める熱意がほとばしって、聖なる命の住み処である肉体は至高の愛で満たされる。

　ラーマリンガが詩の中で述べていることは「完璧なる身体」（Suddha deham）を得た人に共通して見られる体験である。彼らは自然界の五大要素、すなわち、土、水、火、風、エーテル（空）の影響や制限を受けることなく、遠隔地の出来事を知覚することができ、その知識は普遍的で無限である。彼らはまた、時間、空間および他の自然法則の制限を受けることなく、食物、睡眠、性行為を必要としない。その身体は老化せず、いかなる武器によっても侵されない。さらには創造と破壊を意のままに行うことができ、死者を蘇らせ、老人の肉体を若返らせることもできる。彼らは全知全能であり随所に遍在する。

「恩寵の身体」

　ラーマリンガは「完璧なる身体」がさらに「恩寵の身体」（Pranava Deham: Body of Grace）に変容する様子を述べている。彼によるとその身体は目では見えても、触れることができないという。外見は5歳から8歳くらいの神々しい子供のように見え「シッディ」つまり、ヨーガの奇跡的な力を意のままに使うことができる。この段階についてのラー

マリンガの記述は、ボーガナタルによる子供時代のムルガン神（Bala Murugan）の描写を思わせる。

『恩寵の聖歌』第6編第109章第17節において、ラーマリンガは自らがこの変容を体験した後に、さらに次の段階へ進んだと述べている。こうして彼の内に「至高の恩寵」（the Grace Supreme）が「無上の至福」（absolute Bliss）とともに顕現したのである。

「至福の身体」

『恩寵の聖歌』第6編第103章第7節、同編第132章第74節、および同編第109章第27節において、ラーマリンガは人間の進化における究極にして最高の変容である「至高の実在」（Godhead）との融合を果たしたと述べている。彼はこれを「至高の英知の身体」（Gnana Deham: the body of Supreme Wisdom）すなわち「至高の神の身体」（the body of God Supreme）との合一と形容している。この段階において、身体は遍在することになるが、これを感覚で捉えることはできない。『恩寵の聖歌』第6編第1章第1149節と第1139節でラーマリンガが述べているように、神は無上の熱意を抱いて神を求める求道者、すなわちラーマリンガの身体と御自身の身体とを入れ換えられたのである。同章の第1149節においてラーマリンガは、至高の神がラーマリンガの神聖にして卓越した身体と融合しただけではなく、寛大にも彼を「至高の恩寵」と「至高の実在」である「シュッダ・シヴァム」（Suddha Shivam）と同等にしたと述べている。

ラーマリンガの遺産

ラーマリンガ・スワーミハルは「神のすべての被造物」の内に在り続けると同時に、彼が示した模範や著作に感銘を受けた幾百万もの人々の心の中にも生き続けている。彼のワダルールの伝道所は、数多くの貧しい人々に、120年もの間にわたって毎日欠かさずに食事を施してきた。この伝道所の厨房の火は、そこに初めて火が点された1870年以来、消されたことがない。1月のプーサム祭（Pusam festival）の期間中には、何万人もの帰依者たちが「英知の寺院」とその近くにあるメットゥクッ

パムのラーマリンガの庵(いおり)を訪れる。これらの建物は1978年に修復されて、現在でも黄金の「聖なる恩寵の光」を放ち続けている。

注釈

＊1. 本章の内容の大半は、C. シュリーニヴァサン博士 (Dr. C. Srinivasan) の著書『ラーマリンガ・スワーミーの哲学入門』(An Introduction to the Philosophy of Ramalinga Swami) に基づく。ラーマリンガについてさらに詳しく知りたい読者は、Vanmikanathan (1976)、Sivagnanam (1987)、Thulasiram (1980)の著作を参照のこと。

第 10 章
心を超えた意識への進化

シュリー・オーロビンド

シュリー・オーロビンドと18人のシッダ

　人間が聖なる変容を遂げることの重要性を、近代において真に理解していた人の一人にシュリー・オーロビンド（Sri Aurobindo）がいた。インドの大半の学者や伝統的な宗教の指導者たちが、肉体の不滅性を説くシッダたちの書を空想の産物と見なしてきた一方で、オーロビンドは不滅の肉体を得ることに40年もの年月を割いた。オーロビンドは自身が18人のシッダの伝統に連なる者であると語ったことはないが、以下に述べる彼の体験からも窺える（うかが）ように、ティルムラル、ラーマリンガ、そしてオーロビンドとマザー（オーロビンドの高弟）に起きた変容の体験は、すべて本質的に同じであったことは明らかである。近代に生きたオーロビンドの体験について知ることは、シッダたちの主張を我々が理解する上で役に立つであろう。

　シュリー・オーロビンドは彼の霊感に満ちたビジョンを『聖なる生活』（The Life Divine）と『ヨーガの総合』（The Synthesis of Yoga）に、また自己変容の体験を『ヨーガに関する書簡』（Letters on Yoga）と叙事詩『サーヴィトリー』（Savitri）に著した（Aurobindo, 1935 [a], 1935 [b], 1969, 1950 [a]）。特に最後の2冊は自己変容の過程における数多くの段階と困難について詳述している。不滅の肉体を得ることは、オーロビンドにとって決して最終目的ではなかった。彼はそれを人間の進化における次の段階であると見なしていた。それは霊的な変容の結果として起きることであり、神聖なる「心を超えた意識（マインド）」（Supramental Consciousness）[*1] が意識の低位の界域と、さらには意識の及ばない物質の次元にまで降臨する過程の終極点としてある。

　オーロビンドによるこうした身体の変容の過程とその結果についての記述は、18人のシッダとラーマリンガの体験、特に「金粉」と「黄金の身体」についての描写と酷似している。オーロビンドが人類に寄せた深い愛と、彼の物質世界に対する姿勢や行動もシッダのそれと共通している。彼らに共通する姿勢や体験は、次章で述べるヨーガの修行と生き方を実践する上での指針となるであろう。

　オーロビンド・ゴーシュ（Aurobindo Ghose）は1872年8月15日にコルカタで生まれた。彼は5歳から20歳までを英国で学んだ。1892年に帰国した後はフランス語と英語の教師となり、後にバローダー

（Baroda：または「バローダラー」）の王子の私設秘書として働いた。1901 年に結婚するが、この頃には精力の大半を黎明期のインド独立運動に注ぐようになっていた。独立運動の中心的な指導者の一人となったオーロビンドは、破壊活動の罪で英国政府に投獄されるが、証拠不十分のために裁判の後に無罪放免となった。（Satprem, 1975, p.27, 149-150）

ヨーガ行者レレとの出逢い

　1907 年12 月30 日、こうした政治活動の最中、オーロビンドはヴィシュヌ・バスカル・レレ（Vishnu Bhaskar Lele）という名のヨーギーに出会った。彼が自分の意思でヨーギーに会ったのはこのときが初めてだった。彼はレレに「私が求めているのは［サンニャーサ］（世俗の放棄）や［ニルヴァーナ］（涅槃）ではなく、実践的な行動のためのヨーガである」と語った（Aurobindo, 1972, p.349）。二人は 3 日間を同室で過ごした。レレはオーロビンドにこう言った。「座って瞑想せよ。考えてはならない。己の心だけを見つめよ。すると想念が外から入ってくるのが分かるだろう。心が完全な静けさを体験するまで、心に入り込もうとする想念をことごとく排除せよ」（前掲 p.132）。後に彼はそのときの体験をこう記している。「この結果として、私がまったく予期しなかった、この上なく強力な体験と意識の根本的な変化が連続して起きた。…こうして生まれた意識は私自身の考えとは相反するものであった。この体験は私に途方もない強烈さで、世界が至高なるブラフマンの非人格的な普遍性の中で繰り広げられる、実体のない映画のようなものであることを見せてくれた」（前掲 p.127）。「自己の広大な空間の中で、肉体は単にさ迷える殻であるように思えた」（前掲 p.132）

　さらにオーロビンドはこう述べている。「突然、私は思考が存在せず、それを超越した状態、そして心や感情のいかなる動きにも汚されない意識の状態に投げ出された。そこには自我も現実的な世界も存在しなかった。働きを止めた感覚を通してその状態を観ずると、その完全な静けさの中に、虚な形の世界、実体のない物質化された影を認知することができた。そこには唯一無二とも普遍的ともいえない、特徴がなく関係性を超えた、透明にして表現や思考を超越した、絶対的かつこの上なくリアルな、唯一、リアルなものがあった。それは知的な気づきでも、どこか

の高所で垣間見た抽象的な概念でもない。それは肯定的な、唯一、肯定的なリアリティーであった。しかし、それは空間を占める物質的な世界ではなく、この見せかけの物質的な世界に浸透して、そこを占有しているというよりは、むしろそれ以外のリアリティーが入り込む隙がないほどに世界に満ちあふれて、それ以外のいかなるものにも現実性、肯定性あるいは実体がまったくないかのように思わしめる。…これ（この体験）がもたらしたのは、表現し得ないほどの平安、途方もない静寂、そして無限の解放と自由であった」（前掲 p.132）

　オーロビンドの体験は「ニルヴィカルパ・サマーディ」（Nirvikalpa samadhi）であった。すなわちヴェーダーンタやヒンドゥー教の聖典に述べられている「それ」（That）あるいは仏教徒が「涅槃」や「解脱」と呼ぶ状態であり、長年にわたって根気強く努力をしても、わずかな者しか到達することができない、世界中の神秘的な伝統が求める最終的なゴールである。しかし、オーロビンドにとってこの体験は、さらに高度な体験の始まりでしかなかった。彼はこのときの体験を次のように記している。「私は涅槃の状態がそれ以外の状態になることを受け入れて変化するまで、昼夜、その状態にとどまり続けた … ついにそれは上方にあるさらに偉大な超意識の中に溶け込み始めた。幻影の世界の下方と上方には広大な［聖なる実在］（Divine Reality）が広がっていた。これらのただなかには、初めはまるで映画に現れる形や影のように思えた、鮮烈な［聖なる実在］があった。幻影の世界はこうした実在の表層で起こる現象にすぎない。しかし、これは感覚に縛られた状態でもなければ、至高体験が薄まって低下した状態でもない。それはむしろ絶えず高揚して広がる［真理］として現れた。… 解放を得た私の意識にとって［涅槃］とは、成就すべき唯一の目的でも究極の目的でもなかった。それは真我実現の始まりであり、全一なるものへと至る第一歩であった」（前掲 p.154）。「涅槃とはいっそうの探究が不要となる最終ゴールではありえない。それは低次の界域における道の終点であり、より高度な進化へと至る起点である」（Aurobindo, 1969 ［a］, p.71）

　オーロビンドはこのような状態を体験する一方で、日刊新聞の編集に携わったり、秘密集会の開催や政治集会で演説をしたりしていた。初めての集会が開かれることに先立って、オーロビンドは自分が演説することにためらいを感じることをレレに伝えた。このときのレレの返答を

オーロビンドは次のように記している。「レレは私に祈るように言ったが、沈黙のブラフマンの意識に没入していた私には祈ることができなかった。レレは、私が祈ることができなくても、彼や他の誰かが祈るから心配はないと言い、私はただ集会に行って聴衆をナーラーヤナ（主）として礼拝して待てば、知性とは異なる源からスピーチがもたらされるだろうと言った」（Purani, 1958, p.120）。オーロビンドがレレの指示に従うと「スピーチはまるで準備された原稿を読むように流れ出た。以来、あらゆるスピーチ、文章、考え、行動は、頭脳を超えたこの同じ源から来るようになった」（Aurobindo, 1972, p.83）。これは彼にとって超越的な意識とかかわる最初の体験となった。オーロビンドの演説は素晴らしかった。「あなたの内にある力に気づいてそれを表現せよ。するとすべての行為はあなた個人の行為ではなく、あなたの内にある［真理］の行為になるだろう。…それはあなた自身ではなく、あなたの内面からやって来る。不滅にして不生不死であり、剣で突き抜くことも、火で焼くこともできないあなたの内にあるその存在に対して、あらゆる法廷や世界の権力に何ができようか。…この内なる存在を監獄に幽閉したり、絞首台で殺すことはできない。心の内に居られるその方を知る者に何の恐れがあるだろうか」（Aurobindo, 1922, p.22）

1908年5月4日の未明、オーロビンドは英国の警察に再び逮捕された。アリポール刑務所に投獄されたオーロビンドは、庭で日課として行われる体操の時間中に、彼の意識に変容をもたらす一連の霊的な体験をした。彼はあらゆる人の中に神を見いだすようになったのである。6カ月間続いた裁判の法廷の鉄格子のなかでも、彼は同じビジョンを見続けた。「私は検事を見たが、彼らは検察の検事ではなかった。そこにはシュリー・クリシュナが座って微笑んでいた。彼はこう語りかけた。『どうだね、恐いかね。私はすべての人々の中に在り、彼らの言動を支配している』」（前掲 p.58）

「秘密」を求めて

アリポール刑務所から釈放された後に、オーロビンドは再び革命運動に復帰した。彼はアリポール刑務所での体験を通して「心（マインド）の上位の意識」（overmind consciousness：オーバーマインド・コンシェ

スネス）に到達した。この状態においては、平和、愛、美、力、英知、意思などの真理を十分かつ個別的に体験することが可能である。しかし、この意識に限界があることも明らかだった。なぜならこの意識においては、真理の各側面を個別的にしか体験できないからである。オーロビンドはこう述べている。「その意識はすべてを見通せるが、それはあくまでもその意識に固有の視点を通して見える姿である」（Aurobindo, 1958, p.128）。「心の上位の意識」は、その構造上、物事を分割する。さらにこの意識は、低位のメンタル界に下降するほどにいっそう分裂する。ここで求められているのは、霊や天界の真理だけではなく、肉体と大地の真理である。つまり、人がその影響下に置かれている、下降して分裂する力に抗することができる、別の力が必要なのである。オーロビンドはこの地上において真の生活を営むための鍵を探し始めた。「我々のヨーガは、単に世間から切り離された沈黙の生活や、崇高で恍惚感にあふれる超越的な生活を指向するのではなく、まさに［生命］そのものを対象としている」（Aurobindo, 1976, p.101）。さらに彼はこう述べている。「マインドが人間の気質を劇的に変え得なかったことは明らかである。人間が作り出す制度を永遠に変え続けることもできようが、その中から不完全さは取り除けないだろう … 必要なのは、下降する力に抗うだけでなく、それを克服できる別の力である」（Satprem, 1975, p.228）。オーロビンドはこの隠れた「別の力」を「秘密」とか「心を超えた意識」（Supramental Consciousness）と呼んだ。

　アリポール刑務所から釈放されて1年足らずの1910年2月、オーロビンドは、再び逮捕されてアンダマン諸島に送られるだろうという警告を受けた。このとき彼は「シャンデルナゴールへ行け」という内なる声を聞いた。その10分後、彼はいち早くもガンジス河を下る船に乗っていた。

　1910年、彼は探し求めていた「秘密」をシャンデルナゴールで見つけた。しかし、オーロビンドはこれにまつわる出来事について一切を語っていない。ただ、彼が後に記したことから分かるのは、求める意識に至るには、生き地獄と向き合わねばならなかったという。なぜなら人が高所に至るには、上昇の幅に相当する下降を体験せねばならないからだ。これについてオーロビンドは「人は到達したそれぞれの高みから、力と光明を低位の有限な活動のレベルへと持ち帰らねばならない」と語って

いる。もし聖なる実在の降臨が人間の気質の変容を促すとするならば、それは順序として、まず我々を高所に引き上げることに先立って、我々を後退させて真理を覆い隠しているすべての事柄の浄化に向かうだろう。あらゆる恐れ、欲望、苦痛、歪みが宿る潜在意識の浄化が最も重要である。人間の意識の中で最も低位にあるのが潜在意識である。そしてこれは生命が物質界の中で進化を遂げた結果としてある。そこには病気や死を初めとする、生のあらゆる性癖が宿っている。シャンデルナゴールにおいてオーロビンドは、物質的な潜在意識の最も深い層に到達した。彼いわく「私が対応に余念がないのは、決して極楽のような世界ではない。そうであって欲しいが、私が直面しているのは、むしろそれとは正反対の状態である」（Aurobindo, 1972, p.222）

「これと同時に、彼（オーロビンド）は［色彩を帯びた大いなる波］と白い［光］とが融合する［心の上位の意識］（オーバーマインド）の最上部に達した」。このときオーロビンドは、この層に対応する下方の「黒い岩」にも触れたのである。

> 「恐ろしい汚れとぬかるみの中で、
> 　私は深く、遠く掘り続けてきた……
> 　内なる声はこう叫ぶ。『未踏の地を目指せ！
> 　汝が暗鬱とした礎石にたどり着くまで、
> 　深く、さらに深く掘り進め。
> 　そして錠のないその門を叩け』と」
>
> 　　　　　　　　　　　　　　　　　　　　　（Aurobindo, 1946, p.6, 8）

オーロビンドは自分が無意識の領域である物質界の最深部に至ったことに気がついた。そこで彼は自己の存在を維持したままで「別の時空へと突入した」（Satprem, 1975, p.259）。このときの体験について彼は次のように記している。「（そこには）底知れぬ深みに封印された驚くべき［光］があった」（Aurobindo, 1952［a］, p.40）。「昼夜は逆転し、世界のあらゆる価値観が一変した」（Aurobindo, 1950［a］, p.49）。「一つの計画の中で、高きものと低きものとの出会いが起きている」（前掲 1950［a］, p.615）

オーロビンドは彼の肉体細胞の一つ一つで光明を体験しながら、すべ

ての物質の基盤である「心を超えた意識」に突入した。上位の意識はすなわち下位の意識でもある。ここに変容の「秘密」があった。オーロビンドは言う。「もし無限の極に至ることを望むのであれば、有限の極に入らねばならない」（Aurobindo, 1969, p.393）

　「天はその恍惚の中で完全なる地球を夢見る。
　　地球はその悲しみの中で完全なる天を夢見る。
　　双方の合一を阻むものは恐れの魔力である」

(Aurobindo, 1950 [a], p.768)

黄金の輝きを放つ「心を超えた意識」

　オーロビンドの「心を超えた意識」についての描写は、18人のシッダによる「ソルバ・サマーディ」や「黄金のサマーディ」の描写、そしてラーマリンガの「黄金の身体」に関する描写を想い起こさせる。オーロビンドの高弟である「マザー」は、この意識を初めて体験したときの印象を次のように記している。

　「それは力強く、暖かく、金色だった。それは流動的ではなく、光輝く塵のようだった。その一つ一つは（それを粒子とも断片とも呼ぶことはできない。空間上にいかなる面積も占めない数学的な［点］という捉え方をするのであれば別だが、それを一般的な意味での［点］と呼ぶことも妥当ではない）鮮やかな金、暖かな金粉のようだった。それは明るいとも暗いともいえず、我々が知る光からできているともいえない。それは金色の細かな点の集まりであったとしか表現することができない。それは私の眼や顔に触れているかのようで、途方もない力、充実感、全能の力に伴う安らぎを感じさせた。それは豊かで満ち足りており、想像し得る何よりも速い速度で動いていた。同時にそれは絶対的な安らぎと完全なる静けさに包まれていた」。「…それは完全に静止しているように感じられた。それを描写することはまったく不可能だが、それこそが全地球の進化の源にして支えなのだ。…この意識の状態においては、細胞を特定の形に凝縮させる働きや力よりも［運動力］の方が勝っていることに私は気づいた」（Satprem, 1975, p.280-81）。マザーの描写は「静まって、己が神であることを知れ」という、シッダたちの最も含蓄ある

金言を思い起こさせる。つまり、静まることが「心を超えた意識」の力の基盤なのである。

ポンディシェリーでの活動

シャンデルナゴールに来てから2カ月後、オーロビンドは再び内なる声を聞いた。その声は彼に「ポンディシェリーへ行け」と告げた。それから間もなく、オーロビンドは密かに船で脱出を図り、英国警察の追跡を間一髪のところで逃れた。

インドの南東沿岸にあるポンディシェリーはフランスの植民地であった。当時のポンディシェリーはひどく静かで、まるですべての活動から切り離されたような田舎町であった。そこは霊的な革命の創始の地としては、およそ似つかわしくないように思われた。しかし、この地にはオーロビンドが彼の目的を遂行するのにふさわしい歴史的な背景があったのである。ポンディシェリーに在住していたフランス人の教授、J. デュブレイユ（Jouveau Dubreuil）の研究によると、何世紀もの昔、そこは「ヴェドプリー」（Vedpuri）呼ばれ、南インドにおける『ヴェーダ』研究の中心地で、そこの守護聖人はアガスティヤであったという。さらに彼は、オーロビンドが最終的に居を構えた場所には、その昔『ヴェーダ』を学ぶ大学があったことを発見した。現在、ポンディシェリーはタミル語で「プドゥチェーリ」（Puducheri：「新しい町」の意）と呼ばれる。この地名の由来は数世紀前にまで遡ることができる。2世紀のギリシャ人、プトレマイオスやそれ以前の著作家たちは、この地を「ポードゥカ」（Poduka）と呼んでいたという。（Iyengar, 1972, p.676）

オーロビンドはポンディシェリーでの最初の数年を苦難のうちに過ごした。革命運動の信奉者の何人かはオーロビンドを訪ねて、彼が活動を再開することを期待してそこに留まった。しかし、オーロビンドには他の関心事があった。あるとき政治闘争の再開を迫られたオーロビンドは、即座に次のように答えたといわれる。「必要なのは誰にでも簡単にできる英国政府への反乱などではなく、我々の普遍的な気質そのものに戦いを挑むことである」（Purani, 1959, p.45）

オーロビンドはポンディシェリーにおける最初の数年間に、古代の聖典である『ヴェーダ』を初めて原書で読んだ。その中に自らの体験を見

いだした彼は、自分の体験を基にして『ヴェーダ』の内容の一部を翻訳した。しかし『ヴェーダ』を著した古代のリシたちとは違って、オーロビンドが求めたのは個人的な真我実現に至ることではなかった。

　1910 年、フランス人作家、P. リシャール（Paul Richard）がポンディシェリーを訪れた。1914 年、オーロビンドと会うために再びこの町を訪れたリシャールは、オーロビンドとの会合中に、2 カ国語の月刊哲学誌『アーリヤ：大いなる統合についての評論』（The Arya: Review of the Grand Synthesis)の発行を提案した。1914 年から 20 年までの間、オーロビンドは合計で 5 千頁近くにもなる複数の本を執筆するかたわら、この月刊誌を発行した。この間に彼が著した書には、人間の進化に関する彼の基本哲学を述べた『聖なる生活』（The Life Divine）、彼が提唱する「総合ヨーガ」（integral yoga）と他のヨーガの修行体系とを比較説明した『ヨーガの統合』（The Synthesis of Yoga）、『バガヴァッド・ギーター』をオーロビンドのビジョンである「心を超えた意識」の降臨という視点から解釈した『ギーターに関する随筆』（Essays on the Gita)さらには『ヴェーダの秘密』（The Secret of the Veda)、『人類統一の理想』（The Ideal of the Human Unity）、『人類の周期』（The Human Cycle）などがある。最後に挙げた 3 冊は人間社会の未来の可能性について述べている。

　オーロビンドによれば、彼が本の中で述べた考えは、何の努力もなしにインスピレーションの奔流としてやって来たという。これについて彼はこう語っている。「私はまったく努力せずに執筆した。私はただ、高次の力に仕事を任せており、もし仕事が思うように運ばなくてもまったく努力することはなかった。その昔、知性で物事を考えていた頃には、自分を強いて執筆したこともときにはあったが、ヨーガの力によって詩や散文を書くようになってからはまったく違う。『アーリヤ』の執筆も手紙や返信を書くときも、私は決して考えたりはしない。…私はただ静かな心の状態にとどまって、上の世界ですでに完成していることを書き綴るだけである」（Roy, 1952, p.247)

　1920 年『アーリヤ』の最終号を発行した後に、オーロビンドはこの方面での執筆活動に終止符を打った。次の 30 年間において、彼は莫大な数に上る書簡と、2 万 3813 行からなる叙事詩『サーヴィトリー』（Savitri)を創作した。この叙事詩の中でオーロビンドは、人類の進化

に対する彼のビジョン、潜在意識と無意識にまつわる彼の苦心、さらには、高次の意識の領域における彼自身の体験について活き活きと述べている。(Satprem, 1975, p.294)

変容の重大な局面

　オーロビンドは人類が進化の岐路に立っていることを感じていた。彼はこう述べている。「もし地球上における霊性の進展が、我々人類がこの物質界において生を得たことの隠された真実であるならば、つまり、もしこれが（これまで地球上で起きてきたことが）基本的には自然界における意識の進化であったとするならば、現状の人間はそうした進化の最終的な段階ではありえない。人は霊（スピリット）の表現としては不完全過ぎるし、人の心（マインド）の状態やその機能にも制限がありすぎる。心は（意識の進化における）中間的な段階に過ぎず、知的な存在（としての人）はあくまでも過渡的な存在でしかない。もし人がその知性を超越することができないならば（現状の）人を凌駕する、超越的な意識（スーパーマインド）や超人が現れて創造を先導すべきだろう。しかし、もし人の心がそれ自身を超えるものを受け入れることができるのならば、人自身が超越的な意識に至ったり、超人になれないという理由はどこにもない。もしこれができないのならば、人は少なくとも自然界に顕現する霊の大いなる進化に、自らの知性、命、肉体を委ねることができるだろう」(Aurobindo, 1935〔a〕, p.109)（括弧内は監訳者による補足）

　オーロビンドによれば、我々人類は「変容の重大な局面」(Aurobindo, 1949, p.292) にさしかかっているという。そしてそれは「物質界に生命が出現したとき、あるいは生命体に心が宿ったときに匹敵する重大な局面である」という (Satprem, 1975, p.308)。しかし、過去の場合とは異なって、今回の局面における人類は「進化の意識的な協力者」（前掲1975, p.308）になることが可能であるとオーロビンドは言う。

　しかし、オーロビンドにとっての変容とは、人の力によって達成されるものではなく、高次の聖なる力に対して、人がより自覚的に自らを明け渡すことによって達成されるものであった。なぜならば、人の心、感情および肉体の制限はあまりに膨大だからである。オーロビンドは肉体

について次のように述べている。「霊的な伝統においては、肉体はそれ自身が霊的なものに変容したり昇華することができない障害物であると考えられてきた。肉体は人が至高の意識に至って霊的な目的を成就したり、個人と至高の意識とが融合することを妨げるもの、つまり、魂を物質界の俗性につなぎとめる重い枷（かせ）であると見なされてきた。しかし、肉体に対するこうした考え方は、地球を単に無知の領域と見なし、そこでの生活を死後の生活の準備段階とみなすサーダナ（霊的な修行）にとっては十分に妥当なものかもしれないが…この地上で神聖な生活を実現し、自然界の属性そのものの解放を目指すことを、霊が肉をまとってこの世に生きる目的の一つと見なすサーダナにとっては妥当ではない。もし我々の目的が存在の全面的な変容にあるのならば、肉体の変容はこの目的の重要な一部であるに違いない。肉体を変容させることなく、この地上で神聖な生活を全面的に実現させることなど不可能であろう」（Aurobindo, 1952 [c], p.43）

「心（マインド）を超えた意識」が流入した物質は人の意図に反応する。そして、その物質には霊の属性である不滅性、柔軟性、軽やかさ、美しさ、光輝、至福が現われるようになる。また同時に際立った生理的な変化も起きる。これについてオーロビンドは次のように述べている。「この変容とはすなわち、単に物質的であった組成のすべてが、それぞれ異なる波動を持つ凝縮された力に置き換わることを意味する。こうして器官の代わりに、人の意思によって働く意識エネルギーからなる複数の中枢が生まれる。胃、心臓、血液、肺などはすべて消えてなくなり、これらの器官が象徴するものを表す波動場がこれに取って代わることになる」（Satprem, 1975, p.312）。こうして人の肉体は「小さな魂が宿る歩く肉塊」ではなくなり「意思によって動く凝縮されたエネルギー」によって構成されるようになる。（前掲 p.313）

さらにオーロビンドは「意識の変化こそが最も重要な要素である。最初の変化、つまり、肉体的な変化は副次的なものであり、意識の変化がもたらす結果にすぎない」としている。（Aurobindo, 1935 [a], p.1009）

オーロビンドは単なる理論家でもなければＳＦ作家でもなかった。彼は自身の体験に基づいて執筆していたのである。こうした体験によると「変容」は三つの明確な段階を経て起きた。1920年から26年までの輝かしい第1期において、オーロビンドは1910年に初めて体験した「心（マインド）

を超えた意識」の力を通して、数多くの奇跡や現象を現わした。1926年から40年までの第2期は隠遁期であり、この間にオーロビンドと彼の高弟のマザー（ミラ・リシャール）は、自分たちの肉体を使って潜在意識と無意識の次元に働きかける数多くの実験を行った。1940年以降の第3期においては、オーロビンドが対象とする範囲は人類と全世界にまで広がった。

　1926年11月24日、第1期の終わりにおいて、突然、オーロビンドは奇跡や超能力を現すことをやめて、以降は引退して隠遁すると発表した。マザーの指導の下にアシュラムが設立されたとき、オーロビンドは次のように宣言した。「外界の属性を司る法則を抜本的かつ真に変え得ない、内なる霊性の部分的で一時的な解放は完全な失敗であり、私はこれを繰り返すつもりはない」(Satprem, 1975, p.322)

　1926年から40年までの間、オーロビンドとマザーは自らの身体を使い、断食、睡眠、食物、また自然と習慣の法則に関する実験を、細胞と潜在意識のレベルで行った。この実験は時間との競争であった。それはカーヤ・カルパの薬草を使って延命を図る間に、霊力の働きによって不滅の存在になろうとしたシッダたちの行動に通じる。マザーは次のように述べている。「基本的に、変容の実現を目指すこの競争においては、二つのどちらが先に目的に達するかが問題だ。つまり、肉体を［聖なる真理］の似姿に変えようとする意識が先か、徐々に朽ち果てる肉体の旧癖が先かということである」(前掲 p.330)。こうした過程はオーロビンドが「細胞の心」と呼ぶレベルで進んだ。彼はこう述べている。「これは肉体、細胞、分子、そして微粒子の［曇った心］とも呼べる。この［肉体の心］は頑然としてあり、鈍重さ、過去の行動への機械的な執着、忘れっぽさ、そして新しい事柄への拒絶がその特徴である。それは［心を超えた意識］の浸透と肉体機能の変容を妨げる主な障害の一つである。反面、もし効果的に変換された場合、それは［心を超えた意識］の光と力を、この物質的な自然界に定着させる最も貴重な手段の一つになるだろう」(Aurobindo, 1969 [a], p.346)

　肉体や細胞の意識を広げ、より普遍的なものとするには、理性と感情を静めて宇宙的な意識を育むことが前提となる。しかし、オーロビンドにとって後に明らかになったことがある。それは「人体はどこにでもある」ので、全員を変えなければ、何も変わらないという気づきである。

「恐ろしい汚れとぬかるみの中で、
私は、長い間、深く掘り続けた。
黄金の川の歌の寝床と、
不滅の火の棲み処を求めて‥‥
だが私の裂けた傷口は増すのみであった‥‥」

（Aurobindo, 1952, p.6）

　オーロビンドとマザーは、全人類が最低限度の変容を遂げないかぎり、個人が完全な変容を遂げるのは不可能だという気づきに至った。

　オーロビンドはこう指摘する。「人類を救うには、いかにそうすることが偉大であるにせよ、一個人が究極の解決策を実現するだけでは十分ではない。（なぜなら）もし「光」が降臨しても「降臨」の圧力を受け入れる準備が低位の層になければ「光」はそこに留まれないからである」（Roy, 1952, p.251）

　またマザーはこう言う。「一人でこの課題に取り組みたくても、これを全面的になし遂げるのは絶対に不可能だ。なぜなら一人一人がいかに卓越しており、特別な活動をしたにせよ、個人にできることには限界があり、活動は限定的なものにとどまらざるを得ない。それはあくまでも一つの真理や法則を表すものにすぎない。完全な変容は一個人の肉体だけを通して実現することはできない‥‥もし広範な行動を望むなら、少なくとも最低限度必要な人の動員が必要になる」（Satprem, 1975, p.350）

変容の第3期

　こうした理解に至った後、1940年に個人的な活動期を終えたシュリー・オーロビンドとマザーは、彼らの活動の第3期に入った。第3期における彼らの活動は全世界の変容へと向けられた。オーロビンドは次のように述べている。「このアシュラムは現世を捨てるために作られたのではなく、今とは別種、別形態の生命を生み出すための中心地として作られた」（Aurobindo, 1969 [a], p.823）。オーロビンドのアシュラムは、すべての階級に属す個人、男女、子供に対して開かれた、各種の創造的な活動を行う場として作られた。オーロビンドが掲げた目的を達成するための主要な場は現実生活の中にあった。オーロビンドはこう述

べている。「ヨーガの力を使って普通の生活をする者にこそ、最も力強く霊的な人生の営みを見ることができる。…こうして内と外との生活が統合されることで、やがて人類は力強く、神聖な存在へと高められていく」（Aurobindo, 1950 [b], p.10）

　マザーはこう述べている。「あなた方一人一人が、変容の実現に立ちはだかる諸々の困難を表している。つまり、困難は無数にある。それは単なる困難以上のものだ。言ったように、一人一人が解消されるべき難題そのものなのだ。そして［作業］はすべての難題が解消されてこそ［完了］する。…するとあなたは自分のためだけにヨーガを行ずるのではなく、意思にかかわらず、自動的にすべての他者のためにヨーガをすることになる。…（総合ヨーガを実践する）人が［生］を引き受けると、彼は自己の重荷を背負うだけではなく、全世界の重荷も同時に引き受ける。こうして彼のヨーガは、他の人々が行ずるヨーガよりも闘いの様相を帯びる。それは単に個人的な闘いではなく、広範囲の集合的な闘いである。また彼は自己の内にある利己性に根ざす虚偽と混乱の力を克服するだけでなく、こうした敵対的な力を、世界に際限なくある同様な力の表れとして克服せねばならない。こうした力は世界中にあふれているので、それは執拗なまでの抵抗を示し、ほぼ際限なく現れ出る下地を持つ。このため総合ヨーガの実践者は、たとえ個人的な闘いに何度勝利を収めても、いつ終わるとも知れない闘いに挑み続けねばならないことに気づく。なぜなら今や彼の内面は拡大し、独自の要求と体験を有する彼個人の意識を宿すだけではなく、内なるつながりを通して、他の人々の意識も同様に宿しているからだ。つまり、彼はその内面に宇宙を包含している」（Aurobindo, 1935 [b], p.87）

進化の先導者のジレンマと大衆との「霊的な隔たり」

　オーロビンドとマザーは、第2期の終盤で浮上したジレンマを解決するために、変容の第3期に入った。集合的な潜在意識と無意識の抵抗に直面した彼らは、他から切り離された形で個人的な変容を遂げた後に、進化の先導者として新たに人類救済に臨むべきか否かを思案した。個人的な方法をとれば、彼らと一般人の間に溝を生むだろうという考えから、

結局、この方法は採らなかった。オーロビンドはこの「溝」を「霊的な隔たり」と呼んだ（Aurobindo, 1935［b］, p.414）。個人的な方法の採用が現実的ではないという決断を下したオーロビンドは、霊的な進化の進展について次のように述べている。「もし（［心を超えた意識］の降臨を促す努力が）始動しても、おそらく短期間では、ごく初歩的な成果でさえも上げるのはむずかしいだろう。こうした努力が明確に実を結んで産声を上げるには、何世紀もの努力が必要になるのかもしれない。だが、こうした事態が不可避とはいえない。この種の変化を司る自然界の原則は、目に見えない長期の準備期間を経た後に急速な変化を遂げて、新たな誕生をもたらす諸要素の凝集が速やかに起こり、まばゆいばかりの奇跡的な変化を生じることがあるからだ。しかし、仮に変容の第1段階に至っても、すべての人類がその段階に上昇できるとはかぎらない。人類は霊的な段階で生きられる者と、その段階から知性レベルに降下した光の中でしか生きられない者とに分かれざるを得ない。さらにこれら二つの段階の下には、上位の光の影響下にはあっても、まだその光に入る準備ができていない大勢の人々がいる。とはいえ、これでさえも変容の進展であり、はるか未踏の領域へと至るための第一歩ではある」（Aurobindo, 1949, p.332）

　霊的な段階の間にあるという「溝」や、オーロビンド自身と大衆との間にあったという「霊的な隔たり」とはどれほど大きかったのか。またオーロビンドとマザーが「心を超えた意識」を彼ら自身の肉体に降ろして定着させなかった理由は、この「霊的な隔たり」とどうかかわっていたのか。さらに18人のシッダ、ラーマリンガ、そして「黄金なる不死身の者」と呼ばれた中国人道士たちが実現した「黄金の身体」とは、実は長い年月にわたる人類の集合的な変容の初期の段階を示すものではなかったのか。（Da Lieu, 1979, p.135）

　私は本書の完成を間近に控えていたある時期に、こうした疑問への答えを得るためにポンディシェリーとワダルールを訪れた。このとき私は「彼らが達成しようとしたことは、わずか百年ほど前にラーマリンガ・スワーミーによって達成されていた」という、マザーとオーロビンドの発言に基づく引用文を、はるか昔に読んだことを思い出していた。すでに私は1972年9月と1973年3月にオーロビンドのアシュラムを訪れていた。このとき私はマザーに会って18人のシッダに関する本を贈り、オー

ロビンドが目指した「変容」と18人のシッダたちが遂げた「変容」との関係について訊ねようと思っていた。しかし、マザーは隠遁生活に入っていたので、彼女への質問はできずじまいになっていた。

1969年以降にオーロビンド・アシュラムに滞在し、そこで長年にわたって公認会計監査官と会計士を務めたT. R.トゥラシラム（Thulasiram）が、すでに私と同様な質問をマザーにしていたことを後に知った。1990年7月4日と5日、ポンディシェリーでトゥラシラムと会った私は、彼が『アルッ・ペルン・ジョーティと不死の身体』（Arut Perum Jothi and Deathless Body）と題する2巻からなる著作を1980年に出版していたことを知った。同書はトゥラシラムがマザーに会ってラーマリンガについて質問したときの記録と、オーロビンドがラーマリンガについて言及した全文献からなる。

トゥラシラムは彼の包括的な研究成果をまとめた同書の中で次のように述べている。「シュリー・オーロビンドは晩年において［心を超えた意識］への変容を遂げた数少ない人々は、それを自然の法によってではなく、ヨーガの超越的な力に支えられた個人的な霊力によってなし遂げたと考えるようになった」（Thulasiram, 1980, p.xi）

1970年7月11日、マザーは彼女の秘書であったサットプレムを通して届けられたトゥラシラムの手紙を読んだ。彼の手紙にはラーマリンガの肉体が光の身体へと変容する様子について述べた文章の抜粋が添えられていた。サットプレムによれば「彼女（マザー）は彼（ラーマリンガ）の体験の信憑性について、まったく疑いを抱いてはいなかった。特に彼女はスワーミー（ラーマリンガ）が彼の光を［恩寵の光］と呼ぶことを好感し、それが彼女自身の体験とも一致すると語った。［恩寵の光］とは、より厳密に言えば［心を超えた意識の光］そのものではなく、その一側面、またはその働きの一つであるとマザーは語っていた。またマザーはその人たちの存在が知られているか否かにかかわらず、同様な体験をした人々は過去にも現在にもいるだろうと語った。昔と今に違いがあるとすれば、過去における変容は個人にとっての可能性としてあったが、それが現在では全員にとっての可能性となった点にある。そして［心を超えた意識］に至ることを、全人類にとって実現が可能なこととし、さらにはそれを全世界の既成事実とすることこそが、まさにオーロビンドとマザーの活動の目的であった」としている。（出典：シュリー・オー

ロビンド・アシュラムのタミル語定期刊行物『アルル』[Arul]、1970 年 8 月号：Thulasiram, 1980, p.900)

　トゥラシラムはマザーに宛てた手紙の中で、この他にも数々の質問をしているが、こうした質問への彼女の答えはついに得られなかった。また彼は「サットプレムは彼（ラーマリンガ）が非物質化したことを、彼が死んだものと誤解して、マザーに過った報告をした」と述べている（Thulasiram, 1989）。さまざまな質問に答える間もなく、1973 年 11 月にマザーは他界した。トゥラシラムの興味深い研究成果のすべてをここに紹介することはできないが、そこにはティルムラル、ラーマリンガ、オーロビンドおよびマザーに起きた変容の体験が、すべて同種のものであったことを確信させるに十分な根拠が示されている。オーロビンドが他界したときに現れた「金色の輝き」は、ラーマリンガや 18 人のシッダたちが獲得した、不滅の「黄金の身体」と同種のものであった。

オーロビンドの死

　1950 年 11 月下旬、オーロビンドは長年にわたってたびたび患ってきた尿毒症の徴候を示し始めた。しかし、これまでとは違って、このときにかぎり、ヨーガの力を使って病気の治療をしないことを彼はマザーに伝えた。その理由を訊ねられると彼は「説明できない。君には分からないだろう」と答えたという（Iyengar, 1972, p.1328）。12 月 4 日、病気の徴候はまるで魔法のように消え失せた。しかし、同日夜半、彼が意識的に肉体を去ろうとしていたのは明らかだった。翌午前 1 時 26 分、マザーと数人の弟子を前にして、オーロビンドはマハー・サマーディ（意識的に肉体を離れること）に至った。

　当初、オーロビンドの遺体は 12 月 5 日午後に埋葬されると発表されたが、これは彼の遺体に腐敗の兆しが現れるまでの間、延期されることになった。遺体が生前と同じ状態を保っていたので、彼が生き返るかもしれないという期待が生じたからである。オーロビンドの肉体は以前には見られなかった輝きを放つようになった。マザーはこの様子を「彼の身体は青みを帯びた金色の光で包まれていた」と形容している。この他にもオーロビンドの亡骸の周りに金色の輝きを見たという報告は数多くある（Iyengar, 1972, p.1333-34）。こうしてオーロビンドの遺体は、金

色の光に包まれながら4日以上にわたって同じ状態を保ち続けた。12月8日、マザーは超越的な方法でオーロビンドの魂と対話し、彼に生き返るように求めた。マザーによるとオーロビンドは次のように答えたという。「私は意図的にこの肉体を離れたのだから戻るつもりはない。私は[心を超えた意識の方法]によって創られる最初の[心を超えた意識の身体]に再生するだろう…」。12月8日、マザーは弟子たちに次のように語った。「シュリー・オーロビンドが自らの肉体に対して下した決断の原因は、主に地球と人類の受容力の欠如にある」と。12月9日朝、オーロビンドの遺体は死後100時間以上が過ぎた後に、腐敗の最初の兆候を示し始めた。同日夕刻、彼の遺体はアシュラムの中庭に埋葬された。(前掲 p.1337)

　シュリー・オーロビンドの著作は、人類の集合的な進化のビジョンと「生命の聖なる変容」をもたらす方法についての重要な指標を我々に示している。第12章で述べるように、全世界を視野に入れたオーロビンドの姿勢、さらに彼とシッダたちの体験の共通性は、貴重で実際的な指針を我々に示している。

注釈

＊1.「心(マインド)を超えた意識」の原語は "Supramental Consciousness"(スプラメンタル・コンシェスネス)である。これは字義的には「メンタルなレベルの上にある意識」という意味である。オーロビンドの造語と思われる。オーロビンドによる意識構造のモデルに則して、意識を物質的なレベルから、より微細なレベルへと順次挙げると、肉体、生気体(感情体)、メンタル体、知性体、霊体となる(詳しくは5つの「身体」について述べた「プロローグ」の注釈1を参照)。この意識構造のモデルによれば、メンタル体の次に微細なレベルの意識としてあるのは知性体であるが、オーロビンドが「スプラメンタル・コンシェスネス」を、広い意味で使われている「[心=マインド]を超越した意識」という意味で使っているであろうことは、彼の著作から引用された本章の内容の文脈から判断して、ほぼ間違いないように思われる。したがって本書では「スプラメンタル・コンシェスネス」を「心(マインド)を超えた意識」と訳出した。これは先の意識構造のモデルに当てはめると「霊体」およびそれを超えた意識に当たる。これについては著者に確認して了解を得た。(訳注)

第 2 部
クリヤー・ヨーガの科学的な技法

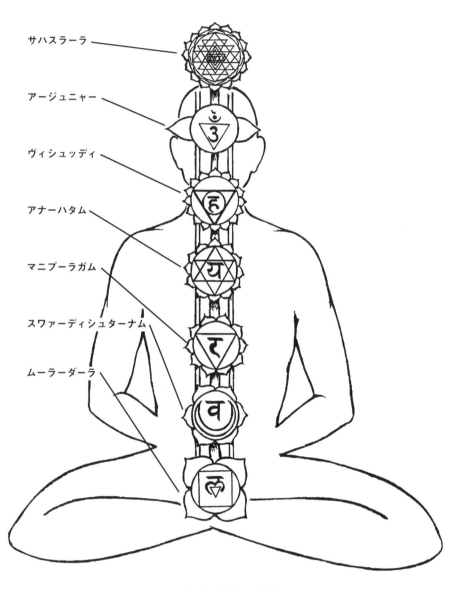

サハスラーラ

アージュニャー

ヴィシュッディ

アナーハタム

マニプーラガム

スワァーディシュターナム

ムーラーダーラ

チャクラの位置と名称

第11章

クリヤー・クンダリニー・ヨーガの
精神生理学

呼吸と生理学

　人の生理機能の中で、不随意に働く一方で人の意思が及ぶのは、唯一、呼吸だけである。呼吸は意識的に制御することもできれば、消化をはじめとする他の生理機能と同様に、肉体による制御の下に自動的にも機能する。つまり、呼吸は心と身体をつなぐ重要なかけ橋であり、この双方に影響を及ぼすことができる。

　呼吸のパターンは人の感情や心理状態を反映する。怒っているときの呼吸は途切れがちになり、恐れを感じているときには瞬間的に止まることがある。また人は驚いたときには息を呑み、悲しいときには息を詰まらせ、ほっとしたときには安堵のため息をつく。意識を集中しているときの呼吸はゆっくりとして安定しているが、心が雑念や散漫な感情に支配されているときには乱れがちになる。心や感情を直接的に制御することはむずかしいが、呼吸を使ってそれらを間接的に制御することは可能である。さまざまな瞑想の伝統は、雑念を取り除くために穏やかな呼吸を心がけることを教えてきた。近代においては、数多くの科学的な研究が、高血圧の治療や不安感の除去に、呼吸法が有効であることを証明している。

　呼吸によって細胞に酸素が吸収されて、二酸化炭素が排出されるプロセスは、すべての生命体に普遍的に見られる基本的な生理現象である。呼吸に必要な律動的な筋肉の収縮を司る中枢は「延髄」と呼ばれる。生命の維持には十分な酸素の供給が不可欠なので、生命体は呼吸を通して常に十分な量の酸素を得る必要がある。深い呼吸をすることによって、我々は普遍的な命の貯蔵庫からエネルギーを引き出す。またそれぞれの細胞は、個々の必要に見合った呼吸の速度を維持している。呼吸器官が適切に機能しなければ、全細胞は必要なエネルギーの供給が得られない。シッダたちは、肉体と精神の全活動の背後にある基本的なエネルギーを「プラーナー」（霊妙な生命力）と呼んだ。プラーナーは我々が呼吸する空気、大地、飲み水、そして太陽光線に含まれる。

　物質に近いレベルのプラーナーが流れる気脈の一部は、インドや中国のシッダたちによって特定されてきた。こうした気脈は、元々はインドで発達した針治療における「経絡」に相当し、シッダ医学においては「ヴァルマ」（Varma）と呼ばれる。こうした医学は、特にタミル・ナードゥ州

ナジェルコイル（Nagercoil）地方のシッダ医療（Siddha Vaidya）に携わる医師たちによって今日も実践されている。またインドやスリランカの象使いたちもこれを活用している。こうした気脈は物質に近いので、針や指圧のような身体上の操作の影響を受ける。以下に述べるように、これらの気脈は、ヨーガでは「ナーディー」と呼ばれる、より広範に存在するプラーナーの気脈の一部である。

呼吸と寿命の関係

　シッダの科学によれば、人は平均毎分15回の呼吸をしている。換算するとこれは1日に2万1600回（15回×60分×24時間）の呼吸回数になる。もしこの速さで呼吸をすると、人は少なくとも120歳まで生きられるという。この考えの背後には呼吸の基本原則がある。この原則は、呼気で体外に排出されるエネルギーの一部しか吸気で回復されないという考えに基づく。平常の呼吸では、30センチ分排出される呼気で失われるエネルギーのうち、吸気で回復されるのは20センチ分であり、正味10センチ分のエネルギーが失われる。こうして身体に入るべきエネルギーの一部が毎回の呼吸によって失われていくので、通常であれば120歳まで生きられるはずの人間の寿命は大幅に短縮される。ボーガナタルは『Gnana Savera 1000』という詩の中で、過度の呼吸がいかに人の寿命を縮めて死を招いているかについて触れている。食事のときに排出される呼気は45センチである。これが歩行時には60センチに、また走行時には105センチになる。性行為においてはこれが125センチになり、睡眠中には150センチにまでなる。ラーマリンガも過度の睡眠は寿命を縮めると指摘している。ティルムラルは『ティルマンディラム』の第2873節において、いかに人がプラーナーの浪費によって寿命を縮めているかを嘆いている。「二つの汲み上げ機と七つの泉がある。兄が水を汲み上げて弟がこれを畑に撒く。この水の一部でも苗木の育つ畑に注がれなければ、それは無駄になる」と彼は指摘している。同様に、生命力を生み出す七つのチャクラに「アムリタ（amirtha：分泌されるホルモン）が流れなければ、人体の細胞組織が早く老化して、組織の変質や病気によって寿命が大幅に縮まる。『ティルマンディラム』の第3章は、人が120歳まで生きることを可能にするプラーナーの制御方法について

述べている。(Velan, 1963, p.60 - 62, 67; Balaramaiah, 1970, p.32 - 33)

　近代の科学研究は、呼吸におけるエネルギーの喪失を説いたシッダたちの教えを実証している。近代科学によれば、人が1日当りに呼吸する空気の容積は12立方メートルであるという。これは毎分18回の呼吸回数で、一息当り500ccの空気を吸うことを基準としている。吸気に含まれる酸素の割合は20%であり、これが呼気においては約16%になる。つまり、身体に入る酸素は総呼吸量のわずか4%（1日に0.48立方メートル）にすぎない。また血液中の酸素のうちで細胞組織に供給されるのは20%程度である。(Velan, 1963, p.65)

　タミル地方のシッダであるローマ・リシは、彼が書いた『英知の歌』(Song of Wisdom) という詩の第13節の中で次のように述べている。「もしそれが失われるならば寿命は縮まり、保たれれば寿命は尽きない」(Ramaiah, 1968, p.14)

　この詩の中での「それ」とはプラーナー、すなわち生命エネルギーを指す。ここでローマ・リシは、人がプラーナー（生命力）を失えば寿命が縮まり、そうでなければ寿命は永遠に続くと述べている。また彼は、もしプラーナーの生命力を失わずに、これを宇宙の源から引き出して増すことができれば、人は死や宿命を克服して死ぬ必要がなくなるとも述べている。寿命が呼吸回数に反比例することをヨーギー・ラマイアは「寿命と呼吸回数の反比例の法則」と呼んだ。平均寿命が120歳であったローマ・リシの時代では、一般人の呼吸回数は毎分15回であり、1日にすると合計2万1600回であった。もし毎分の呼吸回数が18回であったとしても、人は96歳まで生きられる。しかし、悪習慣やエネルギーの不必要な浪費によって、毎分の平均呼吸回数が30回にまで増えれば、寿命はわずか60歳になる。ところが仮にヨーガの実践や自己制御によって呼吸回数が毎分5回になれば、寿命は360歳にまで延びる。さらにこれが毎分1回になれば、寿命は1800歳となり、もしゼロにまで減らせれば、寿命は無限に延びる。ヨーギー・ラマイアは現代動物学の研究から実例を挙げて「寿命と呼吸回数の反比例の法則」の正しさを裏づけている。たとえば300年以上も生きる海亀の呼吸は、毎分4、5回と遅い。そしてカエル、ネズミ、熊のような動物は、冬眠期間中にその呼吸回数が、劇的に減少することが知られている。(前掲 p.12 -14)

プラーナーの蓄積

　シッダたちはこうしたエネルギーの損失を防ぎ、人類に奉仕しながら望むだけ長生きができるようにするため、律動的でゆっくりとした呼吸の仕方を開発した。ちょうど酸素が循環器官によって吸収されるように、プラーナーは神経器官によって吸収されて、考えたり願望を抱くといった活動に使われる。呼吸の調整により、人は大量のプラーナーを吸収して脳や神経中枢に蓄え、それを必要なときに使うことができる。熟達したシッダたちが持つといわれる驚異的な能力は、主にこの蓄積されたエネルギーについての知識とその賢明な活用によって可能となる。肉体器官のあらゆる機能は、太陽から発せられて空間を循環するプラーナーによって供給される神経の力に依存していることを忘れてはならない。こうした神経の力がなければ心臓は鼓動せず、肺呼吸も起きず、血液も循環せず、他の諸器官もそれぞれの機能が果たせない。プラーナーは神経に電気的な力を供給するだけではなく、身体の組織にある鉄分を磁化してオーラを放射する。これは個人における磁力の開発の第一段階であるが、プラーナーヤーマ（呼吸法）の実践により、こうした磁力を容易に得ることができる。より多くのプラーナーを身体の組織に吸収して蓄えることを修得した人は、活力と力強さに満ちあふれる。周囲の人々はこうして発せられる磁力を感じる。歴史上の偉大な指導者たちは、生まれながらにして、こうした磁力を授けられた人々である。(Balaramaiah, 1970, p.34 - 35)

　呼吸の主な目的は身体の細胞に酸素を供給し、酸化作用の結果として生じる余分な二酸化炭素を排出することにある。また呼吸には体温を安定させて余分な水分を取り除く働きもある。呼吸には内呼吸と外呼吸がある。外呼吸は肺の肺胞から血液中へ酸素が送られることを指す。他方、肉体組織の細胞で起きる呼吸は、内呼吸と呼ばれる。シッダたちによる長寿の科学は、主にこの内呼吸に関わる。長寿の秘訣は呼吸を微細なエネルギーの気脈や中枢に流す技法にある。

　空腹や喉の渇きによってヨーガの実践を中断させないヨーギーやシッダたちは、口蓋垂（こうがいすい）の後方にある開口部を通して大脳の領域から分泌される甘露（かんろ）を得るための特殊な技法を使うことができる。これはタミル語で「アムリダーラナイ」（Amuridharanai）と呼ばれる。これについての言及

は『ティルマンディラム』のいくつかの詩節の中に見られる。達人はこ
の芳香美味な霊液（amirdha）を得るために、心霊エネルギー・センター
や視床下部にある神聖な腺に意識を集中する。この命の霊液は人体組織
を強化して、肉体を衰えや変質、病気、さらには死さえも免れる状態に
変える。ティルムラルは我々の身体そのものに複数の神聖なセンター（中
枢）があるからには、外の世界に神聖な沐浴場を捜すことは無駄な努力
であると述べている。

　シッダたちは彼らが残した著作の中で、眉間のセンターのことを複数
の象徴的なタミル語名で呼んでいる。

　これらは「宇宙の舞踏場」（Chit sabhai）、「至高の種子」（Laladam
Vindu）、「英知」（Arivu）、「橋」（Palam）、「三つの光」（Muchudar）、
「空の状態」（Muppazh）、「第3の目」（Nettrikan）、「メール山」（Mount
Meru）、「第一原理」（Mulam）、「火の川」（Nerupparu）などである。

　このほか不死の存在になることとの関連で重要と思われる三つの言葉
「サカ・カル」（Saka-kal）、「ヴェカタライ」（Vekathalai）、「ポカ・プナル」
（Poka punal）がある。これらの言葉は不死身の特性を表しており、順次、
頸部で働く不滅の風「ヴァーユ」（Vayu）、視床下部で働く不燃のエーテ
ル「アーカーシャ」（Akasa）そして心臓神経叢で働く火「アグニ」（Agni）
を指す。自然の五大要素のうち、心臓における火の働き、呼吸器官にお
ける風の働き、大脳におけるエーテルの働きは、これら器官の通常の機
能が、栄養失調、自然法則に反する活動、あるいは体内への老廃物の蓄
積によって妨害されるまで絶え間なく続く。（Velan, 1963, p.69-71）

クリヤー・ヨーガ

　「クリヤー」（Kriya)はサンスクリット語で「行為」を意味する「クリ」
（Kri）と「気づき」を意味する「ヤー」（Ya）に由来する。「クリヤー」と
は「気づきを持って行う実際的なヨーガの技法」を意味する。シッダた
ちは数多くの「クリヤー」すなわち「技法」を開発した。（訳注：「クリ
ヤー」には「技法」という意味もある）そしてババジはこの中から、真
剣な求道者に伝授すべき技法をいくつか選んだ。これらの技法の目的は、
チャクラの覚醒、ナーディーの浄化、そして最終的にはクンダリニー・
シャクティの覚醒による神性の実現、つまり、真我実現を達成すること

にある。クリヤー・ヨーガの技法はクンダリニーの覚醒を急速にではなく、段階的に実現するようにできており、またこのことを意図して教えられる。もしクンダリニーが急激に目覚めると、無意識のクンダリニーの力によってナーディーの組織が圧倒されてしまい、その結果として極端な不快感、方向感覚の喪失、またときには重度の精神障害が生じる危険さえある。

　クリヤー・ヨーガは気づきや潜在能力を穏やかに目覚めさせる安全な方法である。

クリヤー・ハタ・ヨーガ

　クリヤー・ハタ・ヨーガはアーサナ、ムドラー、バンダからなる。アーサナとはくつろぎをもたらすポーズのことである。ムドラーは体内のプラーナーの流れに影響を与えて心の状態にも変化をもたらす仕草（しぐさ）、動き、姿勢のことを指す。バンダは体内におけるプラーナーの流れを変えてチャクラの覚醒をもたらす、精神的・筋肉的エネルギーの締めつけを意味する。アーサナ、ムドラー、バンダは、心身の各センターやナーディー（気脈）を強化し、エネルギーの滞り（とどこお）（ブロック）を取り除き、徐々に増すプラーナーの流通を可能にし、肉体を不純物、機能障害、病気から解放するためにシッダたちによって開発、実践されてきたものである。またこれらは精神の集中力を増し、我々の人格の二つの主要な側面である、断定的で理性的な男性的側面と、受容的で直感的な女性的側面の統合を助ける。ティルムラルは108種のポーズ（アーサナ）を挙げている。このうち8種のポーズは他よりも重要度が高い。『ティルマンディラム』の第558節から第563節には、次のポーズが挙げられている。

　　パドマーサナ（Padmasanam）
　　スヴァスティカーサナ（Svastikasanam）
　　バドラーサナ（Bhadrasanam）
　　シンハーサナ（Simhasanam）
　　ゴムカーサナ（Gomukasanam）
　　ソティラーサナ（Sothirasanam）
　　ヴィーラーサナ（Veerasanam）

スカーサナ（Sukasanam）

「ハタ」（hatha）という言葉は「太陽」を意味する「ハ」（ha）と「月」を意味する「タ」（tha）という二つの語からなる。今日、ハタ・ヨーガは、主に肉体を特定の姿勢にするポーズ（アーサナ）と見なされている。シッダの伝統的な教えにおけるハタ・ヨーガは、呼吸法の訓練の補助として教えられていた。ヨーガの初心者の場合、身体の片側の柔軟性が欠けていることがよくあるが、こうした不均衡もハタ・ヨーガのポーズを実践することで解消される。柔軟性の欠如はナーディーにおけるエネルギーの滞りと関係がある。ある程度練習が進んでくると、ヨーガ呼吸の実践者は、ナーディーの気脈網を通るエネルギーの流れを一呼吸ごとに実感できるようになる。

クリヤー・クンダリニー・プラーナーヤーマ（呼吸法）

　クリヤー・クンダリニー・プラーナーヤーマは、ババジのクリヤー・ヨーガのなかでも、最も多くの可能性を秘めた技法である。プラーナーヤーマは「呼吸を統御する科学的な技法」と定義することができる。他の科学的な方法と同様、この呼吸法の実践者は、実験を行ってその結果を研究仲間と比較し、仮説の証明や反証をすることができる。シッダたちは彼らの生徒たちに、科学的な姿勢でヨーガの実践に臨むことを勧めた。「技法」すなわち「クリヤー」は仮説であり、実践者の意識はこれを試す実験室である。ヨーガを実践する仲間や師と共に研究記録を比較して議論を交わすことも、とても重要である。技法そのものは教典で説明されることはなく、師から生徒へと口頭で伝えられてきた。19世紀の中頃までは、全人生を技法の修得と実践のために捧げることを厭わない、ごく少数の選ばれた生徒にだけ技法が伝授されてきた。しかし、ババジと18人のシッダたちは、ある指針が定める範囲内でクリヤー・ヨーガを広く普及させることを許可した。

　クリヤー・クンダリニー・プラーナーヤーマの実践は、我々の精神状態を左右する肉体の生理機能に直接的な影響を与える。瞑想中の心は肉体の不調、心の動揺、退屈などの妨害によってしばしば影響を受ける。こうした妨害は心そのものの問題であるよりも、消化不良、血液循

環の不良、筋肉の痙攣、エネルギーの不足、ホルモン分泌のアンバランスといった生理的な要因の結果であることが多い。こうした妨害に対する心の反応を直接的に制御しようとする他の伝統的な方法では、意志の力によってこれらを克服しようとするために、欲求不満、罪の意識、あるいは心の分裂を極限にまで高じさせてしまう危険がある。他方、クリヤー・クンダリニー・プラーナーヤーマでは、生理的な現象そのものに対処する。クリヤー・ヨーガの呼吸法の実践においては、もし肉体的に居心地が悪ければ、姿勢を変えてもよい。また心に雑念が浮かんでも、ただ実践を続ければよい。人は練習を続けることで、徐々に心のエネルギーを統御できるようになる。心はエネルギーであり、諸々の激情や雑念がこのエネルギーを波立たせるのである。くつろぎの状態でクリヤー・ヨーガの呼吸法を実践することで、心の状態の原因となる生理現象に影響を与えることができる。こうして徐々に、そして自然に、内的な自覚や集中力が培われる。心が基本的に「タマス的」（tamasic）すなわち無気力で不活発になりやすい人、あるいは非常に活動的で散漫になりやすい「ラジャス的」（rajasic）な人、あるいはこれら二つの傾向をあわせ持つ人にとって、こうした技法は最もふさわしい。いったん心が「サットヴァ的」（sattwic）つまり、おおむね穏やかで均衡のとれた状態になれば、集中と瞑想のための技法を容易に実践できるようになる。

　人に見られる最も基本的な生理現象の一つに、左右の鼻腔による呼吸の定期的な変化がある。通常、人は左右いずれかの鼻腔で呼吸をしているが、これは約3時間毎に入れ替わる。こうして人は体の平均体温を一定に保っているのである。今世紀の医学者は脳の左半球が右半身の活動を支配していることを発見した。左脳は主に理性的な思考、分析および言語によるコミュニケーションを受け持っている。また左脳は情報を順序立てて処理し、原因と結果を考察する。他方、右脳は左半身の活動を支配しており、直観的な情報処理、空間認識、物事の認識、そして創造活動のような大量のデータを同時にまとめる働きを担っている。右の鼻腔がよく通っており、その側での呼吸が優勢であるとき、右半身と結びついている左脳の活動が優勢になる。このときに人は、理性的、断定的、積極的な活動を指向するようになる。左の鼻腔がよく通っており右脳が活動的になると、人は消極的、受容的、直観的な活動へと傾く。呼吸を

左右いずれの鼻腔でするかは、さまざまな技法を練習することによって変えられる。たとえば左の鼻腔を通すには、右半身を下にして数分間横たわる方法がある。最終的には意識を集中するだけで、左右いずれの鼻腔からでも呼吸ができるようになる。こうして当面の活動にふさわしい側で呼吸をすることが可能になる。

　また左右の鼻腔で均等に呼吸することを修得すると、個性の主要な二つの側面（陰陽）の融合を図ることができる。この状態が実現すると、呼吸のエネルギーが中央のスシュムナー・ナーディーを流れるようになり、幸福感や静けさを体験したり深遠な理解が生まれる。これは瞑想の実践にとって理想的な状態である。呼吸によって達成される左右の均衡と内外の空気圧の均衡は、ヨーガにおいてはサマーディと呼ばれる、無呼吸での神との合一の状態に人を導く。この状態において心の活動は静まり、個人の意識は拡大して「普遍的な意識」に溶け込む。『詩編』（旧約聖書）の第46篇第10節の「静まって、わたしこそ神であることを知れ」というダビデの言葉は、この状態について述べているのである。また同様に聖パウロは『コリント人への第一の手紙』（新約聖書）の第15章第31節でこう語っている。「わたしは言明するが、キリスト（意識）において、わたしは日々死んでいるのである」（訳注：括弧内は著者による補足）

　呼吸法の可能性はサマーディの実現で終わるものではない。現代科学が発見しつつあるように、呼吸が人間の生理に与える影響は甚大である。人がこの世に生まれ落ちて初めてする行為は呼吸である。またそれは人生最後の行為でもある。しかしながら18人のシッダたちは、人が死に至る必要のないことを発見した。彼らは「生命の成就」（Kaya Siddhi）が可能であることを発見しただけでなく、呼吸を統御する知恵を得ることによってスタミナを増し、細胞に活力を与えて変容させることによって延命が図れることを発見した。18人のシッダの科学では、正しい呼吸の実践を「ヴァーシー・ヨーガ」と呼ぶ。「ヴァーシー」（Vashi）はタミル語で「呼吸」を意味する。これを数回繰り返して唱えると、偉大なマントラであり神の名である「シヴァ、シヴァ」となる。呼吸の際にこれを正しく繰り返して行えるようになると、人はいっそうの健康、エネルギー、そして意識が湧き起こるのを感じるようになる。

ナーディーとチャクラ

　ティルムラルによると、人間の身体には「ナーディー」と呼ばれる多数のエネルギーの通り道、すなわち気脈がある。これらは人体の中心軸に沿って存在する「チャクラ」すなわち「パドマ」（「蓮華」を意味する）とも呼ばれる心霊エネルギー・センターと交差または合流している。この人体の中心軸は脊髄の位置とほぼ重なっている。「ナーディー」（nadi）という語は字義的には「流れ」を意味する。また「チャクラ」（chakra）には「車輪」や「円」という意味がある。しかしヨーガにおける「チャクラ」は、「渦巻」または「渦」を意味する。というのもチャクラとは、感じたり内的に視覚化することが可能な、それぞれ異なる速度で回転する心霊エネルギー、すなわちプラーナーの渦だからである。シッダの教えによると、微細なエネルギーの気脈であり、脊髄から外向きに伸びているこのナーディーは7万2000あるという。そのうち主要な気脈は、脊髄表面の左側面近くにある「イダーカライ・ナーディー」（以降「イダー」）と、同じく脊髄表面の右側面近くにある「ピンガラーイ・ナーディー」（以降「ピンガラー」）である。これらはすべて微細なエネルギーからなるアストラル体にある。第3の主要なナーディーである「スシュムナー」は、脊柱管の内部を通っている。ピンガラーは太陽、イダーは月によって象徴される。

　身体におけるチャクラの位置は、脊柱の内壁にある神経節の連結部分に当たる。チャクラは物質的なものではないが、高感度の電子センサーで感知したり、手や内的な視覚を通して波動を感じることができる、発達したＥＳＰ（超感覚的知覚）を持つ人によっても感知される。

　ヨーガ・シッダによると人間には七つの主要なチャクラがあるという。タミル語のアルファベットの50音は、これら七つのチャクラに分類でき、各チャクラの音の波動に対応している。アルファベットの第51音は根源的な音「オーム」で、これは「プラナヴァ・マントラ」（Pranava Mantra）と呼ばれる。一般にチャクラと呼ばれるエネルギー叢は生命エネルギーであるプラーナーのセンターであり、マントラ、呼吸法、アーサナおよび瞑想を初めとするヨーガの実践によって充電、覚醒される。チャクラが活性化すると、病気、老化、そしてついには死を克服する力を覚醒させることができる。

18人のシッダが残した文献は、七つのチャクラの特徴を次のように説明している。

1. ムーラーダーラ（Muladhara）

　ムーラー（mula）という語は「根」または「基盤」を意味する。それはすべての存在の超越的な基盤であり、潜在するすべての高次の意識の基盤であるクンダリニー・シャクティの座でもある。仙骨神経叢に位置するが、男性の場合は、肛門と陰嚢の間（会陰部）にある小さな筋肉から、わずかに体内に入ったところにあり、女性の場合は、子宮の付け根にある子宮頸部の後端にある。このチャクラは4枚の花弁がある赤い蓮の花で表される。これは女神「カーリー・シャクティ」の座、すなわちとぐろを巻いて眠る蛇として描写される根源的な生命力「クンダリニー」を表している。このチャクラに対応するタミル語の文字は「ラ」（la）と「オーム」（Om）である。眠った状態にあるムーラーダーラは、人間の本能的な性質を表わすが、それが目覚めると人間の霊的な潜在力を表す。このチャクラと対応する器官は、性器、生殖器官、排泄器官および泌尿器官である。ここは熱情と惰性の座である。心理学的には人間の性的な欲望、罪悪感、苦悩、嫉妬、怒り、そして多数のコンプレックスと関連している。シッダたちは性エネルギーを霊エネルギーに変容させるために「タントラ」と呼ばれる科学を発展させた。霊的な求道者にとっては、一般的に大きな負担と見なされる性エネルギーだが、タントラによってこれを高次のチャクラを目覚めさせる燃料に変換することができる。タントラの主眼は、特にクリヤー・ヨーガにおけるエネルギー増強の技法を通して自己変容を図ることにある。

2. スワァーディシュターナム（Swadhistanam）

　尾骨に位置するこのチャクラは、ムーラーダーラの上位にあるセンターである。尾骨は肛門の後ろにある小さな突起として感ることができる部分である。生理学上、このチャクラは、男性の場合は前立腺の神経叢に、女性の場合は子宮や膣の神経叢に対応している。位置的にはちょうど恥骨の高さにある。「スワー」（swa）はサンスクリット語で「自分自身」を「アディシュターナ」（adhistana）は「家」を意味する。このチャクラは6枚の花弁があるオレンジ色の蓮の花として表され、対応する文字

は「ヴァ」（va）である。ここは潜在意識の座であり、すべての経験と性癖の貯蔵庫になっている。すべての経験がここに記録されており、人を支配する潜在意識の力の根源がここにある。このチャクラが目覚めると、長い間忘れ去られて抑圧されてきた問題がよみがえる。このような障害を克服するには、徹底した無執着と真摯な求道心が求められるとシッダたちは教えている。

3. マニプーラガム（Manipuragam）

　このチャクラの名は「宝石」を意味する「マニ」（mani）と「町」を意味する「プーラガム」（puragam）の二つの語からなる。「宝石の町」を意味するこのチャクラは、脊柱の内側にあり、臍(へそ)の高さに位置する。ここは消化や体温の調整機能を司(つかさど)る太陽神経叢と関係しており、躍動的な意志、エネルギーや行為を表す。このチャクラは先端が下向きの三角形を囲む10枚の花弁がある黄色い蓮の花として描かれ、対応する文字は「ラ」（ra）である。このチャクラが目覚めるとクンダリニーが上昇するための永続的な基盤ができ、下位のチャクラから生じる妨害に悩まされることなく、霊的な視点や新しい方向性が得られる。

4. アナーハタム （Anahatam）

　字義的に「アナーハタム」（Anahatam）は「打たれない」とか「叩(たた)かれない」を意味する。この語の意味は、ちょうど心臓の鼓動のように絶え間なく続く超越的な音に喩えられる。このチャクラは胸の中央部、ちょうど心臓の高さに当たる脊柱内にある。生理学的には心臓神経叢と結びついている。このチャクラは「ヤ」（ya）という文字が印された六芒星形を囲む12枚の花弁がある緑の蓮の花として描かれる。ここは創造力、無条件の愛、慈悲心、運命に打ち勝つ力を表している。シッダたちの文献によれば、人の思考や願望が実現するのはこのチャクラにおいてであるという。ここが目覚めると、人生で起きるすべての状況に対処できるようになる。つまり、人生を左右する運命の支配を脱して、自らの意志で望む事柄を実現するようになる。

5. ヴィシュッディ（Vishuddi）

　「ヴィシュッディ」（Vishuddi）には「浄化のセンター」という意味が

ある。このチャクラは喉の部分にあり、生理学的には咽頭部と頸神経叢に当たる。このチャクラは「アハム」（ahm）の文字が印された先端が下向きの三角形を囲む、16枚の花弁がある青い蓮の花として描かれる。ここは人生の二元性を識別して受け入れるセンターである。ここが覚醒し、舌を使うケーチャリー・ムドラーによって、後頭部上方にある高次のビンドゥー・チャクラが刺激されて美味芳香な液体が分泌され、さらにこれがヴィシュッディ・チャクラにおいて保持されるようになると、肉体の若返りが起こる。多くの霊的な伝統が、この分泌物には人間を不死身にする効果があることを伝えてきた。またこのチャクラは、視覚化（ビジュアリゼーション）や他者の想念波動を受信するセンターでもある。

6. アージュニャー（Ajna）

「アージュニャー」（Ajna）という語は「知る」、「従う」、「命ずる」を意味するサンスクリット語の語源に由来する。位置としては眉間の奥の脳内にあり、対応する器官は松果体腺である。このチャクラは「オーム」（Om）または「マー」（Maa）の文字が印された2枚の花弁がある藍色の蓮の花として描かれる。ここは心の気づきにかかわるすべての活動と結びついている。このチャクラが発達すると、感覚器官を使わずに物事が感知できるようになる。さらに「ブッディ」（buddhi）と呼ばれる高次の直観的な知覚や知性が現れて意志力が増す。このチャクラは超感覚的な知覚（ESP）のセンターである。だたし最高位のチャクラであるサハスラーラの覚醒を望むのであれば、こうした能力への執着は克服されねばならない。

7. サハスラーラ（Sahasrara）

「サハスラーラ」（Sahasrara）は字義的には「千」を意味し、比喩的には「無限」を表す。伝統的にこのチャクラは、頭頂より少し上方にあるとされてきた。先端が下向きおよび上向きの互いに交差する43の三角形を囲む、千枚の花弁がある薄紫色の蓮の花として描かれる。このチャクラは「すべて」、「無」、「超越」を表している。ここは言葉による定義を超えた上昇する意識の王冠である。

クンダリニー

「クンダリニー」(Kundalini)とは、背骨の基底部にある眠れる力のことである。サンスクリット語の「クンダル」(kundal)という語は「とぐろ」を意味し「クンダリニー」は「とぐろを巻くもの」という意味になる。ただし「クンダ」(Kunda)という語には「空洞」または「穴」という意味があり、これからすると「クンダ」は脳がある頭蓋骨内の空洞を指す。解剖された人間の脳はとぐろを巻いた蛇に似ている。

クリヤー・クンダリニー・ヨーガの目的は、クンダリニー・エネルギーの覚醒にある。このためには、アーサナ（ポーズ）、ムドラー（印）、バンダ（筋肉の締めつけ）、プラーナーヤーマ（呼吸法）、瞑想、マントラ・ヨーガなどを含む数多くの行法の実践や準備が必要となる。ヨーガの求道者が、脊柱内にある霊妙なエネルギーの通路であるイダーとピンガラーの両ナーディーを浄化してその均衡を図り、さらに背骨の基底部にあるクンダリニー・エネルギーを徐々に活性化すると、クンダリニーは脊髄の中心にあるスシュムナー・ナーディーを上昇する。この上昇が起きるとき、クンダリニーは心霊エネルギー・センターである数々のチャクラを通過する。これらチャクラは脳の未開発の部分とつながっているので、クンダリニーがチャクラを通過すると、人の潜在能力や聖なる可能性のすべてが目覚めるのである。

18人のシッダたちは、覚醒して間もなく統御が難しいクンダリニーのことを「カーリー・デーヴィー」という女神の名で呼んだ。現代心理学の視点からすると、この根源的なエネルギーは人間の潜在意識に現れる。クンダリニーの力が統御されて、安らぎと至福をもたらすものに変わったとき、シッダたちはこれを虎に跨がる美しい女神「ドゥルガー」と呼んだ。覚醒したクンダリニーは、洗練度が異なるさまざまなレベルで、創造的なエネルギーとして現れる。こうしたクンダリニーの顕現は、ラクシュミー、パールヴァティー、サラスヴァティーを初めとする「聖なる母」の化身として崇められてきた。

強い磁力を持つ指導者、天才、優れた創造の才に恵まれた人々は、脳の特定の潜在能力がクンダリニーによって目覚めた人々である。クンダリニーによって覚醒した能力は、その人の心の傾向や性癖に応じて、洗練度が異なるさまざまなレベルで表現される。クンダリニーが完全に目

覚めると、脳の未活性の部分がすべて活性化されて、神性がその人を通して顕れるようになる。覚醒したクンダリニーが上昇して、サハスラーラ・チャクラに至ると、意識の最高の状態である「ニルヴィカルパ・サマーディ」（不動の三昧）が実現する。シッダたちはこの境地をシヴァとパールヴァティー・シャクティとの合一と呼んできた。この段階において「見る者」、「見るという行為」、「見る対象」がすべて一つに融合する。

クンダリニーの覚醒は肉体にも変化をもたらす。細胞は強力なエネルギーによって充電されて若返る。ホルモンの分泌にも同様な変化が起こる。こうして完全な変容への過程が始まる。

18 人のシッダの科学によれば、求道者はさまざまなヨーガの修行を通してクンダリニー・シャクティをムーラーダーラからサハスラーラにまで上昇させて、そこにおいて静かなる至高の意識であるシヴァ神との合一が実現するとしている。こうして人間の両極が結合して宇宙意識が顕現する。すると求道者は天上の喜びを味わい、聖なる甘露（ネクター）が分泌されて血流に入り、細胞の若返りと長寿が実現するのである。

シッダたちはこのクンダリニー・シャクティを「宇宙の母」として、あるいはその象徴としての三角形を崇拝した。この三角形のシンボルは、やがて 43 の三角形からなる「シュリー・チャクラ」へと発展した。「至高の母」への限りない献身、そして神聖なマントラや「シュリー・チャクラ」に捧げられた讃歌について黙想することで、シッダたちは諸元素を支配する力を得たのである。

クンダリニーの覚醒と修行の諸段階

クンダリニーを覚醒させる前の段階において、イダーとピンガラーの両ナーディーの浄化と、チャクラやスシュムナーの覚醒を実現するには、さまざまな技法を段階的に実践することが極めて重要である。これを怠ると困難な問題や否定的な影響が生じるからである。もしクンダリニーが目覚める以前にチャクラが開いていないと、エネルギーの流れがいずれかのチャクラで滞り、そのチャクラに結びつく行動様式が増幅される。こうした事態の発生に伴い、多少のシッディや千里眼などの能力が目覚めることもあるが、この域を超える境地に至ることはないだろう。満たされない欲望や否定的な性癖があるままで、クンダリニーの覚醒が時期

尚早に起きると、欲望が過度に増幅される。スシュムナー・ナーディーが開く以前にクンダリニーの覚醒が起きると、クンダリニーのエネルギーは出口を失い、ムーラーダーラ・チャクラで封じ込められる。こうした事態は、結果的に数多くの性的・神経症的な問題を生む。同様に重要なのは、チャクラを徐々に目覚めさせることである。チャクラがあまりに急速に目覚めると、人は激情、恐怖、不安、貪欲、憂鬱、過去世の記憶などに圧倒されかねない。

　クンダリニー・ヨーガの実践の第1段階ですべきことは、アーサナ、バンダ、ムドラー、そして後にプラーナーヤーマの実践によって、ナーディーを浄化することである。またヨーガの実践者は菜食をして、いかなる刺激物の摂取も避け、イダー、ピンガラーの両ナーディーを交互に通過するプラーナーの流れに不均衡を生じさせる過食、不規則な食事、否定的な態度を避けるべきである。

　瞑想を実践することは、この段階のヨーガの実践者が、自身の否定的な傾向を取り除き、穏やかな気づきを得ることを助ける。ババジのクリヤー・ヨーガにおける第1番目の瞑想法は、旧来の性癖や否定的な態度の根源である「チッタム」つまり、潜在意識の浄化に焦点を当てている。さらにプラーナーの流れを上位のチャクラに上昇させるには、他者への無私の奉仕、聖者の生活や霊的・精神な事柄を題材とする書物の研究、そして献身的な活動を初めとする諸活動に携わることも大切である。大半のヨーガの実践者は、自己のエネルギーを浪費したり惰性に陥る傾向がある。クンダリニーが覚醒したときに、不快な影響を受けずにこれを統御するためにも、あらゆる状況において平静と均衡が維持できるように心がけるべきである。初期の段階でのプラーナーヤーマの実践は制限されるべきである。さもないと怒り、貪欲、情欲といった否定的な傾向が助長されてしまう。プラーナーヤーマの実践については、実践者の許容度や浄化の進展に応じて、経験豊富な師の指導の下で回数を増やすことができる。これまでの生き方や、精神、情緒、肉体面での習慣には個人差があので、どの程度の準備ができているかは各人一様ではない。有能な師は、この準備段階において、一人一人にふさわしい技法や活動を指示することができる。

　準備の第2段階ではチャクラの覚醒を行う。チャクラの覚醒の度合いには個人差がある。特に前世でヨーガやそれに類する訓練を受けた人の

場合には、いくつかのチャクラがすでに覚醒していることがある。大半の人のムーラーダーラ・チャクラはすでに活動の状態にある。多くの人々の間で性に対する関心が大きな位置を占めているのもこのためである。しかし、自身のエネルギーを低位の特定のチャクラだけに限定しないことが重要である。チャクラを覚醒させる方法は数多くある。最も望ましいのは、チャクラを徐々に覚醒させる方法である。こうした方法に、アーサナ、ムドラー、バンダ、ビージャ・マントラ（ビージャは「種」を意味する）がある。チャクラに焦点を当てた瞑想法にも大きな効果がある。ビージャ・マントラの重要性と、その習得方法については次章で述べる。

　準備の第3段階では、スシュムナー・ナーディーを覚醒させる。イダー、ピンガラーの両ナーディーのエネルギーを均衡させると、第3のナーディーであるスシュムナーの覚醒は自動的に起きる。しかし、通常これは一時的で散発的な覚醒となるので、この状態を定着させるには、イダー、ピンガラーの両ナーディーのエネルギーのバランスを保つために、呼吸法や瞑想法などからなる特定の技法を実践することが重要になる。覚醒の状態が不安定な間は、クンダリニーがスワァーディシュターナムやマニプーラに一時的に上昇することもあるが、すぐにムーラーダーラに戻ってしまう。イダーとピンガラーの均衡が持続しているときにだけ、クンダリニーは爆発的な勢いで目覚め、スシュムナー経由でサハスラーラ・チャクラへと至るのである。

クンダリニーの覚醒に伴う現象

　ときに人はゾクゾクする感覚とともにエネルギーが脊髄の中を上昇するのを感じることがある。しかし、これはクンダリニーの覚醒によって起きるものではない。これは「プラノーッタナ」（pranotthana）と呼ばれ、ムーラーダーラ・チャクラからプラーナーが解放されて、ピンガラー・ナーディーを上昇することによって起きる。チャクラはこの現象によって一部浄化されるが、その効果は一時的であり、上位のチャクラやクンダリニーそのものの覚醒によって起きるような、永続的な変化を意識にもたらすことはない。

　チャクラが目覚めると心地よい体験や、ときには想像を超えるような体験が次々と起きる。多くの場合それはとても美しく至福に満ちた体験

となる。こうした体験はいつでも起こりえる。チャクラの覚醒に伴い、性器、肛門、臍、心臓、額など、チャクラに対応する肉体の部分に熱や冷たさを感じることもある。

　こうした体験が起きたら、それは「タパス」つまり、長期にわたり集中的にヨーガを実践をすることが、その人にとって望ましいことを教えている。ヨーガを集中的に実践する場所は、ヨーギー、聖者、賢人あるいはシッダによるヨーガの修行により浄化された所でなければならない。集中的なヨーガの実践は何ヵ月間にもわたることがあるので、途中で行を中断しないためにも、献身的な友人からの支援を受けたり、必需品を準備することが必要となる。熟練した教師やグルの指導を受けることも助けとなろう。またさまざまなヨーガの技法を計画的に行うことも必要となる。

　スシュムナーの覚醒とともに、人はその内面に大いなる光を見たり、脊髄が光で満たされるのを感じることがある。脊髄に沿う部分に熱を感じたり、発熱、諸々の臭気、幻覚、身体の各部に痛みを感じるなどの不快な体験が起きることもある。孤独感、憂鬱感、肉体からの遊離感、倦怠感、無気力感が生じることもある。樹木や動物を初めとする自然界や他者との霊的な交感が起きることもある。あるいは差し迫る天災や事故を予知する者もあるだろう。

　神への大いなる愛と献身、呼吸法、さらに瞑想法を行うことで、求道者は心を乱すような体験から自分自身を切り離すことができる。クンダリニーの覚醒にはいくつかの段階がある。初期の段階では、一般的に眉間のセンター、すなわちアージュニャー・チャクラに大いなる光を見るようになる。これは長い時間をかけて徐々に起こる。心は以前よりも静まって食欲が減退する。イダーとピンガラーの両ナーディーの均衡がとれて、何日間も持続して両鼻孔から同時に呼吸をするようになる。そしてついにクンダリニーが上昇すると、それは電気ショックのような爆発的な勢いで脊柱の基底部から頭頂部のサハスラーラ・チャクラにまで上昇する。このとき脊髄に沿って燃えるような感覚があったり、鐘、笛、太鼓のような楽器の音が聞こえることもある。潜在意識（チッタム）の浄化が完了する前にクンダリニーの覚醒が起こると、欲望、怒り、恐れといった、これまで抑圧されてきた諸々の感情の襲撃にさらされることもあるが、こうした感情も数日から数週間で消えていく。こうした不安

定な時期には、不眠症、霊的な力、食欲不振、憂鬱、幻覚、ビジョンなどを体験する者もある。しかし、これらもほどなく消えていく。

　いったんクンダリニー体験が安定すると、ヨーガではサマーディ（三昧）、仏教ではニルヴァーナ（涅槃）と呼ばれる普遍的な愛のビジョン、強烈な至福感、そして真我実現を体験する。この状態では、呼吸や心拍が数時間からときには数日間も停止することがある。この状態にある人は死んでいるように見えるが、瞼を開けてみれば、その人の目がプラーナーのエネルギーによってダイヤモンドのような輝きを放っていることがわかるだろう。サマーディの状態にある人は、そこに至るまでの経緯を知らずに埋葬や火葬を望む家族や公的機関から守られる必要がある。もしサマーディに入ってから21日以内に意識が現実に戻らない場合には、肉体に意識を戻すことを本人に優しく促すべきである。しかし、現実に戻るか否かの判断は、最終的には本人が下すべきことである。21日を過ぎると、現実に戻ることが不可能になる。

　サマーディの状態から現実に戻った人は、通常の生活を営むことができるが、以降は終生にわたって、随時、高次の意識とつながることができる。こうして高い三昧の境地を繰り返して体験することによって、クンダリニーが上昇して自己の変容が起こる。霊的な次元におけるサマーディの状態を通して、二元性のない「至高の実在」を体験した後には、この聖なる意識とそれに属する崇高なエネルギーが下降して、これより下位にある知性体、メンタル体、生気体、そしてついには肉体にまで浸透する。これによって神聖な特性や卓越した才能が現れ、自我意識は徐々に融解する。「神性」が霊体において顕現すると人は聖者となり、さらにそれが知性体に顕現すると賢者に、次にメンタル体と生気体に顕現するとシッダに、そして最後に肉体に顕現すると「マハー」（Mah）と呼ばれる最高のシッダとなる。最終的には肉体細胞も神聖な不滅性で満たされて、この聖なる意識に従うようになる。こうして肉体は、事実上、神の殿堂となり、この状態に特有の黄金の輝きを放つようになる。

　こうした境地に至った聖者を写真に撮ろうとして失敗したプロの写真家の話は数多くある。聖者の身体は非常に霊妙であるために、仮に彼らが大勢の人々に囲まれているところを写真に撮っても、説明ができないなんらか理由によって、その姿は写真のフィルムに何の痕跡も残さない。

このような境地に至ることは極めて稀であり、幾度もの転生を通して霊的な進歩を重ねなければ実現しない。シュリー・ユクテスワルが述べているように、この境地は大半の人間の理解をはるかに超えている。この境地に至る秘訣は、下降して変容をもたらす「神性」に対して自己を全面的に明け渡すことにある。シッダたちが自己を神に明け渡すことを最高の理想としているのもこのためである。神意は自己を明け渡した者を通してのみ働く。自己の明け渡しを実現した者は、神の事実上の神殿となる。また「神性」の栄光と偉大さは、こうした人々を通して放射されるのである。

第 12 章
クリヤー・ヨーガの道

人間社会を変容する鍵

　ヨーガは「神との合一と成就の域に至るための科学的な技法」と定義することができる（Ramaiah, 1968）。そしてクリヤー・ヨーガとは、ババジによって確立され、ババジ自身や彼の弟子たちが広めたヨーガの伝統である。それはタミル地方のヨーガ・シッダたちの古えの教えである「タミル・ヨーガ・シッダーンタ」の教えと技法の結晶である。「クリヤー」（Kriya）とは字義的に「気づきを伴う行為」（あるいは「自覚的な行為」）を意味する。クリヤー・ヨーガは、各人が自己の可能性を実現することに役立つ、一連の実践的なヨーガの技法として教えられてきた。それは各人が霊的な導きの源や、高次の意識に至ることを助ける。クリヤー・ヨーガの実践者が、こうして得た霊的な導きや高次の意識を、各自の活動分野やその人が他に影響を及ぼし得る分野で応用するなら、人間社会の変容に貢献できるだろう。クリヤー・ヨーガを真摯かつ規則的に実践すると「自己の在り方」に対する視野が広がる。さらに「真我実現」が自我意識に取って代わり「普遍的な愛のビジョン」が花開くのに伴って、実践者の活動は、森羅万象に顕現する神性に捧げる、愛に満ちた奉仕の行為となる。前章までで述べたように、18人のシッダたちは世界とのかかわりを放棄したのではなく、社会の緒分野で貴重な貢献を果たし、この世界で意識の進化を促すことに献身的に臨んできた。

　クリヤー・ヨーガは科学的な方法としての要素をすべて備えている。個々の技法はいわば仮説である。クリヤー・ヨーガの実践者は規則的に技法を実践して実験を行い、自らの体験を記録する。そして会議における科学者のように、定期的に集まってはそれぞれの体験について話し合い、技法についての実証可能な結論を導き出す。技法の成果を実際に得るには、真摯で規則的な技法の実践と熟練が必要なので、クリヤー・ヨーガは「技巧」（アート）であるともいえる。「至高の実在」は定義を超えているので、それは「実在の精髄（エッセンス）」としてのみ体験できる。クリヤー・ヨーガは人と「神」（「真理」）が一体であることを我々に教えてくれる。

総合ヨーガ

　ババジのクリヤー・ヨーガの実践は、人間が存在する五つの主要な次元、すなわち、肉体、生気体、メンタル体、知性体、霊体のすべてに完全な変容をもたらすので「総合ヨーガ」とも呼ばれる。クリヤー・ヨーガは、各人が普遍的なビジョンを抱くことを妨げる各層の条件付けを徐々に取り除く。肉体は聖なる意識の乗物、つまり、寺院である。したがって人は自分の肉体を神性の表現媒体として大切にすべきである。

　一連の技法からなるババジのクリヤー・ヨーガは、以下の5分野に大別できる。

　　クリヤー・ハタ・ヨーガ（アーサナ）
　　クリヤー・クンダリニー・プラーナーヤーマ（呼吸法）
　　クリヤー・ディヤーナ・ヨーガ（瞑想法）
　　クリヤー・マントラ・ヨーガ
　　クリヤー・バクティ・ヨーガ（愛と奉仕の活動）

　以下に説明するこれら5分野は、人間の五つの身体、すなわち、肉体、生気体、メンタル体、知性体、霊体にそれぞれ対応している。これらの身体は、同心円状に重層的に存在する、段階的に微細さが異なる生命エネルギーであると考えられる。

クリヤー・ハタ・ヨーガ（アーサナ）

　肉体を統御する科学的な技法であるクリヤー・ハタ・ヨーガは、「アーサナ」と呼ばれるくつろぎをもたらすポーズ、筋肉の締めつけを行う「バンダ」そして意識的に行う動作「ムドラー」（印）からなる。クリヤー・ハタ・ヨーガはクリヤー・ヨーガを実践する者の出発点である。肉体より微細なために人の意思がおよびにくい生気体やメンタル体に比べると、肉体の統御は比較的容易である。アーサナ、バンダ、ムドラーは、存在の五つのレベルのすべてにくつろぎをもたらす。これらの技法は内蔵器官や内分泌腺をマッサージして肉体のバランスを図る。またこれらは、糖尿病、呼吸器官の疾患、高血圧、情緒不安定などの諸病や機能障

害の予防と治療に効果がある。つまりこれらの技法は、人類にとって最も一般的な不幸の原因の一つである「不健康」を取り除いてくれる。またこれらの技法は、瞑想のときに肉体の状態を安定させることに役立つ。ポーズにはストレスを軽減する効果があり、あらゆる状況でバランスを保つことを可能にしてくれる。持続的な自覚を保ちながらこれらの技法を実践することは、瞑想に入るための準備となる。クリヤー・ハタ・ヨーガの精神生理学的な効果については第11章で述べた。

　ババジのクリヤー・ヨーガには以下に掲げる18種の基本的なアーサナがある。

1.　礼拝のポーズ（アーサナ・ヴァナッカム）
2.　太陽礼拝のポーズ（スーリヤ・ナマスカーラ）
3.　肩立ちのポーズ（サルヴァーンガーサナ）
4.　魚のポーズ（ミーナーサナ）
5.　立った鶴のポーズ（ニンドラ・コックアーサナ）
6.　弓のポーズ（ヴィラーサナ）
7.　逆転のポーズ（ヴィパリータカラニー・アーサナ）
8.　半分魚のポーズ（パティ・ミーナーサナ）
9.　鋤（すき）のポーズ（カラポイ・アーサナ）
10.　蛇のポーズ（パーンブ・アーサナ）
11.　ヨーガ象徴のポーズ（ヨーガ・ムドラーサナ）
12.　半車輪のポーズ（パティ・チャクラーサナ）
13.　座った鶴のポーズ（アマルンタ・コックアーサナ）
14.　バッタのポーズ（ヴィッテル・アーサナ）
15.　仰向（あおむ）けの光と安定のポーズ（ヴァジュローリ・ムドラーサナ）
16.　ひざまずく安定のポーズ（スプタ・ヴァジュラーサナ）
17.　三角のポーズ（トリコナーサナ）
18.　完全なる安らぎとくつろぎのポーズ
　　　（プルナ・シャヴァ・シャーンティ・アーサナ）

（Ramaiah, 1990, p.1-37; Zvelebil, 1983, p.223-224）

クリヤー・クンダリニー・プラーナーヤーマ（呼吸法）

　呼吸を統御する科学的な技法であるクリヤー・クンダリニー・プラーナーヤーマは、ババジのクリヤー・ヨーガの中で最も重要で潜在力を秘めた技法である。この呼吸法はムーラーダーラ・チャクラに眠るクンダリニーを覚醒させて、それをナーディーのネットワークを通して身体に送る。規則的な呼吸法の実践により、実践者はすべてのチャクラとそれに対応する意識を徐々に覚醒させ、存在のすべての次元で活力に満ちあふれた状態になる。この状態はさらに真我実現や呼吸が停止するサマーディの状態へと至る。

クリヤー・ディヤーナ・ヨーガ（瞑想法）

　人の心は「欲望」というワインに酔いながら「プライド」という蜂に突き動かされている猿に似ている。心を統御する科学的な技法である「クリヤー・ディヤーナ・ヨーガ」は、御しにくい心を統御するための一連の瞑想法である。この瞑想法は五感とそれに対応する霊妙なレベルの能力である、透視、聴覚によらずに音を聞く力、さらには超越的な感覚などに対応している。

　第一の瞑想法は抑圧された欲望、恐れ、記憶のすべてが宿る潜在意識を浄化する。引き続く瞑想の技法で、集中、黙想、持続的に自覚の状態を保つ能力を培うことによって、徐々に集中力を増したり心の潜在能力を覚醒させる。こうして人はついに真の自己に目覚め、存在の五つのレベルのすべてにおいて幸福を見出すようになる。

クリヤー・マントラ・ヨーガ

　「マントラ」の「マン」（man）は「思考する」を意味し「トラ」（tra）は「守る」や「解放する」を意味する「トライ」（trai）という語に由来する。すなわちマントラは、習慣的な性癖（サンサーラ）の束縛から人を解放するためにある。大半の人間は習慣的な性癖に縛られているが、これに代わるものとしてマントラを唱えることで、こうした性癖から解放される。習慣的な行為にエネルギーを注ぐ代わりにマントラを唱えると、エネル

ギーは後者に向かうために、習慣は徐々にその力を失う。マントラを繰り返し唱えることによって、洞察力を曇らせる怒り、恐れ、貪欲、情欲といった欲望を取り除くことができる。いったん欲望が取り除かれて浄化された心は、ちょうど鏡が現実を明瞭に映しだすように、高次の霊的な真実を映すようになる。

マントラは深い瞑想状態にあるシッダたちによって見出された。心が静まり純化されると、チャクラやさまざまな意識レベルに対応する霊妙な音が聞こえるようになる。イエスは「神の言葉」を聞くことについてこう語っている。「聞く耳のある者は聞くがよい」と。(『ルカによる福音書』第8章第8節) 言葉には2種類ある。一つは英語、フランス語、ヒンドゥー語のように、人々が意思伝達のために用いる言葉である。もう一つは異なる意識のレベルの間で意思を伝達するために用いられる言葉である。大半の人間は前者の言葉にしか関心を示さないが、多くの宗教的な伝統では後者の言葉が存在してきた。たとえば聖体拝領の際にワインをキリストの血に変えるために司祭が用いる呪文であるとか、東方正教の「ハートの祈り」やグレゴリオ聖歌などがこれに当たる。通常の祈りとは異なり、こうした「言葉」は何かを求めるためのものではなく、心の集中と浄化に役立つ。

あることを繰り返して思うと、人はその思いに基づく出来事や状況を引き寄せる。理想のマイホームの設計図やそれを建てるために必要なステップについて考える人は、徐々に必要な条件や機会を自分に引き寄せる。同様に、強盗に遭うことへの恐れを頻繁に抱く人は、まさに恐れる事態を引き寄せることに力を貸している。

思考にはしばしば欲望が含まれている。欲望が満たされないとき、人は欲求不満を募らせる。欲求不満は心に混乱を生み、さらに混乱は自己への気づきを曇らせる。この結果として、人は内にある聖なる力と意識を見失い、状況と習慣の犠牲者になる。

大半の思考には弱い力しかないが、これを繰り返し念じると強大な力を持つようになる。繰り返し念じた思考は習慣になる。そして人の行動の大半は習慣の産物である。人の個性とはその人の思考の総和であり、そこには特定の対象への独自の好悪の反応が混在している。これらはヨーガで「チッタム」(chittam)と呼ばれる潜在意識に蓄えられている。ヨーガとはすなわちこの「チッタム」を浄化する過程である。パタン

ジャリは「ヨーガとは潜在意識の諸様相を浄化することである」[*1]と述べている。(『ヨーガ・スートラ』第1章第2節)(Ramaiah, 1968, p.21)

クリヤー・マントラ・ヨーガは、潜在力を秘めた音を無言で繰り返すことによって英知を目覚めさせる。マントラを繰り返し唱えることは「ジャパ」(japa)または「マントラ・サーダナ」(mantra sadhana)と呼ばれる。マントラは安らぎ、無上の喜び、光明、気づきをもたらす。それはまた直観を増して英知を覚醒させ、英知にいっそうの霊感を吹き込む。これによって創造的な思考は努力なしに自然に生まれる。頭で考える代わりにマントラを繰り返し唱えると、インスピレーションが湧き起こってくる。マントラ・ジャパには、信念(shraddha)、愛(bhava)、集中(dharana)が求められる。

マントラは自我中心の心を神を中心に据えた状態に変える言葉である。ババジのクリヤー・ヨーガにおけるマントラは、すべて神性のさまざまな側面に対応している。最も強力な潜在力を秘めたマントラには、高次の意識に至る鍵となる強力な「ビージャ」(種子)音節ないしは音が含まれる。これらは深い瞑想状態にあるシッダたちによって発見された。マントラは通常の肉体意識を超えて、そのマントラに対応するチャクラを体験することを可能にする。

マントラは神である。マントラとは単に神の象徴や名前であると信じている人が多い。しかし、マントラは本質において神そのものである。聖書には次のような記述がある。「初めに言(ことば)があった。言は神と共にあった。言は神であった。すべてのものは、これ(「言葉」すなわち「オーム」)によってできた。できたもののうち、一つとしてこれによらないものはなかった」(『ヨハネによる福音書』第1章第1節〜第3節)(訳注:括弧内は著者による補足) つまり、言葉には物事を変える聖なる力「シャクティ」が含まれており、これは音を通して顕現する。マントラは創造力を生み出し、共振の原理によって人を神性と同調させる。それぞれのビージャ・マントラには、対応する幾何学的なパターン、すなわちマンダラのような形を持つ「ヤントラ」がある。特定の神格、聖者あるいはシッダのマントラを繰り返し唱えることによって、こうした存在の臨在と祝福を呼び起こすことができる。

マントラは暗い部屋を照らすロウソクの光に似ている。それはカルマによって生じた病を無力にする注射にも似ている。多くの場合は感覚の

妨害によって浪費されてしまうエネルギーも、マントラを唱えることによって保持、増強される。この結果、欲望は徐々にその力を失い、落ち着きと自己抑制の力が生まれる。疑惑、不安、混乱に見舞われたときには、マントラを繰り返し唱えることで心を静めることができる。

　マントラから効果を得るためには、個人的な利益を求めることなくそれを唱える必要がある。すると物事に執着しない態度が培われて、人は内なる自己を体験するようになる。こうした理由からマントラは「明け渡す」とか神への「礼拝」を意味する「ナマハー」（Namaha）という言葉で終わる場合が多い。

　マントラを書物から学ぶことは適切ではない。マントラはそれを実際に体験し、その精妙な波動や意識の状態を伝達できる人から学ぶべきものである。マントラの習得は、さまざまなヨーガの行法の実践によって、学習者と場の双方が清められる場、すなわち「スピリチュアル・リトリート」（訳注：[Anthar Kriya Yoga] 日常を離れてヨーガの修練の深化を目指して開かれる集会や合宿）で行われる必要がある。

クリヤー・バクティ・ヨーガ（愛と献身のヨーガ）

　愛と献身のヨーガであるクリヤー・バクティ・ヨーガは、真我実現に至る最短の道ともいわれる。神に捧げられた歌の歌唱、祈りの言葉の朗唱、礼拝の儀式の催行そして聖地への巡礼は、我々の精神とハートを「愛の実在」に対して開いてくれる。聖なる実在が森羅万象に遍在することを実感すると、その人の活動のすべてが優しさに満ちるようになる。一般的に人はさまざまな傾向や欲望に陥りやすいので、愛と献身の心は揺らぎやすい。これを安定させるためには、先に述べた愛と献身の活動に従事することが必要となる。バクティ・ヨーガに心を引かれる人は、情緒的な気質を持っているので、ときには自分の感情が手に負えない否定的なものであると感じることがあるかもしれない。感情の安定を図るためには、他のヨーガの行法、すなわち、アーサナ、瞑想法、呼吸法、カルマ・ヨーガ、マントラ・ヨーガなどの実践が役に立つ。

クリヤー・カルマ・ヨーガ（行為のヨーガ）

クリシュナ神は『バガヴァッド・ギーター』の中で、次のようにアルジュナに語っている。「汝の職務は行為そのものにあり、決してその結果にはない。行為の結果を動機とせず、また無為に執着してはならぬ。アルジュナよ、神との合一の中にとどまり、執着を捨て、成功と失敗において均衡を得よ。ヨーガとはすなわち均衡である」（『バガヴァッド・ギーター』第2章第47節～第48節）(Besant, 1974, p.43-44)。クリヤー・カルマ・ヨーガは「私心なく巧みに遂行される奉仕」と定義することができる。通常、人はなんらかの見返りを期待して行動する。これは幸福の源に対する根本的な誤解があるためである。自己の外部にある事物や活動の中に幸福を追い求める人は、幸福が常に内面においてのみ体験されることを忘れている。つまり、自分に幸福をもたらす状況と幸福そのものとを混同してしまう。カルマ・ヨーガにおいて、人はこうした間違いを犯すことはない。なぜならカルマ・ヨーギーは幸せを求めて行動するのではなく（それは生来から人に備わっている特性である）どんな状況においても、そこで自分に求められている責務を愛に満ちた奉仕の心で果たすので、行動の結果に対する執着から解放されているからである。こうした行為は新しいカルマや、行為の動機や執着の原因となる欲望を生まないので、人は持続する心の安らぎを得る。さらにカルマ・ヨーガにおける行為は愛の精神に基づいてなされるので、人はそれを「巧く」行うことができる。その理由は、無私の精神で行動すると、高次の意識が自我の狭量な要求に妨害されずに人を通して働くからである。

クリヤー・カルマ・ヨーガの実践は、他者への奉仕活動に毎週数時間を当てることから始まる。カルマ・ヨーギーは日々の諸々の小さな行為を通して他者への奉仕を導く神意と、自我の囁きとを識別するようになる。自分自身は決して「行為者」ではなく、他者を愛して奉仕するために配された神の媒体であることが分かるにつれて、その人のあらゆる行為がカルマ・ヨーガとなっていく。カルマ・ヨーギーは自分が創造の大海原における波の一つであることを理解する。するとその人は、自我に根ざした欲望に駆られることなく、すべての行為は神聖な愛から生まれたものになる。

カルマ・ヨーギーは、怒り、自己中心主義、貪欲、そして個人的な欲

望から解放されている。彼らは広い心を持ち、常に他と分かち合って援助することを厭わない。また彼らは自己の動機を吟味して、私欲に囚われずに行動する。こうして彼らは純粋な心を得ると同時に、万人、そしてすべての中に神を見出すようになる。シッダたちの座右の銘に「簡素な生活と高邁な思考」がある。カルマ・ヨーギーはこうした行動指針に沿って簡素な暮らしを営む。

家庭生活とタントラ

性行為と家庭生活を営むことへの欲求を、真我実現への深刻な障害と見なしてきた数多くの霊的な伝統とは異なり、ヨーガ・シッダたちは性行為をヨーガの修行や神性を実現する手段に変えた。18人のシッダの大半は家庭生活を営み、それを自らの霊的な修行の一つと見なした。クリヤー・タントラ・ヨーガは、多くの場合、性行為によって浪費されてしまうエネルギーを保って上位のチャクラに上昇させる。このヨーガの実践者は、自分のパートナーを神の化身として愛する必要がある。俗世における欲望の対象を「霊的」になるために敬遠すべき誘惑や障害と見なす代わりに、潜在的な神と見なすのである。タントラの道において、人は愛を通して自分が敬う対象と一体になる。

家庭生活は無欲の愛を育む機会を与えてくれる。それは自己のアイデンティティーの領域を、伴侶や子供にまで広げる機会を与えるからである。無欲な愛は万人のうちに神を見いだす「普遍的な愛のビジョン」へと通じる。

またクリヤー・タントラ・ヨーガは、受胎の瞬間から、ヨーガの恩恵が得られる家庭に生まれる類稀な機会を、進化した魂たちに与える。

技法の伝授

霊妙な技法である呼吸法や瞑想法の実践に入るためには、まずクリヤー・ハタ・ヨーガの練習を始めて、心身と神経組織を整える必要がある。クリヤー・ハタ・ヨーガについては、18種のアーサナ、バンダ、ムドラーを経験を積んだ教師から学ぶことができる。

呼吸法、瞑想法、マントラについては、これらの技法を他に教えるこ

とをババジに許可された人物から学ぶ必要がある。技法は一連のイニシエーションを通して伝授、実習される。技法の伝授を受けるための唯一の条件は、それを真剣かつ規則的に実践することと、伝授された内容を他に漏らさないことに同意することである。内容を秘密にする必要があるのは、教える許可を得ていない人物や適性のない人物によって、技法が他に伝授されることを防ぐためである。こうすることで技法の実効性を保つだけでなく、人々が経験豊富な教師から指導を受けることが確約される。訓練を受けるに先立っては、朝夕15分間「静まって、私こそ神であることを知れ」（『詩篇』第46篇第10節）という言葉を黙想して雑念を晴らすのもよいだろう。さらには心を込めて「オーム・クリヤー・ババジ・ナマ・アウム」を唱えたり、本章に述べた指針に沿って訓練を始めてもよい。

　ババジのクリヤー・ヨーガの日本における伝授に関する問い合わせ先については、本書の巻末を参照されたい。

日常生活へのヨーガの統合と 「スピリチュアル・リトリート」

　クリヤー・ヨーガを実践する者は、ハタ・ヨーガ、呼吸法、瞑想法の伝授を受けた後に「スピリチュアル・リトリート」に参加することが望ましい。そこではクリヤー・ヨーガと日常生活との融合を図るための方法を学ぶことができる。

　朝夕の数分間をヨーガの実践に割くだけで、残りの時間はヨーガとは無縁の生活をしたとしても、日常生活のストレスを多少軽減したり、なんらかの洞察を得ることはできるだろう。しかし、これだけでは持続的な変容が起こることは期待できない。必要なのはクリヤー・ヨーガを睡眠、食事、仕事をはじめとする、すべての活動の中に組み入れる方法を学ぶことである。

　「スピリチュアル・リトリート」では、栄養が豊富なヨーガの菜食、沈黙を守りながら心を静める沈黙の行、さらに複数の呼吸法や瞑想法などを学ぶ。これは自宅や日常の生活から離れた、豊かな自然と霊的な波動に満ちた理想的な環境の中で行われる。こうした環境においてこそ、人はクリヤー・ヨーガの持つ可能性を実感する。また「スピリチュアル・

リトリート」では、真我実現の過程と日常生活とを両立させる生活様式の中で、クリヤー・ヨーガを集中的に実践する方法が示される。「マントラ・ヤグナ」（Mantra Yagna：長時間にわたる火の儀式）と「ビージャ・マントラ」の伝授で「スピリチュアル・リトリート」はそのクライマックスに達する。

クリヤー・ヨーガを実践する上での指針

パタンジャリは『ヨーガ・スートラ』の第1章第2節で「ヨーガとは潜在意識の諸様相を浄化することである」とヨーガを定義している（Ramaiah, 1968, p.21）。我々の日常生活の体験は潜在意識にあるさまざまな思考、感情、好悪によって色づけされる。こうした色づけは本質的な実在を覆い隠す。ヨーガを日常生活に統合することは、こうした色づけなしに、物事をありのままに見ることを意味する。すべての技法を実践するにつれて、クリヤー・ヨーガの実践者の内には、徐々にこうした新しいビジョンが芽生えてくる。次に挙げる項目は、クリヤー・ヨーガの実践者が、ヨーガを日常生活に組み入れる上での指針となるだろう。

● 真の自己、サットグル、普遍的なビジョンを愛する。
● クリヤー・ヨーガのサーダナを規則的に行う。
● 無私の奉仕のヨーガである「カルマ・ヨーガ」を実践する。
● 真理の探求者との親睦を図る「サットサンガ」へ参加する。
● 食事はヨーガの菜食とする。
● 通常の睡眠をヨーガの休息である「ヨーガ・ニドラー」に
　変える。
● 清浄な心、忍耐、沈黙を保つなどの規則を守る。
● ババジと18人のシッダに霊的な導きを求める。

愛を育む

「グル、神、真の自己は一つである」。これはヨーガの世界ではよく知られた金言である。この金言は「サットグル」への帰依が真我実現へと至る最短の道であることを示している。「グル」とは「闇を駆逐する者」

を意味する。ババジのような「サットグル」とは、一触、一瞥、一言を発するだけで、ヨーガの実践者に直接的に光明を与えることができる存在のことである。ヨーガの実践者は、このような形で光明を得ることに先立ち、通常、サットグルから長期間にわたる間接的な影響を受けている。この間、彼らは技法の規則的な実践を通して、覚醒を得るための下地作りをしているのである。サットグルへの帰依は、ヨーガの規則的な実践や他者への愛に満ちた奉仕を通してなされる。こうしてやがてすべての活動が、その人を通して世界を創造する神の現れとなる。また人が一般に感じる世界との距離は、徐々に一体感へと変わる。しかし、なによりもまず大切なのは、自分自身への愛を育むことである。人は自己の存在を構成する肉体、生気体、感情体、メンタル体、知性体および霊体を愛して育まねばならない。それをどのように行うかについては、分別をもって臨むことが必要となる。自己を愛することがヨーガの基本である。自己を愛することができてこそ人は他者を愛し、ついには神を愛することができる。

クリヤー・ヨーガのサーダナ

　ヨーガ・シッダのもう一つの有名な金言に「人が人生で得る喜びは、その人が培った自己鍛錬の度合いに比例する」がある。自己制御や自己鍛錬なしには、人は移ろいやすい思考、感覚、感情に常に翻弄されてしまう。大半の人間は他人が発する否定的な思考や感情の影響をたやすく受けてしまう。なぜなら人は自分の意識に去来する思考や感情の「流れ」を習慣的に自分のものとして受け入れて、それと同化してしまうからである。「サーダナ」（sadhana）には「鍛錬」という意味がある。「サーダナ」には、すでに述べたヨーガの主要な5部門の実践を初めとして「真理」（「神」や「真の自己」と同義）を思い出すためのすべての行為が含まれる。「真の自己」を思い出す行為とは、自分の思考、感情、感覚に対して分別を持って臨むことであり、これによって自己中心的な姿勢が取り除かれる。

　自己鍛錬の範囲はヨーガの実践だけにとどまらず、仕事、休息時間、家庭生活、食事にもおよぶ。毎日一定の時間をすでに述べた技法の実践に当てることで、人は心の奥深くへと入り、そこに眠るエネルギーと意

識の貯蔵庫を開く。自己鍛錬に向けられるすべての努力は、ヨーガの実践を補完する。自己鍛錬の目的は、自己を統御することにある。「マスター」とは自己の一側面もしくは複数の側面を統御するに至った人である。こうした域に達するための第一歩は技法の実践にある。さらには自己統御のおよぶ範囲を生活のすべての分野へと徐々に広げることである。食欲のコントロールに成功することは、セルフ・コントロールを実現する上での大きな助けになるとシッダたちは教えている。一見重要には思えないことでも、一つの分野で自己を統御することに成功すると、非常に困難な状況においても自己を統御する道が開けてくる。

サットサンガ

「サットサンガ」（Satsang）とは「真理の探求者の親睦」を意味する。クリヤー・ヨーガの実践者は、同じ道を歩む者と定期的に交流して体験や意見を分かち合い、互いに励まし合うことが望ましい。クリヤー・ヨーガは一歩一歩の前進によって踏破される長い道程（みちのり）であり、その道筋には、欲望、無知、怠慢、混乱などのさまざまな障害が待ち受けている。ヨーガを実践する仲間たちは、こうした障害の克服に向けて互いに助け合うことができる。誰一人として他者の覚醒を肩代わりできない。一人一人が自分の習慣や気質に取り組まねばならない。クリヤー・ヨーガを実践する仲間は、いっそうの前進を可能にする激励や洞察を互いに与え合うことができる。

サットサンガは、ヨーガに無理解な人々の冷やかしに屈しないためにも大切である。仮に頭では冷やかしを受け流したと思っていても、他人の疑念や偏見を潜在意識のレベルで受け入れてしまうことがある。「豚に真珠を投げ与えてはならない」というイエスの言葉にもあるように、ヨーガの崇高な体験を、それを冷笑することしかできない人々と分かち合うべきではない。とはいえ、同様な道を歩む人々の集まりであっても、それを自慢話や他人を自分の信条に改宗させるための体験談の披露の場にすべきではない。

クリヤー・ヨーガの教師は、以上の目的のために定期的に集会を開く。集会はシッダの著作を共に学ぶ機会としても活用される。

ヨーガの菜食

　近年では菜食主義の利点について述べた文献が数多く出版されている。ヨーガの見地から最も重要なことは、食事が意識におよぼす影響である。食物は我々の行動や思考に影響を与える。ヨーガの実践者は、神経組織を刺激して動物的な傾向を助長する肉や酒類の摂取を避けるべきである。こうした飲食物がおよぼす影響は、ヨーガの有益な効果の多くを無効にする。消化しやすく意識を安定させる食物は、消化に費やされてしまうエネルギーをヨーガの実践に振り向けることを可能にする。蔓延（まんえん）する癌（がん）や心臓病を初めとするさまざまな現代病に悩まされないためには、地元で栽培されてエネルギー・バランスのよい季節の食物を、加工や精製をせずに丸ごと食べることが望ましい。1982年にワシントンD.C.の国立科学アカデミーによってまとめられた「食事と栄養と癌（がん）」（Diet, Nutrition and Cancer）と題された報告書によれば、男性の癌（がん）の30％から40％が、そして女性の癌（がん）の60％が食事が原因で引き起こされたという。そしてその元凶は飽和性脂肪、砂糖、精製食品の過剰な摂取にある（Kushi, 1983, p.14）。現代病の急激な増加は、現代人が退化の下降線をたどりつつあるだけでなく、もし生物としての人類が遺伝的に親しんできた簡素な食事に戻らなければ、数世代のうちに絶滅の危機に直面するであろうことを示している。（Kushi, 1977; Robbins, 1990）

睡眠を「ヨーガの休息」に変える

　「ヨーガの休息」と訳される「ヨーガ・ニドラー」（yoga nidra："shushupti"ともいう）の実践は、通常の睡眠を不要にする。ヨーガの教えによると意識には次の四つの状態がある。

1. 肉体意識：日常的な活動に従事しているときの意識。
2. 夢の意識：アストラル体での体験や、目が覚めた状態でメンタルな活動に従事しているときの意識。
3. 夢を見ない熟睡時の意識。
4. 純粋意識：「トゥリーヤー」（turiya）と呼ばれる、先の三つの意識を超えた第4の意識。他の意識の源であり、永遠にして歪みのない無

限の意識。

　ヨーガ・ニドラーの実践により、この第4の意識状態に至ることができる。ヨーガ・ニドラーを実践するためには、瞑想の実践を充実させることが必要である。また深い休息の状態に至るためには、すべての欲望、感情、思考を分析、解明する必要がある。

　肉体が眠る一方で意識が完全に目覚めている「ヨーガの休息」は、一般的な睡眠とは異なる。これによって得られる休息の質は瞑想によって得られる状態にも勝るものである。潜在意識も休息を必要とするが、潜在意識を含む意識の全体に休息を与えることができるのは、瞑想とこのヨーガ・ニドラーである。睡眠においては自覚の状態が失われてしまう。また瞑想は熟睡時の意識状態の維持を目的として行われるものではない。この意味で「ヨーガの休息」は瞑想時の意識状態とも異なっている。ヨーガ・ニドラーの実践を通して、ヨーガの実践者は四つの意識状態の違いを学ぶことができる。

　ヨーガ・ニドラーの実践方法は、前述の「スピリチュアル・リトリート」において示される。

誠実、忍耐、沈黙および他の留意点

　適切な食物の摂取によって肉体に栄養を補給することが大切なように、心や知性を適切に育むことも大切である。ヨーガの実践者は、ヨーガの鍛錬や自己変容の支えとなる感覚的な体験や知的な刺激を求めるべきである。持続的な自覚を保つことを忘れて、単に感覚的な欲求の充足を追求するのは自滅行為である。知性や感情レベルの反応が原因で自己不信や他の否定的な感情に支配されることもあり得るからである。

　ババジのクリヤー・ヨーガでは、誠実さが最も重要な特質である。誠実さとは自分が意図することを行うことであり、自分の欠点や動機を正直に認めることでもある。つまり、過ちを犯したことに気づいた時点で、自己を振り返って行動を改め、同じ過ちを再び繰り返さない決意を持つことである。

　忍耐心を持つこともヨーガにおいては極めて重要である。忍耐心のある人はたとえ何百万回失敗しても最終的には成功を得る。他方、忍耐心

に欠ける人は、すぐにあきらめて月並みな人生に甘んじてしまう。

　沈黙を守ることは「クリヤー・モウナ・ヨーガ」（Kriya Mowna Yoga）と呼ばれる。沈黙の行は不要な私語を慎むだけではなく、心の平静を保つために行われる。これを規則的に実践することは、真我実現へと至る道であるだけでなく、五つの身体のすべてをプラーナーで満たす。真我実現や自己変容の達成に最適な環境を整えるためにクリヤー・ヨーガの実践者が心がけるべき他の行いや姿勢として、非暴力、正直さ、平静さ、慈悲心、不盗、自己制御、そして性行為、食事、仕事における節制を挙げることができる。さらには日常生活における活動の3大分野である、ヨーガの実践、自分で選んだ分野の仕事、休息と日常の雑務に、一日の時間を均等に割り当てることが理想である。

ババジと18人のシッダに霊的な導き求める

　ババジと18人のシッダは聖なる変容の模範を示し、直接的な導きの源として働くことを通して、すべての真理探求者たちに創造的な刺激を与えている。クリヤー・ヨーガの上級クラスで示される瞑想の訓練では、日常生活の諸問題の解決方法やシッダたちの英知が込められた詩の解釈に関する霊的な導きを得るために、ババジと18人のシッダたちとの意思疎通を図る方法を学ぶ。クリヤー・ヨーガを実践する者は、皆、無数の問題に直面する。しかし一般人とは異なり、彼らは無限の英知の源、聖なる大師であるババジ、そして真の自己からの導きを得ることができる。こうした源からの導きは、まったく予期せぬときにやって来ることがある。訓練を積めば、導きが発せられる源を識別することもむずかしくない。「善なるものはすべて神に由来し、悪しきことはすべて自我の働きによる」とシッダたちは教えている。ある行為がこのいずれに属すのかを知るためには、はたしてその行為が自分にだけ利益をもたらすものか、あるいは他者のためにもなるものかを見極めればよい。

　「［愛］あるところに我在り」とババジは言う。すべての人々がババジを求めて、ババジその人になることを願う！　そして人々の心に普遍的な愛のビジョンが芽生えて、世界平和が実現することを祈る！

オーム・シャーンティ・シャーンティ・シャーンティ！
オーム・クリヤー・ババジ・ナマ・アウム

注釈

＊1.　原書では "Yoga Chitta Vritti Nirothaha" とあり、これに対する英訳は、"Yoga consists of cleansing the modifications of the subconscious mind" である。本書の日本語訳はこの英訳に基づく。"modifications" を「諸様相」と訳したが、この語には字義的に「（部分的）変更や修正」という意味がある。パタンジャリの『ヨーガ・スートラ』を解説した他著で採用されている訳文を参考までに以下に挙げる。「ヨーガとは心のはたらきを止滅することである」（『解説ヨーガ・スートラ』佐保田鶴治著、平河出版刊）（訳注）

第3部
著者回想録
私がババジの弟子になるまで

この本が書かれた経緯

　私はよくクリヤー・ヨーガとの出会いについて訊ねられることがある。この質問に対して答えることは決して容易ではない。なぜならば、クリヤー・ヨーガに至るまでの道は決して平坦ではなかったからである。霊的な探究を主題とする自伝には、著者の不可思議な体験だけが綴られている場合が多い。こうした自伝の著者は、読者が落胆しないように、霊的な探究の道に立ちはだかるさまざまな障害を全面に出すことをためらう。いばらの道を強調すると本の売れ行きに悪影響がおよぶことを危惧する著者もいるだろう。人が安らぎと喜びを見出すべきときは他ならぬ「今」であるから、霊的な道を歩む者は、過去に固執せずにこれを手放すことが望ましい。

　しかし、真理の探求者がこうした自伝に綴られている人生の明るい側面にだけ魅了されると、本人が人生の闇の部分や困難に直面したときには、しばしば求道のための努力を放棄してしまう。こうした探求者たちは、自分には霊的な道を歩む資格がないとか、自分が信ずる教えには誤りがあるに違いないと思い込んでしまうからである。我々は、皆、同じ宇宙の力にさらされている。こうした力から生じるもろもろの出来事を克服していくことは、議論に値するテーマだろう。

　ここに半生の軌跡を綴ることによって、私は自分が学んだ貴重な教訓のいくつかを読者と分かち合いたいと思う。ここに記した教訓を学ぶことによって、私はこれまで前進することができたのである。この回想録は決して私個人の虚栄心を満すために書かれたものではない。正直なところ、過去の出来事を公にすることへの躊躇も多々あった。偏に真実を伝えたいという気持ちから、私はこの回想録の執筆を決意した。

幼年時代と理想の追求

　私は 1948 年 6 月 11 日午後 1 時 15 分、米国オハイオ州コロンブス市で生まれ、生後 6 カ月のときから、南カリフォルニアのラグーナ・ビーチ、サンタモニカ、ウェストチェスターといった西海岸の町々で育った。私の両親は敬虔なルーテル派の信者だった。航空技師の父と専業主婦の母の間に長男として生まれた私は、神への信仰と勤労を重んじる倫理観

の中で、野球に興じる少年時代を送った。ウェストチェスターのルーテル派教会の日曜学校には毎週出席し、ボーイ・スカウトではリーダー格になった。6年間ピアノのレッスンを受け、後に学校の楽団ではバスーンの演奏を担当した。夏にはサーフィンとシエラネバダ山脈でのキャンプを楽しんだ。

　1960年代、若者文化の新潮流が私の人生に大きな影響を与えた。15歳になったある週末、クラスメイトと共に参加した霊的な集まりで、初めて神秘的な体験をした。そこでクラスメイトたちと何時間も討議を続けていたときに、突然トランス状態になった私は、部屋の中に「唯一の実在」だけがおり、その存在が部屋にいる35人の人々を通して語っていることを感じたのだった。以降数カ月間は、禅に関する本を手当たりしだいに読み漁（あさ）った。日本の禅寺に入ることも真剣に考えたが、まずその前に西洋や他の諸文化の伝統について一つ残らず学ぼうと決心した。

　私はジョンF. ケネディーが唱えた「公的な奉仕」の理想に感銘を受けて、世界情勢に常に関心を持つようになった。外交官の仕事に憧（あこが）れるようになった私は、1964年の夏、ワシントンD. C. を最終目的地とするグレイハウンド・バスでの全米横断の旅を決行した。こうして私は米国の首都を訪れて、ジョージタウン大学にある外交官養成学校を見学したのだった。その翌年、同大学に入学申請書を提出して受理された。1966年の夏、大学での生活が始まった。クラスメイトには、南米北米両大陸の諸国から赴任した外交官や、カトリック教徒で上流家庭の子弟がいた。そこにはビル・クリントンという名の若者もいた。

　もともと私はアメリカ合衆国の外交官となって国のために働くという強い望みと理想を抱いて首都ワシントンに来たのだが、大学で2年間を過ごすうちに、背広とネクタイの着用を求める服装規定やイエズス会士の教授が教鞭をとる大学の保守的な校風と、カウンター・カルチャーやその周囲で勢いを増しつつあった反戦デモとの間に葛藤を感じるようになっていった。私のルームメイトで無二の親友だったクリストファー・ハイランドは、マサチューセッツ州マーブルヘッド市の出身だった。クリストファー（クリス）は私の良き助言者となり、ワシントンD. C. の外交・政治サークルの名士を数多く紹介してくれた。

　1967年、私はクリス、トゥルキ・ファイサル（サウジアラビアのファイサル国王の息子の一人）タラル・シュベイラート（ヨルダン大使の息子）

と共に、国連が主催するパレスチナ難民のための舞踏会をワシントン D. C. で開く手伝いをした。当時の私のガールフレンドだったドーシー・カボット・ロッジは、メリーマウント・カレッジの学生でクリスの友人でもあった。彼女は1960年の大統領選挙で副大統領に立候補したヘンリー・カボット・ロッジ2世の娘で、当時有力な下院議長だったヘンリー・カボット・ロッジ1世の孫だった。クリスの父のサミュエルは、1930年代にロッジ1世が下院議員選挙に立候補した際に彼の選挙運動の責任者となり、後にジョンF. ケネディー大統領の任期中には、大統領の信任篤きアドバイザーとなった人物だった。

　私がジョージタウン大学でポロの試合に興じたり、大使館で催されるきらびやかなパーティーに出席する学生生活を送っていた頃、高校時代の友人たちはベトナムの戦地から死体袋に入れられて本国へ帰還していた。旧友たちは戦地から私に手紙を送り、戦争の恐ろしさを伝えて来た。ベトナム戦争は私に衝撃を与えた。当時の私は、戦争擁護について論じるために大学に講演に来た議員に詰め寄ったこともあった。1967年の夏期休暇中に南カリフォルニアに帰省した私は、カウンター・カルチャーの中心地の一つだったサンフランシスコ市内のヘイト・アッシュベリー地区で暮らしたことがある高校時代の友人から、カウンター・カルチャーの価値観についてさらに多くを学んだ。また私はガールフレンドの影響で、ハリウッド音楽や当地でのディスコ通いにも親しむようになった。

幻滅

　クリスが以前通っていたスイスの高校で、彼の同窓生で親友だったある人物が、大麻樹脂の大量不法所持で捕まり、南部の某州で投獄されたことをきっかけに、私は彼のこの友人の解放に向けた努力に、長期間にわたってかかわることになった。1967年、クリスはニューヨーク随一の社交界でデビュウを飾った。共和党の重要人物だった彼の父のサミュエルやリチャード・ニクソンが同席していたその舞踏会の会場で、クリスは「ブレイク」とここで仮称する彼の友人が南部の拘置所で囚われの身になっていることを高校時代の同窓生から知らされた。「ブレイク」はアメリカで最も由緒ある富豪の一つの跡取り息子だった。彼

の先祖には大統領の歴任者が二人もいた。当時のブレイクはアメリカ中の女性が結婚相手として憧れる若き独身青年の一人に挙げられていた。クリスとブレイクはスイスの由緒ある中等学校、エコール・ヌーヴェル・ドゥ・ラ・スイス・ロメーヌの同期生だった。ブレイクの祖父は、もしブレイクが彼の21歳の誕生日が来る前に一族の名誉を汚すような行いをしたときには、彼が相続することなっている3千万ドル以上の遺産は没収の対象となるという内容の遺言を生前に残していた。

　ブレイクは大量の大麻樹脂を彼の車で運ぶ話を友人から持ちかけられて、これを承諾した。大麻樹脂はブレイクの友人によって密かに米国国内に持ち込まれたものだった。しかし、ブレイクは大麻樹脂の運搬中に交通事故に遭い、車の中からこれを発見した警察は彼を逮捕した。ブレイクの強欲な近親者は、この事件を一家の遺産を独占する絶好の機会と見なした。彼らは判事を買収して、事件が法廷で審理される段階でブレイクが重罪に処せられるように手を打った。結局、ブレイクは悪名高き刑務所で20年の懲役刑を宣告された。ブレイクの近親者は、彼らにとっては遺産相続上のライバルだったブレイクが、重罪人として有罪判決を受けて一族の名誉を汚したからには、もはや彼に遺産相続権はないと主張した。こうしてブレイクは遺産の相続権を失った。

　クリスは無理を承知で獄中のブレイクに会うことを決意した。意外にもことはすんなりと運び、1967年の秋から翌年の冬にかけて、彼は数回にわたり刑務所を訪れることができた。ブレイクが投獄されたことを知ったマフィアは、遺産の件でブレイクの一族を脅そうと画策し、数百万ドルを支払わなければ、獄中のブレイクの写真を新聞社に送りつけると脅迫した。ブレイクの一家はマフィアの要求に応じなかった。するとマフィアは、獄中でのブレイクのおぞましい姿を撮影した写真を公表するとして、さらに圧力をかけてきた。マフィアは刑務所の役人を買収して、動物性ホルモンとシリコンをブレイクに何度も注射させた。このためにブレイクの姿は筋肉が隆々とした毛むくじゃらの獣のように変わってしまった。さらに彼の体には卑猥な入れ墨が数ケ所に彫られた。理由は明らかではないが、クリスはブレイクとの面会を許された。おそらく脅迫者たちは、面会を許可することがブレイクの一族に圧力をかけることに役立つと考えたのだろう。面会するたびにブレイクの姿が醜く変っていくことにクリスは恐怖感を募らせた。クリスはこのことを彼の

父のサミュエルと親友だった私にだけ打ち明けた。この数年前までボストンで弁護士兼検事としてマフィアとの対決に腕を振るっていた彼の父は、事件に巻き込まれないようにと助言した。しかし、クリスは友達を救出せずにはいられなかった。こうして私たち二人は何度かブレイクの救出を試みた。

　まず最初に私たちは連邦捜査局（ＦＢＩ）に出向いた。しかしＦＢＩの係官は、連邦政府の捜査令状が出る前に、ブレイクは刑務所の役人に始末されてしまうだろうと言った。折しも南部のいくつかの刑務所では、ブレイクの一件に類する汚職や刑務所の役人による殺人事件が報告されていたばかりだった。数多くの急務を抱えるＦＢＩ捜査官には、一人の不運な囚人を救うだけの余力はなかった。次に私たちはある上院議員に接触した。この人物はブレイクの親戚でもあったが、彼はブレイクの救出に手を貸すことを一切拒否した。

　最後に私たちはヴィット・ジェノヴェーゼ２世に連絡をとった。彼の父親のヴィット・ジェノヴェーゼ１世は、アメリカ最大のマフィアのボスであり、当時はレブンワース刑務所で服役中だった。ヴィット２世は私がジョージタウン大学の１年生だったときの同級生で、学生寮では私の隣室に住んでいた。ヴィット２世のルームメイトはマフィアの資金洗浄（マネーロンダリング）の責任者で弁護士でもあった人物の息子だった。クリスと私はヴィット２世と彼のルームメイトに、ブレイク一家に対するマフィアの恐喝行為を止めさせる方法を考えるように頼んだ。しかし、後に彼らからは、この一件には彼らジェノヴェーゼ一族とは別の一族がかかわっているので、一切、口出しはできないという返事が返ってきた。

存在意義の探求

　ブレイクをめぐる一件で、私はひどく混乱し憂鬱になった。彼を救出できなかったことに落胆した私は、大学３年生のときに首都ワシントンを離れて、ジョージタウン大学が出資していたスイスのフリブール大学でのプログラムに参加することを決めた。そこでの授業は 1968 年 9 月に始まることになっていた。

　学校が始まる前の夏休み中に、フォルクスワーゲンに乗ってヨーロッ

パを一人旅していた私は、南フランスでヒッチハイクをしていたイギリス人青年を車に乗せた。この青年は、地中海の北部沿岸にあるスペインのカダケスにある彼の母の別荘に私を招いてくれた。彼ら一家の友人には、画家のサルヴァドール・ダリがいた。私は2週間の間にダリの家に数回招待される栄誉に浴した。ダリと彼の妻、ガラは私を魅了し、彼らの影響によって私は新しい目で世界を見るようになっていった。ダリ家の客人の一人、フィリップ・ウェルマンはダリのためにサイケデリック・アートを制作していた。フィリップと私は友人になり、その後の4ヵ月間、私たちは常に行動を共にするようになった。二人はモロッコのマラケシュまで車で行った後に、パリとロンドンにまで足を伸ばした。パリのディスコに初めてサイケデリックな光を発する照明器具を取り付けたのは私たちだった。1968年の夏から秋にかけてパリで大金を稼いだ私たちは、ロールス・ロイスを乗り回して、売り出し中の若手女優、ファッション・カメラマン、映画監督といった先進的な仲間と遊び回った。こうした仲間たちは幻覚剤を使っていた。

　こうするうちに、授業をさぼっていた私に、もし現状が続くようならば除籍するという通告が大学から出された。スイスで学業に励むか、国籍を捨てて兵役を忌避するサイケデリックな実業家になるかの二者択一を私は迫られることになった。私は悩んだ。身の回りで起きた一連の出来事を消化して、存在意義をめぐる自己の葛藤を乗り越えたいという大きな欲求が私のなかにはあったからだ。そのうちに私は、スイスの平和と静けさが問題の解決を助けてくれるだろうと思うようになった。

　フリブール大学の学生寮、フォイエ・サン・ジュスタンの寮生になったその翌年、私は「ブレイク事件」をめぐるさまざまな体験に基づく小説を書き始めた。ウエスト・ロサンゼルスの実家に戻った1週間後にその小説は完成した。私は書くことを通して一連の体験を自分の中から手放すことができた。アメリカに発つ前夜に、友人たちはパリのカフェ・フルールで私の21回目の誕生日を記念するパーティーを開いてくれた。パーティーの席で私はこう宣言した。「人生でやりたいことはすべてやり尽くした。アメリカですることはもはや何もない」と。私をアメリカでの大学生活に復帰させた唯一の理由は、徴兵されることへの恐れだった。

著者（右）とヨーギー S.A.A.
ラマイア（1972年、シカゴにて）

聖なるトゥラシー草の前で礼拝する
著者（1973年、ワシントン D.C. の
クリヤー・ヨーガ・センターにて）

ヴィシュヌ神像に礼拝する著者（左）とカタラガマ寺院の住職（1980年）

スリランカ南部にあるカタラガマ寺院

ヨーギー・ラマイア（右）と彼の息子の
アンナマライ（1985 年頃）

ヨーギー・ラマイア（1988 年、モントリオールにて）

1986 年にハリドワールで開かれた「マハー・クンブ・メー
ラ」で行進する裸のサードゥーたち

著者がカナダ、ケベック州に設立したババジのクリヤー・ヨーガ・アシュラム

ケベック・アシュラム内のミーティング・ルーム

クリヤー・ヨーガとの出会い

　故郷に帰った週に、私は妹のゲイルの友人、ジョン・プローブに誘われてマリブにあるセルフ・リアリゼーション・フェロウシップ（SRF）のレイクシュラインを訪ねた。SRFは 1952 年にパラマハンサ・ヨガナンダが創設した団体である。私はヨガナンダの『あるヨギの自叙伝』を読み、その中に長年抱えてきた人間の存在にかかわるさまざまな疑問への答えを見出すことができたと同時に、ババジという存在について知るようになった。特にババジに強く魅かれた私は、SRFの修道会に入る許可を求めた。SRFからはそうすることが私の真意であるかどうかを確かめるために 1 年待つことを求められた。そこで私はジョージタウン大学での最終学年を終えることにした。しかし、学業への関心を失っていた私は、熱心に瞑想をして時間を過ごした。

　1969 年 9 月、大学に戻った私はクリス・ハイランドとの旧交を温めなおした。私は書き終えた小説のことや、これまでに自分の身に起きた出来事などについて、彼に詳しく話して聞かせた。私たちはブレイクや彼の家族の身元を決して明かさないことを誓い合った。報復によって私たち自身の生活が脅かされることを恐れたからである。また私はクリヤー・ヨーガによって人生の新たな意味を見出したことをクリスに話した。一方、クリスはカリブ海で休暇を過ごしたときに、ある霊的なグループとかかわりをもったことを私に明かした。それは黒魔術的なグループだった。そのグループは、将来クリスに強大な政治力を与えると約束したという。そして若き日のジョン F. ケネディーも、戦前、彼がカリブ海を訪れたときに同様な約束をされたというのである。またクリスは、最近霊的な生き方に目覚めた親友をその団体に入団させることになるだろうと言われたこと、そしてその親友とは私のことだと思うと語った。クリスはその団体の集会に一緒に参加するように私を説得した。クリスによると、この団体の集会に参加したときに不思議な心霊現象が起きたので、恐れと不安で一杯になったという。闇の影響下から何とか彼を引き離したかった私は、この集会に参加することを決めた。クリスとのかかわりが深まるにつれて「光」と「闇」そして「聖」と「悪」とを判別することに私は混乱を覚えるようになっていった。

　ついに私はイエズス会のトーマス O. キング神父に助言を求めること

にした。神父は私が新入生のときに学生寮でカウンセラーをしていた人物である。以前、私はヨーガについて神父と話し合ったことがある。そのときに神父から、彼が『あるヨギの自叙伝』を読んだこと、またチベットの僧侶と共にヨーガのリトリートに参加したことがあることを聞いていた。私が新入生だったとき、ジョージタウン大学病院の精神病棟の患者だった若い男の悪魔祓いを、同神父が執り行ったことも聞いていた。この患者は数年にわたって治療を受けていたが成果が現れず、担当の精神科医は、彼が何かに取り憑かれているという結論を下した。こうして、教会で行われる悪魔祓いの方法を心得ていたキング神父が呼ばれることになった。神父はこの患者に取り憑いていた悪霊の名を、2、3年間かけて突き止めようとした。これは悪魔祓いの儀式をするときに悪霊を呼び出すためである。このために神父は、深夜、青年の部屋に押し入らねばならないこともしばしばだった。こうして青年に取り憑いていた13の悪霊の名をすべて突き止めた後に、神父は所定の悪魔祓いの儀式を行った。儀式は首尾よく運んだが、その最中に、取り憑こうとした悪霊のために、神父の命が危険に曝されたという。（奇しくもピーター・ブラッティのベストセラー小説『エクソシスト』がこの数年後に執筆されて、これを題材にした映画がジョージタウン大学で撮影された）

　私は「スピリットの探求」と題されたキング神父の週末の講習を受けた。霊的な諸伝統に対する神父の該博な知識に敬服していた私は、重要な問題に対する神父の意見を尊重するようになっていた。最近起きたクリスとの一件を詳しく話した後に、私は牧師に次の質問を投げかけた。それは「ヨガナンダとクリヤー・ヨーガの教えは神性を実現する道なのか、あるいは悪魔に至る道なのか」という問いだった。そして神父は、これらの教えが神聖であるという確証を私に与えてくれたのだった。それから間もなくして、私はクリスとの付き合いを断った。以降、ニューヨークで再会するまでの21年間、私たちは一度も会うことはなかった。現在のクリスは実業家として成功しており、政治とは無縁である。

　ブレイクが受けた試練の顛末について述べておこう。私がヨーロッパにいた頃、ブレイクの家族は突撃隊を雇って南アフリカの大富豪の屋敷から彼を救出した。ブレイクは性愛用の「ペット」としてそこに売られ

ていたのだった。彼は米国のニューイングランドに連れ戻されて、現在そこで心を完全に喪失した植物人間として暮らしている。

ヨーギー・ラマイアとの出会い

　こうした出来事が起きてから間もない1969年の終盤、ワシントンD.C.のカウンター・カルチャー紙「フリープレス」に掲載されたクリヤー・ヨーガの講習開催の知らせが私の目に留まった。この講習はヨガナンダの弟子によって開かれているものに違いないと思った私は、ババジの直弟子であるS.A.A.ラマイアが、首都ワシントンに小さなセンターを設立しており、ニューヨークから毎月そこに来ていることを知って驚いた。こうしてリッグス・プレイスN.W.1818番地にある小さな建物を訪ねることになった私は、そこで出会ったヨーギー・ラマイアが放つ光と静けさに心を打たれた。ヨーギー・ラマイアの肌は赤褐色で、所々に縞状の白髪が混じった黒い頭髪と髭を長く伸ばしていた。彼が身にまとっていたのは、くるぶしまでの丈がある白綿布の腰布だけだった。ヨーギー・ラマイアの講話は美しく力強かった。彼はババジへの愛と帰依心にあふれていた。彼は講習会の参加者に「クリヤー・ハタ・ヨーガ」の18種のポーズと瞑想法を教え「シヴァヤ・ナマ・オーム」、「オーム・クリヤー・ババジ・ナマ・アウム」のマントラや、インドの聖歌の朗唱を指導した。これに続いて行われた1時間半の講義と1時間の質疑応答の中で、ヨーギー・ラマイアは南インド、タミル・ナードゥの文学を引用しながら、ババジの人生と使命について、さらにはクリヤー・ヨーガについて説明した。

　この講習を受けてから数週の間に、私はワシントン・センターの責任者で19歳のシェール・マンから、ヨーギー・ラマイアの人生についての詳しい話を聞いた。その後、ヨーギー・ラマイアが開く月例集会や講義に何回か通った私は、偉大なヒマラヤ聖者の弟子であり、ババジを深く敬愛するヨーギー・ラマイアに師事することが、自分にとってふさわしい道だと感じるようになった。私はヨーギー・ラマイアの「熱心にヨーガを実践せよ。世間に執着することなくそこで活動せよ。他に奉仕せよ」というメッセージにも啓発された。治療家であり所帯を持って暮らすヨーギー・ラマイアは、自身で先の理想の模範を示していた。

今後の自分の身の振り方についてヨーギー・ラマイアからの指示を仰ごうとして果たせなかった後に（まだ私はＳＲＦの修道会に入ることや、筆記と口頭試問に合格したばかりの外交官の仕事に就くべきかどうか迷っていた）私は一大決心をした。1970年6月、私はマンハッタンのローワー・イーストサイドでヨーギー・ラマイアからイニシエーションを受け、南カリフォルニアに新設されることになっていたアシュラムに入ることを決めたのだった。私は近代的で物質主義的かつ好戦的なアメリカ社会から切り離されてしまうように感じる一方で、現世での生活とヨーギー・ラマイアが説くヨーガの霊的な理想とを融合できないものかと考えた。またヨーギー・ラマイアが彼のアシュラムに住み込みで働く実習生に課していた規律ある生活こそ、気が散りやすい私の気質を制御するために必要だと感じたのだった。

ババジのクリヤー・ヨーガを伝授される

　1970年6月初旬にジョージタウン大学を卒業してから間もなく、私はヨーギー・ラマイアからクリヤー・ヨーガのイニシエーションを受けるためにニューヨークに向かった。イニシエーションはマンハッタンのローワー・イーストサイドにある、トンプキンス・スクエアから1ブロックほど離れた、東7番通り112番地にある建物の1階の小さなアシュラムで行われた。部屋は20名ほどの参加者で一杯だった。私は4日間連続で6段階のクリヤー・クンダリニー・プラーナーヤーマ（呼吸法）や、7つの基本的な瞑想法を丸一日かけて学んだ。その次の週末には、同じアシュラムで開かれた4日間にわたる「アンターラー・クリヤー・ヨーガ」（通称「リトリート」）に参加した。そこでさらに多くの呼吸法を学び、断食や丸一日間の沈黙行を行った。アパートの一室にあったそのアシュラムの中央には間に合わせの煙突がつけられており、その下で燃やされた儀式用の「マントラ・ヤグナ」の火の傍ら（かたわ）で、私はシェールと共に「オーム・クリヤー・ババジ・ナマ・アウム」のマントラを朗唱した。ヨーギー・ラマイアは「クリシュナ」と「ババジ」のマントラを伝授する前に、私がつい先頃までグルとして信奉してきたヨガナンダに敬意を表すように求めた。私はヨガナンダに意識を集中した。すると突然、まるで彼に抱きしめられているような感じがした。このときほど

私はヨガナンダの存在を身近に感じたことはなかった。以降、ババジと
ヨーギー・ラマイアに尽くしていくことに対して、私はヨガナンダの祝福
を求めてこれを得たことを感じた。同じリトリートの参加者で、ＳＲＦの
修道院に３年間尼僧として居たことがあるシャーンティ・シャーマン
という女性も、このマントラ伝授のときほどヨガナンダの存在を身近に
感じたことはなかったと後日私に話していた。

　このイニシエーションの数日前に、ＳＲＦのブラザー・モクシャナン
ダから、私の手紙を受け取った旨を知らせる返事が送られてきた。ヨー
ギー・ラマイアに師事する意向を、私はＳＲＦに書面で伝えていたの
だった。ブラザー・モクシャナンダ（彼はヨガナンダの死後数カ月後に
ＳＲＦに来た人である）は私宛の返事の中で、生けるグルの存在がいか
に貴重で稀であるかについて述べていた。

　ニューヨーク滞在中の私は、アシュラムから２ブロックほど離れた
ところにあり、アシュラムと同様にアパート内にあるドミトリー・セン
ターに住んだ。私はそこでヨーギー・ラマイアの12人の弟子と知り合っ
た。彼らは前年からクリヤー・ヨーガの実践に打ち込んでいた。北米で
クリヤー・ヨーガの教えを広める基礎を作ったのは彼らだった。その前
月には、ヨーギー・ラマイアの弟子の何人かが東海岸の新センターに配
属されており、二人の弟子はチェンナイのアシュラムの専従員（「レジ
デント」：住み込んでそこでの職務に従事する者）となるために、間も
なくインドに旅立つことになっていた。私は彼らの献身的な姿勢と帰
依心に触発された。

クリヤー・ヨーガ・センターの専従員となる

　ニューヨークでの「リトリート」の期間中に、自分の一生をクリ
ヤー・ヨーガに捧げようと決心した私は、クリヤー・ヨーガ・センター
で暮らすために必要な条件についてヨーギー・ラマイアに訊ねた。私は
向こう３カ月間にわたって、ヨーガ・センターの専従員に求められる規
則に沿って生活することをヨーギー・ラマイアに求められた。この試験
期間中に、ヨーガの理想に沿って生きることが私自身にとってふさわし
いことかを自ら見極めることが、彼の要求の目的だった。ヨーギー・ラ
マイアは自分のセンターを「クリヤー・ヨーガ・ドミトリー」と呼び、

1970 年にはニューヨーク市内のマンハッタン地区、ニュージャージー州ニューブルンスウィック市、メリーランド州ボルティモア市、ワシントンD.C.、さらにはケベック州モントリオール市にセンターが新設された。各センターには 1 人から 3 人の専従員がいた。私はマッカーサー大通りに間借りした自室の壁に「クリヤー・ヨーガ・ドミトリー」の規則をタイプ打ちにした紙を貼るように指示された。この「規則」には次のような内容が含まれていた。

1. 食事：菜食とする。甘味、酸味、塩味、辛味、渋味の
   5 種の味を含む食事を毎食とる。
2. 断食：毎週 1 日は流動食だけの「断食」をする。
   この断食を終えるときには、季節の果物をとるか、
   隔週ごとに塩分を含まない食事をとる。
3. 沈黙：週に 1 日、できれば週末に、最低 24 時間を
   無言で過ごす。
4. 家庭生活：クリヤー・ヨーガを生活の基盤とする
   パートナーがいない場合、またはそうしたパートナーが
   見つかるまでの間は禁欲生活を守る。
5. サーダナ：1 日平均 8 時間はヨーガを実践する。
   その際、次の 5 分野の行法を実践する。
   (1) ヨーガのポーズ（アーサナ）
   (2) 呼吸法
   (3) 瞑想法
   (4) マントラ・ヨーガ
   (5) バクティ（最も心を引きつけられる神の側面を表す
      献身的な活動）を行う
   ヨーガの行法を以下の日程にしたがって実践する。
   ● 午前 3 時〜6 時：アーサナ、呼吸法、瞑想法。
   ● 正午〜午後 1 時：瞑想法とマントラ・ヨーガ。
   ● 午後 3 時〜4 時：瞑想法。
   ● 午後 6 時〜8 時：5 種の行法のすべて。
   ● 午後 11 時 45 分〜午前 12 時 45 分：瞑想法とマントラ・ヨーガ。
      仕事の都合でこれら行法の一部が実践できない場合は、

同じ日の別の時間に必ず時間をとって実践する。

6. 仕事：週平均で 40 時間は仕事に従事する。
   就学者は学校で過ごす時間を就労時間と見なしてよい。

7. 金銭的な責務：専従員は賃貸料、食費および
   クリヤー・ヨーガ普及のための諸基金に毎月一定額を寄付する
   義務を負う。加えて随時行われる特別プロジェクトへの
   寄付の呼びかけに応じることが求められる。
   こうした寄付金は、センターが賃貸物件の場合には、
   これに代わる不動産物件の取得代金として、あるいは
   ヨーギー・ラマイアの旅費や電話代などに充てられる。

8. 服装規定：男性はインド製の白木綿の腰布（ドーティー）、
   女性は白いサリーを着用する。職場では洋服を着用しても
   よいが、できれば白い服の着用が望ましい。

9. 髪：専従員は髪を切ってはならない。
   男性は髭も剃ってはならない。女性は足や体の他の部分の
   体毛を剃ってはならない。職場では必要に応じて髪を
   頭頂で丸めて結っておく。

10. 来客：センターの主な目的は、専従員ができるだけ
    長時間、邪魔されることなくヨーガの実践に専念できる
    理想的な環境を提供することにある。
    したがって、来客は毎週の公開入門講習会のときを除いて、
    1 日 15 分間までとする。

11. 社交規定：専従員の異性との交流は、職場で必要となる
    意思の疎通、公開のヨーガ・クラスの場、およびセンターの
    維持に必要な事柄の話し合いに限定される。
    これは既婚者であっても男女がそれぞれ同性同士で交流する
    インドの慣習に倣っている。この習慣の目的はヨーガの
    実践にとって不要な障害を取り除くことにある。

12. 「服従は反論より偉大なり」：この格言や以下の格言をボード
    に大書して壁に掲げ、折に触れて熟考する。
    センターの新設や既存のセンターへの配属に関する
    ヨーギー・ラマイアの指示に従い、世界のいかなる地で
    あっても常に赴任できるような心の準備をする。

ヨーギー・ラマイアの指示には反論することなく従う。

13. 「質素な生活と高邁な理想」：センターには必要な器具、
タンスおよび棚以外の家具を置いてはならない。
専従員はインドでの生活に備えるために、床に座って
手で食事をする。同じ理由から、排便後はトイレット・
ペーパーではなく水で洗浄する。気が散らないように
するために、センター内にテレビやラジオを置いてはならない。

14. 「清潔さと神聖さは隣り合わせにある」：体の洗浄には
石鹸の代わりに挽いた緑豆の粉を用いる。石鹸を使うと
その残りかすが皮膚の毛穴に詰まり、老廃物の排出と
プラーナーの流れが妨げられるからである。
週に最低1回はゴマ油の風呂に入る。

15. 書面での報告：日誌をつけてその要約を週間報告書
として毎月ヨーギー・ラマイアに送る。
報告書には所定の期間内と1日平均で、各種の
ヨーガの実践にどの程度の時間を割いたかに加えて、
仕事、金銭的な貢献、食事、沈黙について自分の
義務をどの程度果たしたかについて記す。

　私はこうした規則に込められた理想に触発される一方で、はたしてこれを守ることができるのだろうかという疑念を抱いた。当時の私にとってはシェール・マンの励ましが不可欠だった。彼女には強い帰依心があった。二人はとても親密になり、私は彼女なしにクリヤー・ヨーガを続けることはできないと感じた。ヨーギー・ラマイアは常々から家庭を持つことはクリヤー・ヨーガの伝統の理想であると言い、クリヤー・ヨーガを生活の基本としているパートナーを探すことを弟子たちに勧めていた。センターで暮らす弟子たちの大半は既婚者であり、彼らにはすでに小さな子供がいたり、これから子供が生まれる予定の者もいた。私はシェールにパートナーになってくれるように申し込んだ。私がセンターの専従員に求められる先の理想の遵守を正式に誓うことを条件に、彼女は私の願いを受け入れた。ヨーギー・ラマイアは私たちの決定を祝福してはくれたが、まずは私に独身男性向けに設立されたニュージャージー州のセンターに住み込むことを求めた。ワシントンD. C.でシェールと

共に居られるようにして欲しいとヨーギー・ラマイアに懇願すると、し
ぶしぶながら彼は私の願いを聞き入れてくれた。

ババジとクリヤー・ヨーガへの帰依

　1970年の夏、ある未亡人が所有するマッカーサー大通りの部屋に間
借りしていた私は、クリヤー・ヨーガの規則と理想に徐々に慣れていっ
た。また当時の私はサヴィル書店でフルタイムの店員として時給2ド
ルで働いていた。夕食はシェールともう一人の専従員だったドナと一緒
にセンター内でとることが多かった。9月、私たちは予定どおりにヨー
ギー・ラマイアの3千冊におよぶ蔵書をレンタカーに乗せ、国を横断し
て南カリフォルニアのダウニーまで運んだ。

　その2日後、ヨーギー・ラマイアはロナルド・スティーヴンソンとア
ン・エヴァンズ夫妻とインドから戻り、カリフォルニアでは初めてのク
リヤー・ヨーガの公開講習会を開いた。私たちはその講習会に参加した。
その日の講習会には私の両親も来ていた。彼らは古参のルーテル派牧師
のハルフォーセン師と共にやって来た。講習会の間、両親は後ろの方で
静かに座っていたが、いったん講習会が終って外に出ると、彼らはクリ
ヤー・ヨーガ・センターの活動に従事していくという私の計画をあらゆ
る理由を挙げて阻止しようとした。いかなる説得も効を奏さないことが
分かると、父は私に向かって「おまえには風呂桶でも投げつけてやりた
いほど腹が立つ！」と言い捨てた。両親は私の教育に多額の投資をして
きた。私の職業の選択にはどのような条件も課してはいなかったが、愛
すべき息子が外交官としての将来を投げ捨てて「カルト」と映る集団に
入信しようとしていることに、両親は心底ショックを受けていた。当惑
して悲しむ両親の姿を見ることは辛かったが、私は自分がこれから
入っていく新しい生活の長所について彼らに説明した。2年前、渡欧前
の私と両親は常に親密でよく対話も交わしていたが、以降、私たちの考
え方には大きな食い違いが生じるようになっていた。

　センターに戻ったとき、私の心は揺れ動いていた。「さあ、心を決め
なさい」とヨーギー・ラマイアは私に言った。それはまさに重大な決断
だった。私はついに心を決めた。「ドミトリーに入って、ババジとクリ
ヤー・ヨーガに自分を捧げます」。これが私の出した答えだった。その夜、

ヨーギー・ラマイアと彼のアメリカ人のパートナーのアッヴァイ、さらにシェール、ロナルド、アンが見守る中、オイル・ランプの明りの前で私はババジに自分を明け渡して帰依することを誓った。真に祝福されていることを私は実感した。そしてこの夜、私は初めてシェールの傍らで眠った。

初期の厳しい訓練

　ヨーギー・ラマイアが私に最初に要求したことの一つに職探しがあった。当時、ヨーギー・ラマイアの下にやって来る若者たちの多くは、社会から落ちこぼれてしまい、社会と共存する道を探る努力を怠っていた。したがって、そんな彼らに職探しを求めることは、センターにおける重要なルールだった。ヨーギー・ラマイアは我々に「まず最初に見つけた仕事に就いてから、後でより良い仕事を探しなさい」と指示していた。有名大学を卒業してから間もなかった当時の私には、自分が就くべき仕事について独自の思いがあった。しかし、髭を伸ばして長髪という出で立ちで私が面接に現れると、本来ならば採用されるはずの職場の門戸もほとんど閉ざされてしまうことがわかった。当時、長髪であることは、すなわちヒッピーや麻薬使用者であることとほぼ同義だった。社会は「我々」と「奴ら」の陣営に二分されており、私は他方の陣営からすれば「奴ら」の一員に他ならなかった。職探しに数週間専念しても成果が上がらなかったので私の苛立ちは募っていった。毎夕、私が手ぶらでセンターに戻るたびに「仕事は見つかったかな？」とヨーギー・ラマイアに訊ねられた。見つからなかったことを伝えると、決まって彼は、それは私の努力不足のせいだと忠告した。

　ついに私はどんな仕事でも構わないという心境になり、百科事典の行商を始めた。しかし、終日方々の家を訪ね歩いた末に、それが徒労であることに気がついた。その次には、自動車部品の販売店で配送トラックの運転手の職を見つけた。その店はダウニーから町を一つ越えたところにあり、ウェストチェスターにある私の両親の家から数マイルしか離れていなかった。しかし、この仕事は数週間で解雇されてしまった。次に私は小さな輸入会社で別の職を見つけた。ここでの仕事は輸入仲介業務の書類をタイプするというものだった。ここで数カ月間働いた後、つい

に私は公務委員会から面接の通知書を受け取った。カリフォルニアに到着した直後に、私は公務員試験を受けたのだった。こうして私は保険教育福祉省のロングビーチ事務所で社会福祉員の補佐役として採用されて、依存症の子供を持つ家庭を担当することになった。この仕事に就くことで、ようやく私は経費の分担金の一部を支払えるようになった。

「ヨギヤー」（私たちはヨーギー・ラマイアのことを親愛の念を込めてこう呼んでいた）との生活は厳しかった。私はフルタイムで働くことに加えて、1日平均8時間をヨーガの実践に当てなければならなかった。カリフォルニア大学ロサンゼルス校（UCLA）で開催された「宗教とヨーガの世界会議」の第16回年次大会のような特別プロジェクトを遂行するためにも、多くの時間を割く必要に迫られた。私は諸々の宗教や霊的な伝統を代表する多数のゲスト・スピーカーと連絡をとらなければならなかった。道やショッピング・センターを歩くと、時折、労働者のひやかしに遭うこともあったが、ヨーギーが着用するインド式の服装で外出することに私は徐々に慣れていった。144種の技法のうち、まだ伝授されていない技法が習得できる「上級ドミトリー・トレーニング」の受講を私は希望していた。1970年末までに一定の条件を満たすことができたセンターの専従員には、144種の技法のすべてを伝授することをヨーギー・ラマイアは約束していた。こうした条件には6カ月間続けて1日平均8時間をヨーガの実践に当てることが含まれていた。時折、すべての条件を満たすことが重荷になって、落胆したり憂鬱になったりすることもあった。私とは対照的にシェールは力強く安定していた。彼女には動揺しやすい私の気質や迷いが理解できなかった。私たちはしばしば口論し、関係を修復するために賢明な助言をヨギヤーに求めることも何回かあった。

1971年1月下旬、ヨギヤーは私とシェールを呼び、良きパートナーとなるために努力してきた二人だったが、二人がこれまでの関係を終えるべきときが来たことを告げられた。私がシェールに愛情を注いでも、もはや彼女には私の愛に応える気持ちがなくなっていたことに加えて、もし私が彼女との関係を維持し続けようとすれば、彼女は私の許を去らねばならないだけでなく、クリヤー・ヨーガさえも捨てざるを得ない状況に追い込まれるだろうと告げられた。シェールとの永続的な関係を望んでいた私にとって、こうした話を聞くことはとても辛かった。しかし、

私はシェールの幸せを願っていた。このときにヨギヤーは、シェールに「アシュラマイト」（ashramite）としての道、つまり、彼女がヨギヤーの近くに住んで、より高度な訓練が受けられる道を示した。

　シェールとの別離という事態に直面した私は、ノーウォーク・センターの裏庭で一人泣いた。私はこれまでの出来事を振り返ってみた。一方では真摯にクリヤー・ヨーガの道を歩み続けたいと望みながらも、他方では服装規定を初めとするさまざまな規則を守ることや、親に落胆されて反対に遭ったこと、まともな仕事に就けないことによる金銭的なプレッシャーがあったこと、さらには長時間にわたる「カルマ・ヨーガ」の実践からくる睡眠不足などに直面して、この道を歩み続けることの難しさを私はひしひしと感じていた。私のこうした葛藤はしばしばシェールとの間に摩擦を起こす原因となっていた。シェールはこの1年間あまり、私がこうした問題の多くを克服することを助けてくれた。私はこのことに対して彼女に心から感謝していた。しかし、こうした努力は犠牲の上になり立っていた。そして結果として、二人の関係は損なわれてしまったのである。

　しかし、私はババジへの愛、クリヤー・ヨーガのすばらしさ、さらにはヨギヤーが示してくれた新しい生き方から多くのインスピレーションを得た。そしてババジの恩寵によって、私はシェールとの別離を乗り越える力を得て、シカゴやインドで新たな任務に就くことを心待ちにするようになっていった。

　シェールと私との「実験的な関係」が終ったことが、ヨギヤーから他の弟子たちに伝えられた。このときにヨギヤーは、上級トレーニングが終了する1971年の春に、私がシカゴに派遣されることを発表した。

　シェールと別れてから間もないあるとき、ヨギヤーは、私が困難な試練を乗り越えたこと、そしてこれによってクリヤー・ヨーガの道における私の歩みは大きく飛躍するであろうと私に語った。

　シェールはクリヤー・ヨーガの道を献身的に歩み、ほどなくしてヨギヤーとの間に「アンナマライ」という男子を設けた。彼らは1974年にインドのハリドワールで開かれたクンブ・メーラにそろって参加した。しかし、それから間もなくしてシェールはアシュラムを去った。ヨギヤーは親切にも、彼女がアシュラムを出るときに残した手紙を私に見せてくれた。そこには、これまでに多くの学びを得たことへの感謝やヨギ

ヤーへの尊敬の念が綴られていた一方で、彼が求める厳格な生活を、も
はやこれ以上は続けられないという彼女の気持ちが述べられていた。

初めての任務

　1971年4月、上級の技法を11週間にわたって学んだ後に、私はクリ
ヤー・ヨーガのセンターを開設するために、ヨーギー・ラマイアの指示
によってシカゴに派遣された。私は古い運搬車を運転してシカゴまで行
き、オーチャド通り2800番地のアパートに間借りをした。そして倉庫
で貨物トレーラーに重い箱を荷積みする時給2ドルの仕事を見つけた。
夜はエヴァンストン・タクシーという会社のタクシー運転手としても働
いた。秋になると、クック郡福祉事務所の福祉員としての新しい仕事
を見つけた。この職場はシカゴの下町にあるスラム街近くの物騒な
地域にあった。私は週に1回、公開のヨーガ・クラスで教え始める一方
で、144種の技法を熱心に実践し始めた。日曜日には「タパス」を行い、
最低24時間は休みなく瞑想した。1972年8月から1年間におよぶイン
ドでの任務を果たすために、5千ドルを貯めるようにヨギヤーに言われ
ていた私は一生懸命に働いた。

　インドに旅立つ日がついにやって来た。私の前任者は一人残らず災難
に遭っていたので、私は不安でいっぱいだった。私を空港に迎えに来た
デイヴィッド・マンは、それまでの半年間を黄疸で寝込んでいた。デイ
ヴィッドは彼の任期中に、あり金すべてと書類を盗まれていた。デイ
ヴィッドの前任者のドルフとバーバラ夫婦は、ヨギヤーからアシュラム
の管理を任せられてからわずか1ヵ月後に辞任した。ドルフはベンガルー
ルの精神病院に入院するはめになり、当時妊娠中だったバーバラはすっ
かり神経が参ってしまった。

　着任後の1週間は、デイヴィッドがチェンナイ市内を案内してくれた
り、アシュラムの諸々の仕事を私に教えてくれた。しかし、数日後には
彼が帰国することになっていたので、一人インドに残される私はひどく
不安だった。空港でデイヴィッドに別れを告げて、チェンナイ市サント
メ地区の海岸近くにあるアシュラムに戻るやいなや、私は下痢と発熱に
見舞われて寝込んでしまった。2、3日後、その原因が、ある店で買った
バターミルクにあることに気づいた私は、それ以降はお湯だけを飲むこ

とにした。

　続く9カ月間、私はサントメ地区にあるアシュラムとヨーギー・ラマイアの故郷のカナドゥカタン村を往き来した。カナドゥカタン村へ行くには、約8時間かかる急行バスか、それよりもさらに時間がかかる列車を利用しなければならなかった。私はチェンナイとカナドゥカタンの両地でヨーガ・アーサナのクラスを教えていた他に、毎週、地方の寺院でヨーガを指導していた。こうしたヨーガのクラスでは、アシュラムのベランダで18種のポーズを実習するほか、マントラの朗唱をしたり聖歌を歌ったりした。ヨーガ・クラスの参加者たちは草で編んだマットに座ってクラスを受けた。蒸し暑い夕べに開かれるこうしたクラスにやって来るのは、多くの場合は地元の子供たちだったが、時折、大人の参加者が来ることもあった。快活な子供たちと接することは私にとって大きな喜びだった。しかし、大半の子供の目当ては、クラスが終わってから配られるお菓子にあったようだ。タミル地方の日々は、神々との交流を目的とする行事によって規則正しく区切られている。そこでは祈りや神に食べ物を捧げることが生活の一部になっており、人々は神に捧げられて祝福された食べ物「プラサード」をいただく。ヨーガ・クラスの最中に寺院の祭事を担当する僧侶がやって来ると、私たちはクラスを中断して礼拝に参加した。礼拝の参加者たちは寺院の大きな鐘を鳴らし、僧が歌う聖歌に合わせて、歌の一部を繰り返して朗唱した。石や銀製のガネーシャ、シヴァ、ムルガンなどの神像の前で僧が樟脳ランプを揺らす中、人々は恍惚の境地に至るのだった。

　近隣の貧しい人々に毎日バターミルクを配ることも私の仕事の一つだった。子供たちはバターミルクをもらうために歓声を上げながら私の回りに集まってきた。レンズ豆で作った「アッパラム」という大型のウエハースを、毎朝やって来るカラスに与えることも私の日課だった。このほかアシュラムを運営するための諸々の仕事があった。こうした仕事には、アシュラムの維持、経理、税務、使用人の監督、本の出版、寺院で使う御影石製の彫像などの特別な品々を北米へ発送することなどがあった。

　私は海に面したポルト・ノーヴォの村にあるババジの生誕地を定期的に訪れた。ババジの生誕地はインド政府が所有する三角形の土地の中にあった。そこへ行くためには鉄道の駅から荷馬車に乗る必要があった。

いざそこへ到着すると、私は星空の下、いばらの茂みの中で野宿をしながら、2千年近くもの昔に、少年だったババジがそこで遊んでいた時代に思いを馳せるのだった。

　私は多くの時間をヨーガの実践に当てた。チェンナイの喧噪（けんそう）を離れて、平安なカナドゥカタンでヨーガをすることは、私にとって一番の楽しみだった。深夜、町の郊外にあるカーリー女神を祀る寺院へ行き、そこに来るコブラやサソリの危険も忘れて瞑想に耽（ふけ）るのが私は好きだった。深夜、星空の下、サマーディ瞑想法によって無呼吸の状態になると、私は新しい気づきと存在のレベルを体験した。

　カナドゥカタンのアシュラムは、全室が中庭に面する大きな家だった。赤粘土製の瓦で葺かれた勾配のあるアシュラムの屋根は、私の故郷のカリフォルニアの家々を思わせた。外部からの熱を遮断するために、レンガの壁には90センチもの厚みがあった。アシュラム内の部屋はもっぱら倉庫として使われていたので、私は中庭に面した天蓋付きのベランダで暮らしていた。後方にある大きな部屋は台所として使われた。この部屋の壁際の床は一段低くなっており、そこに開けられた穴がカマドとして使われた。カマドの上方にある窓は、薪（まき）から出る煙を逃がすための煙突の役目を果たした。夜になると、猫よりも大きなネズミがアシュラムを徘徊した。私と使用人の少年のラクシャマンは、大きなこん棒を振るいながら、しばしばこの大ネズミたちと立ち回りを演じた。

　アシュラムの設備はとても原始的だった。生徒たちはコンクリートの床にマットを敷いて、薄い1枚の布だけを体に掛けて眠った。この布は夜の蒸し暑さを増すことなく、蚊の攻撃から私たちを守ってくれた。私は床に座りながらバナナの葉を皿にして食事をとった。食事が終わると、この葉を丸めてただ窓から放り投げればよかった。後でこれは牛やヤギたちの餌（えさ）になった。アシュラムの料理人は3人の小さな子供を持つ年若い母親だった。毎朝、彼女は乾燥した牛糞を台所のカマドの燃料として燃やした。日中、彼女はカナドゥカタン村の路地から燃料の牛糞を拾い集めるのだった。朝食には「イドゥリ」という米のパンか「ドーサ」という米のパンケーキにコリアンダーとタマリンドで味つけをしたカレー、「ヴァダイ」と呼ばれる油で揚げたレンズ豆の小さなドーナツ、そして小さなカップに入れた蜂蜜入りの熱いミルクが出された。昼食には土鍋で調理した白米とレンズ豆のカレーに加えて、キャベツ、ナス、

トマト、オオバコ、インゲンなどの野菜炒めとバターミルクが出された。通常、夕食は「ドーサ」かお粥のような軽食だった。

　アシュラムの住人は、裏庭にある深さ4、5メートルの井戸からバケツで水を汲み上げて体を洗った。1日に最低1回は、緑豆を挽いた粉末とゴマ油を使って体を洗浄した。また時間が許せば、日に3、4回はバケツに汲んだ水で行水をした。

　そこでの洗濯はインド式だった。これは石鹸水に浸した洗濯物を平たい石の上に乗せて、丸めたり絞ったり叩きつけたりして汚れを落とすという方法である。このときに、びしょ濡れの洗濯物を肩の上方に振り上げて、できるだけ強く石に打ち付ける。その後、現地の人々が「青い粉」と呼ぶ粉末を溶かしたバケツに洗濯物を浸してから、これを茂みに広げて干すのである。私は「ドーティー」（腰からくるぶしまで覆う幅広の布）「トンドルゥ」（肩を覆う布）そして「カウピン」（腰布）しか着用していなかったので、洗濯は力が要ってもいたって簡単だった。

　裏庭の一角には西洋式のトイレがあった。アシュラムで体をすっきりさせるための唯一の施設がこれだった。もともとトイレットペーパーなどはないために、用を足した後はマグカップに入れた水を使って伝統的な方法で洗い流した。

　週に一度、私はアシュラムから20キロほど離れたカライクディという小さな町の青空市場に食料品の買い出しに出かけた。ここではすべての値段が交渉で決まる。私は布製のショルダー・バッグに食料品を入れて持ち帰った。田舎のおんぼろバスに揺られての買い出しは、行き帰りで丸一日かかった。週に一度のこの買い出しの日には、カライクディのガネーシャ寺院でヨーガを教えていたので、帰りはいつも夜が遅かった。バス停を降りる頃にはいつも夜空に星がきらめいていた。星空の下、バンヤン樹（ベンガル菩提樹）、村の貯水池、ヤギ、吠える犬などの傍を通り過ぎて、私はアシュラムに到る道を歩いて戻るのだった。こうした夜のことは忘れ難い思い出になっている。夜間は電気が使えないことが多かったので、オイル・ランプ、ロウソク、懐中電燈などの灯で過ごした。

　私がインドに渡る以前から、ヨーギー・ラマイアは弟子たちにインド式の生活をするように求めていた。床に座って手で食事を食べ、トイレの後は紙を使わずに水で洗い、インドの服を身につけて水は沸して飲み、

香辛料がきいたインド料理を食べるという生活である。こうした事前の準備は、インドの生活に慣れることを容易にしてくれた。これはまた「質素な生活、高邁な理想」という生き方を身につけることを私に教えてくれた。今日のインドでも勢いを増しつつある、物質的な快適さを追求する洋風の生活の中で、人々はしばしば永続的な喜びの源を見失う。それは本来、自分の心の中にだけ見いだすことができるものである。

1973 年 3 月、ババジの生誕地をインド政府から購入する許可を得るために、私は後任のエドモンド・アヤッパと共にニューデリーを訪れた。1971 年に開かれたイラーハーバードの「クンブ・メーラ」と呼ばれる聖なる祭りで、ヨーギー・ラマイアの知己の観光大臣、カラン・シン博士に会ったことがきっかけで、土地を取得をする可能性が開けることになった。そしてついに土地を購入する許可が下り、1975 年、この神聖な場所に御影石の美しい聖堂が建立された。

「闇の核心部」ペンタゴンへの就職

1973 年にシカゴに戻った私は、ワシントン D. C. の小さなセンターの責任者になるように指示された。私は芸術人文科学基金（National Endowment for the Humanities）で事務員の職を見つけた。インドでの体験の興奮が冷めやらぬままで、私は職場でヨーギーの服装をする許可を人事部長から得ようとして丁重に断わられた。また公務員試験を受けたところ、上々の出来栄えで試験に合格することができた。すると労働省とペンタゴン（米国防総省）の海軍戦略部長から、人事部門のエコノミストとして働かないかという誘いが舞い込んできた。面接を受けるためにペンタゴンに出向くと、廊下の上方に「海上戦の素晴らしい世界へようこそ」と大書された標示が掲げられていた。これを見た瞬間、私はそこで踵を返して帰ろうかと思った。ヨーギー・ラマイアに二つの仕事のいずれを選ぶべきかを訊ねると「ペンタゴンでの仕事に就きなさい」という答えが返ってきた。私は困惑した。

1960 年代後半、ペンタゴンに抗議する大規模な反戦集会には必ず参加していた私には、おそらくそこで働くべきカルマがあったにちがいない。ジョージタウン大学を卒業した直後、私は神学徒として兵役の免除を申請していた。クリヤー・ヨーガ・センターとそこで要求される条件は、

神学校の場合と同じであることを私は申請書に記した。ヨーギー・ラマイア、ジョージタウン大学のルームメイトだったエド・プラス、さらに私の父がこの申請を支持する手紙を書いてくれた。アメリカ合衆国の歴史上で、ヨーガの実践者として兵役を免除されたのはおそらく私一人だろう。その私がついに「闇の核心部」で働くことになってしまったのである。

　ペンタゴンで仕事を始めた最初の数カ月間、私は意気消沈していた。ベトナムのジャングルでの実戦経験がある軍人には、髪と髭を長く伸ばして、上から下まで白ずくめの私の姿は奇異に映ったに違いない。私は昼食時間などを利用して、マントラ・ヨーガを熱心に実践した。しかし、ヨギヤーは公開講演会の最中に、私が「スナックでピーナッツを食べながら暇を潰している」だけでなく「仕事をさぼっている」と非難した。透視能力があるヨギヤーには何も隠し事ができない。1950年代と60年代、ヨギヤーはスリランカやオーストラリアで、医者が立ち会うなか、長時間にわたって心臓や呼吸を止める公開実演をしていたが、もはやそうした実演はしていなかった。しかし、身近にいる弟子たちに対しては、彼らを援助したり刺激するために自分の能力を密かに使っていた。こうした能力についてヨギヤーは「決して自分の利益のために使ってはならない」ことを折に触れて話していた。

　1975年と76年にかけて、私はワシントン地域の数人の弟子たちと共同でN.W.6番通り6918番地に家を購入し、そこにセンターを移した。私はこのセンターの裏庭にババジに捧げる美しい聖堂を建てる計画の音頭を取り、さらには、ジョージタウン大学で開催された「宗教とヨーガの世界会議」第22回年次大会の組織運営にも当った。金銭的な重責があったので、私は本業以外にインド料理店でも働いた。しかし、会議の期間中にヨギヤーは私の自我に痛烈な一撃を食らわせた。このときは、まるで現実が崩壊するような衝撃を私は味わった。ヨギヤーは弟子たちに対して「ババジ・ヨーガ・サンガ」の組織から出す手紙には、自分の名前ではなくイニシャルだけを記入するように指示していた。これはある役目を果たす弟子が、それをすることに自我意識を持ち込まないようにするための配慮だった。しかし、発信人がイニシャルしか入れずに手紙を出せば、会議で講演を依頼するゲストの講師に対して失礼にあたるだけでなく、混乱を招くことになると私は独自に判断したのだった。さらに

ヨギヤーは自分の部屋が寒いと苦情を言い、その原因は彼の部屋に電気ヒーターの設置を怠った私にあるとなじった。こうしてヨギヤーは、すべての弟子たちの面前で私を非難し、今後私には「ババジ・ヨーガ・サンガ」のいかなる支部の代表者の肩書も与えないことを宣告した。この出来事は、自尊心、憎しみ、嫉妬、怒り、不安、欲望など、自身の内面に潜む最も醜悪な側面に直面させるためにヨギヤーが弟子たちに対して行った数々の行為の一つにすぎない。こうした事態に直面した者は、沸き起こる感情にとらわれずにそれを手放すことを学ぶか、組織を離れていった。長年の間に、私の数多くの友人を含む大半の生徒たちがヨギヤーの許を離れていった。

「シベリア」送り

　1977 年、私の友人が組織を離れたために、モントリオール・センターの管理者が不在になった。別の生徒をそこに派遣しようとして果たせなかった後に、ヨギヤーは私に対して、そのセンターに移るための最大限の努力をするように求めてきた。6 週間後、私はカナダ政府から移住のためのビザを入手した。ペンタゴンからはサンディエゴ勤務を命じられていた私は、クリヤー・ヨーガの任務でカナダ行きの話が出たときには、ワシントンとサンディエゴの間を往復する生活をしていた。ベトナム戦争も終わり、あのペンタゴンにさえ瞑想クラブが誕生していた。ジョージ・ワシントン大学で数理経済学の修士課程を修了していた私は、学んだ知識を実際に応用できる職場での仕事に、ちょうど意欲が湧き始めていた頃だった。当時の私は、例の一件で受けた傷を癒す過程にあった。私の心は引き裂かれた。まるで私には、カナダに行くことがシベリア送りになることのように思えた。少なくともサンディエゴに居れば、ヨギヤーの近くにいることができた。ヨギヤーは大半の時間をメキシコとカリフォルニア州の国境近くにあるインペリアル渓谷のアシュラムで過ごしていた。私はさらに頻繁にヨギヤーと接触して、より親密な形で彼に仕えることを望んでいた。結局、ババジへの祈りと帰依心に支えられて、私はモントリオール行きを決心した。

　モントリオールでの職探しは困難を極め、しかも長期にわたった。職探しをしていないときには、センターとして使われていた、かなり老朽

化が進んだ 3 階建てアパートの全フロアにペンキを塗ったりして過ごした。2 カ月もの間、猛吹雪の中を方々探し回った末に、私はキーパンチャーの仕事を見つけた。それから数週間後には、ベル・カナダで経営のシミュレーション・モデルを担当するエコノミストとしての職を得た。しかし、この職場の上司は、私や私の菜食主義を嫌った。1 年半後、私は別の仕事を探すように申し渡された。しかし私はさらに良い仕事をほどなくして見つけることができた。それは海外通信を業務とするテレグローブ・カナダの経営分析マネージャーの役職だった。

　途中の 1 年間を除く以降の 11 年間にわたって、私はカナダからニューヨーク州の北部にあるセント・ローレンス郡リッチヴィル市までの往復 480 キロの道程を、毎週末、車で往復することになった。私の任務はそこでヨーガ・アーサナのクラスを指導することだったが、実際のところクラスには一人の参加者も来なかった。正確には、地元の農家の主婦、マーリーン・ノールトと、少し後になってから彼女の夫が、最後の数年間にクラスへ来るようになった。最終的にこの二人は、クリヤー・ヨーガのイニシエーションを受けることになった。

　私にはそこで果たすべき、より重要な任務があった。それはクリヤー・ヨーガのニューヨーク・サンガが所有する 30 エーカーの土地に 1975 年に建てられたムルガン神の寺院でプージャ（礼拝の儀式）を執り行うことだった。この土地はリトリートをする場所を確保するために、ヨギヤーが下見をせずに競売で 3 千ドルで買ったものだった。ここの小さな丘の上にムルガン神の寺院を建てる案が出されたのは、1975 年 7 月、1 週間にわたって行われたリトリートのときだった。このときにヨギヤーはある夢を見た。その夢の中で彼は、マントラの伝授に間に合うように、3 日以内に寺院を建てるようにとババジに告げられたのだった。30 人余りの生徒たちが地元の石工と共に昼夜の別なく働いた結果、高さが 18 フィート（5.4 メートル）、一辺の長さがそれぞれ 13 フィート（3.9 メートル）ある建物が軽量コンクリートのブロックで築かれて、さらにその上には 5 段のピラミッド状の屋根がブロックで造られた。加えて御影石製のムルガン神の像、その神妃のワッリとタイヴァニの像、そしておよそ 11 キロの巡礼の道程を先導する白い雄の小牛が購入された。この巡礼は象が繰り出して盛大に開かれる、スリランカ、カタラガマのムルガン寺院での「水切り祭」りに倣って「ヴェル、ヴェル、ムルガン、ヴァティ、

ヴェル、ムルガン」と朗唱しながら、ニューヨーク州の田舎道を練り歩いて行われた。

　私は「ナンディー」と名付けられた雄小牛の世話も任されていた。当然ながらこの子牛は、体重が900キロを超える成牛になった。ニューヨーク州は、たとえ囲いの中であっても雄牛を放し飼いにすることを禁じている。このためナンディーは鎖に繋げておく必要があった。この鎖を繋いだ4フィート（1.2メートル）の杭は、5フィート（1.5メートル）の鉄の棒と一緒に束ねて地中深くに埋めておかねばならなかった。週に一度はナンディーを新しい牧草地に移す必要があったので、私はこの雄牛の鼻輪を引きながら杭を移動しなければならなかった。それは危険な作業だった。牛の体調を維持するために、最低1マイル（1.6キロ）の距離を散歩させる必要もあった。ナンディーは隣の農場にいた雌牛の群れに気を引かれていた。去勢されていなかったので、雌牛と交尾しようとして疾走することもあった。鎖を切ったり、散歩のときに逃げ出そうとしたこともある。ナンディーはずる賢く、予期せぬ行動をとり、とても敏捷な上に強靭だった。私の内に恐れがあるのを見てとると、頭や蹄で攻撃してくることもあった。私はナンディーに突き倒されて、その頭で押し潰されそうになったことが何回かあった。こうした事件が数回起きた後に、私はヨギヤーに電話をかけて、年に一度の行列と儀式には、もっと小形の動物を使った方が良いのではないかと進言した。しかし、ヨギヤーは考えを変えなかった。白い雄牛はシヴァ神の乗物なので、これを変えるわけにはいかないというのである。私は自分の感情に執着せずに、徐々に恐れを克服することを学んでいった。

スリランカへの巡礼

　私はリッチヴィルにある聖堂でクリヤー・ヨーガを集中的に実践した。それは私にとって素晴らしい日々だった。クリヤー・ヨーガを終日行う「タパス」を50日以上にわたって続けることもあった。信愛の念が深まって意識が内面に向かうにつれて、素晴らしい霊的な体験が数多く起こるようになった。

　毎年数週間は、休暇中にヨギヤーの手伝いをしたり、彼と共にリトリートに参加するために、私はアリゾナかカリフォルニアにあるアシュ

ラムに赴いた。ヨギヤーは2週間ごとに助手を交代させていた。彼らは多忙なために、夜は2、3時間しか寝ていなかった。リトリートや講習会でのヨギヤーは、シッダたちの詩をよく朗読してくれた。彼は詩節についてしばらく黙想した後に、その意味について解説するのだった。ヨギヤーはシッダたちの教えについて多くを書き記してはいないが、我々弟子たちは彼の講義を通して、シッダたちが抱いたビジョンや文化に親しむことができた。ヨギヤーの講義は霊感にあふれていた。特にシッダの詩を解説するときには、まるでシッダ自身が彼を通して語りかけているように思えた。とりわけボーガナタルの詩を解説するときにはそうだった。リトリートの期間中には、ヨギヤーの厳格で権威的な姿勢が、優しく愛情あふれるものに変わることもしばしばだった。そしてマントラ伝授のときの彼は、まるでババジと一体であるように感じられた。

　1980年、ヨギヤーは私を再びインドに派遣した。このときには急を要する計画が数多くあった。具体的にはシッダ・ボーガナタルの著作全集の印刷の指揮監督、チェンナイ・アシュラムの改修、ヨーガ療法と理学療法の大学の設立地となる広大な土地の購入、スリランカのデヒワラへのアシュラムの建設などが予定されていた。インド滞在のビザが切れると、私はインド亜大陸の東南にある常夏の楽園、スリランカへと渡った。長年私はカタラガマの密林にあるムルガン神の有名な寺院のことや、この島にまつわる諸々の事柄について聞いてきた。カタラガマはババジが最初のグル、シッダ・ボーガナタルの庇護の下に光明を得た地である。

　私はまず島の南西沿岸にある首都コロンボへと向かった。コロンボへの到着後、前任者のミナクシスンデラムが間借りしていた一室へと私は向かった。この一室はセンターとして使われていた。部屋はデヒワラにあるカナル・バンク通りの終点にあり、ちょうどデヒワラとコロンボのウェラワッテ地区を分かつ小運河の向かいにあった。センターのある建物は農園主の屋敷の裏側に隣接して建っていた。ここはコロンボ南方の郊外に位置するデヒワラの中の孤立した場所にあり、すぐ近くにインド洋を臨む海岸があった。部屋の敷居をまたぐと、そこにはぎょっとするような光景があった。「きっと君もネズミや糞にすぐ慣れるよ」と、部屋に入るなりミナクシスンデラムはこともなげに言った。私は暗がりの中で部屋の天井を見上げ、次に床に視線を落とした。「床一面のネズミの糞は、天井の格子板の隙間から落ちてくるんだよ。ネズミがそこに巣を作って

いるんでね」と彼は付け加えた。

　「こんなところには住めない！」と叫んではみたものの、その状況から逃れることが、ほぼ無理なことを私は感じていた。1973年から75年にかけて、私たち二人はワシントンのセンターで共同生活をしていたことがある。センターの隣にあったゴキブリだらけの彼のアパートを訪ねたときの情景が、突然、私の中でよみがえった。「どちらがましだろうか」と私は思った。結局、その後の9カ月間、この薄汚れた部屋が私の住み処になった。

　ミナクシスンデラムはバンバラピティヤ・ヒンドゥー・ハイスクールでの週1回の集りのときに、地元に住むヨギヤーの弟子たちを私に紹介してくれた。彼らは学校のバルコニーで18種のヨーガのポーズや聖歌とマントラの朗唱を実習してきた。その後ミナクシスンデラムはアメリカへと旅立った。私は簡素な自室の掃除をすませて近所へ散策に出た。そしてスリランカの美しさや、そこに住む人々と文化の素晴らしさをすぐに実感した。この地で真剣にサーダナに打ち込もうと私は決意した。だが、私にはその前にするべき仕事があった。

　私は高さが60センチ、重さが20キロ以上もある御影石製のヴィシュヌ神像をチェンナイから飛行機で運んできていた。これはヨギヤーがマハーバリプラムの村に住む有名な彫刻家、ガナパティ・スタパティに制作を依頼したものだった。チェンナイの南にあるマハーバリプラムの村は、彫刻家たちが多く住むことで知られる。私が運んだヴィシュヌ神の石像は、盗難で石像を失った、ある寺院に奉納されることになっていた。それはカタラガマにあるタイヴァニ・アンマン女神を祀る寺院の右手に立つ寺院だった。海岸沿いの道や森の中の道を丸一日延々とバスに揺られた後に、ようやく私はカタラガマの村にたどり着いた。重い荷物を抱えながら寺院に向かった私は、この地が発する安らぎと至福の波動に圧倒された。このときほど神を身近に感じたことはない。細工を施した鉄門を挟む左右の壁には、何頭もの象の彫像があった。壁から突出した象の灰色の頭部、白い牙、そして胸や足からは荘厳な気配が漂っていた。壁の上には数匹の猿がいた。門の向こうには、平家（ひらや）の建物が三棟並んでいた。これらはみな寺院だが、建築物としてはほとんど注目に値しないものだった。波形のブリキで葺かれた寺院の屋根には、45度ほどの勾配があり、前方には小さな鐘楼があった。何人かの人々が寺院を出入

りするのが見えた。

　ムルガン神を祀るこの寺院を管理しているのは仏教徒の僧侶たちだった。この地の神秘的な力が祈願者の願い事を叶えてくれることから、いつしかここは仏教徒の信仰を集めるようになっていた。ガネーシャとタイヴァニを祀る寺院の管理は、寺院の左手にある僧院に住むヒンドゥー教徒の僧侶たちに任されていた。私は壁づたいのはるか右端にある別の門へと導かれた。そこはタイヴァニ・アンマン寺院に付属するシヴァ派の僧院の入口だった。私は微かに灯る大きな部屋に通された。部屋には歴代の僧院長たちの大きな写真が掛かっていた。彼らは皆、虎や鹿の皮でできた敷物の上に座って室内を見下ろし、その際立った痩身には修行者の波動が漲っていた。彼らの髭は長く伸びて髪はもつれ、大きな目は光輝に満ちていた。その眼差しから伝わってくる力強さと勇気、そして部屋を満たす神聖な雰囲気に私は心を動かされた。現職の僧院長が現れるのを待つ間に、庭へと通じる戸口から外を覗くと、白い小さな聖堂が並んでいるのが見えた。サマーディに至った歴代の僧院長やこの地に縁のある聖者たちがそこに安置されているのである。ヒンドゥー教では、伝統的に聖者や教団の長の場合を除いては、一般信者が埋葬されることはない。聖者の亡骸が聖堂に安置されていると、弟子と死後の世界にいる師との接触が容易になると信じられている。

　しばらくして現僧院長である年長のスワーミーが部屋に入って来た。彼はタミル語と拙い英語で私に挨拶をした。気さくで落ち着いた物腰だった。彼は数年前に僧院長になったばかりの人物である。この寺院で一僧侶として仕えていた彼は、その後、前僧院長の補佐役になったのだという。彼の前任者は40年近く、そこの僧院長を務めた高潔な人物だった。前僧院長は臨終の床で、所帯持ちで隠居の身だった彼（現僧院長）に、出家者としての誓いを立てて、何とかして僧院の運営を続けるようにと請うたという。しかし、この任務を引き受けることは決して容易ではなかった。折しも、ガネーシャとタイヴァニを祀る二つの寺院をヒンドゥー教徒から奪おうと目論む仏教徒の一派から、猛烈な攻勢を受けていたからである。しかし、師に対する帰依心から、彼は僧院の運営を引き受けることになった。スワーミーは彼が直面してきた数々の困難について話してくれた。わずか2カ月前のある夜、彼と彼の補佐役は、僧院に侵入してきた盗賊の一団に激しく殴られたという。この一件で数日間の入院

を余儀なくされたというが、心の傷の方はまだ癒えてはいないようだった。もし僧院長である自分の身に不測の事態が起きたならば、誰も跡を継ぐ者がいないと嘆くスワーミーに私は同情の念を禁じえなかった。

　私の訪問に先立つ数カ月前にヨーギー・ラマイアがこの地を訪れたとき、もしヨギヤーが彼の弟子の中から優れた後継者を選んで派遣してくれるのなら、心から感謝するとスワーミーは漏らしたという。ヨギヤーはこのことを何人かの弟子たちに話していたので、私は自分がこの平和なオアシスにいずれ定住できるかもしれないという考えに夢中になった。私は政治的な対立を恐れてはいなかった。自分は外国人なので、暴力による脅しからはある程度無縁でいられると思ったからである。ヨギヤーに師事してきたここ数年間で、私のなかには修行者魂が芽生えるようになり、こうした姿勢はスリランカでのこの長期滞在中に頂点に達していた。特にムルガン神に対する私の帰依心は格別だった。

　僧院の門から左にわずか数フィートの所には、聖なるバンヤン樹（訳注：ベンガル菩提樹）の切り株がある。西暦215年頃、ババジはこの樹の下で初めて悟りの境地に達した。しかし、この樹は私が最初にそこを訪れた年の15年前に、ある男によって切り倒されてしまった。しかし、男はこの数日後に樹で首吊り自殺を図った。聖なる樹の根は現在でも僧院の中庭で伸び続けている。ババジのすべての弟子たちにとって神聖なこの地を記念するために、僧院長はここにババジに捧げる小さな聖堂を建てる許可をヨギヤーに与えた。現在そこには御影石で作られたババジの像が安置されている。全世界のクリヤー・ヨーガの実践者になり代わって、僧侶たちは毎日ここに簡素な供物を捧げている。

　飲み物をいただいた後、僧院長は私がその夜を過ごすことになる部屋に案内してくれた。その部屋には驚くほどたくさんの蚊がいた。もしここが自分の居室になったとしたら、いずれはこの蚊の大群にも慣れるのだろうか … と私は思いをめぐらせた。

　翌朝、午前6時に行われる早朝のプージャに参加する前に、私は寺院群の左手にある峡谷を流れるマニッカガンガーで水浴をした。それは何と爽やかな体験だったことか！　私は仰向けになって川面に浮んだ。バンヤン樹の老木の枝々が作るアーチの下を漂ううちに、気がつくと私は何十メートルも下流に流されていた。

　この水浴の後、私は寺の僧侶たちが執り行うガネーシャ、タイヴァニ

両寺院でのプージャに参加した。ここに居る住み込みの僧侶たちは皆ベナレス（ワーラーナシー）から迎え入れられるしきたりになっている。引き続いて、ムルガン神を祀る寺院でプージャが行われた。参列者全員が立ち並ぶ集会所には、精製バターの「ギー」を注いだ床置き式の大型ランプがいくつも灯されていた。信者たちが供物のギーを次々に注ぐので、ランプはいつもギーで並々と満たされていた。そこでのプージャは、白衣をまとった仏教徒の僧侶たちによって行われた。彼らはみんな所帯持ちである。百人を越す信者たちが、花、果物、ギーの瓶、お香の束、ビブーティ（聖灰）、クムクマ（赤い粉）などで満たされた供物入れを持って立ち並ぶなか、僧侶たちが列をなして集会所に入場し、至聖所を覆う大きなカーテンの背後に入って行った。僧侶たち以外の誰一人として、カーテンの背後にあるご神体を見た者はいない。伝承によれば、そこには伝統的な神の石像ではなく、金属板に彫られたヤントラが安置されているという。このヤントラ、すなわち幾何学的なマンダラはムルガン神を表しており、この神の霊力を具えているといわれる。

　7月に行われる年に一度の祭では、このヤントラが箱に納められて象の背に乗せられ、華やかな行列とともに川まで運ばれる。「水切り祭」と呼ばれるこの儀式は、ムルガン神が悪の力に勝利したことを記念するものである。祭には何千人もの信者がスリランカ各地から参集する。彼らの多くは徒歩ではるばるこの地までやって来る。祭の期間中には、大勢の人々が彼らの帰依するムルガン神の庇護の下に、入神状態になって白熱する燃えさしが敷かれた長い道を歩く。信者のなかには孔雀の羽や他の装飾品で飾られたアーチを支える「カーヴェーリ」と呼ばれる何十本もの細い槍を肌に刺して歩く者もある。こうした信者たちは神に守護されているので、怪我を負ったり痛みを感じることがないといわれる。

　僧侶たちが神を召喚する呪文を唱えた後に、信者たちはカーテンの近くに置かれた台座に立つ僧侶たちに供物を手渡す。そして僧侶は受け取った供物をカーテンの背後に鎮座する神に捧げる。神に捧げられた供物である「プラサード」の一部は、後で信者たちに配られる。

　プージャの最中、私はムルガン神の至福に満たされていた。長年にわたってムルガン神に捧げる数々の活動に携わってきた私は、この地でこの神の存在を身近に感じる機会を得たことを心から感謝した。私の心は深遠な愛と安らぎで満たされた。至福感に満たされたまま、私はこの地

域にあるムルガン神に縁（ゆかり）のある地を訪ね歩いた。ムルガン神が羊飼いの娘、ワッリと出会ったことで名高い洞窟（Chinna Katiragama）やブッダの足跡が岩に残る「アダムズ・ピーク」などを訪ねた。カタラガマ寺院の周辺の森では、何人かのヨーギーたちと遭遇した。この森の霊的な波動はヒマラヤにも匹敵するものだった。私のこの地への訪問から1763年も遡るはるかな昔に、若き日のババジ・ナーガラージが悟りを開いた場所に座って瞑想したとき、私の胸は感動で満たされた。私は祈った。世界中の帰依者たちにババジの祝福がありますようにと。

　数日後、私はコロンボでの任務をこなすために、スリランカの人々が愛してやまないこの大いなる聖地に別れを告げた。

　私は約1年間にわたって、毎週1回、クリヤー・ヨーガの帰依者を対象として、二つの学校でクリヤー・ハタ・ヨーガの公開講習会を開き、瞑想や聖歌の朗唱の指導に当たった。公開講習会は、日曜の朝はバンバラピッティヤ・ヒンドゥー・ハイスクールで、土曜の朝はヒンドゥー・ラトナワラ・ボーイズ・スクールで行われた。クラスには約15人の成人の門下生と彼らの子供たちが定期的に参加した。彼らがタミル語で歌う「デーヴァーラム」讃歌は活き活きとして美しかった。この讃歌は9世紀のシヴァ派の聖者、マーニッカヴァーサガルによって作られたものである。

　私はこうした任務を果たす以外の時間を、すべてヨーガの集中的な実践に当てた。9カ月以上もの間、私は本や新聞をはじめとする、集中の妨げとなるすべてのものを排して沈黙を守った。夜間、自室にある食料をネズミに取られないために、食料を物干し用の紐に括りつけて吊しておいたが、ネズミたちはいともたやすく、これをかすめ取っていった。しかし、そんなネズミたちにも、私はすっかり慣れてしまった。

　私はクリヤー・ヨーガの144種の技法のすべてを規則的に実践して、自覚の状態を常に保つことを学んでいった。気を紛らす対象が何もなかったので、最初の数カ月間は落ちつかなかったが、徐々に深遠な静けさが私の心を満たすようになっていった。この時期において、睡眠中にも自覚の状態を保ち続けることを目的とする「ヨーガ・ニドラー」の技法が容易にできるようになった。こうして睡眠中であろうと目覚めていようと、周囲のすべての出来事への気づきが保てるようになった。私はさまざまな動物や鳥たちとの交流を楽しみ、小量の米と熱帯の果物を

食べて暮らした。それは私の人生のなかでも最も素晴らしい時期だった。任期が終わりに近づいてヨギヤーに帰還を命じられたとき、私はこの地を離れたくなかった。いったん北米に戻れば、苦労して得た心の安らぎが失われることを恐れたからである。しかしヨギヤーは私に帰国を求めて譲らなかった。なすべき仕事や実現すべき夢が私にはまだまだあるのだとヨギヤーは私を説得した。

このスリランカ滞在中に、私は何回か列車でジャフナまで旅をした。ジャフナはスリランカの最北に位置する州の州都であり、少数民族であるタミル人文化の故郷（ふるさと）でもある。ジャフナ滞在中には、ヴァナルポナイ地区アラサディ通り51番地に住むクリヤー・ヨーガの門下生で土木技師だったグネラートナムの家に泊った。彼の家は聖なる母「アンマ」を祀る寺院からそう遠くなかった。ジャフナ滞在中のあるとき、私はこの寺院で年に一度行われる「山車祭（だし）」に行ったことがある。この祭では聖なる母の神像が巨大な山車（だし）に乗せられて寺院の外を一日中練り歩く。山車（だし）は何百人もの人々に引かれて、方々で頻繁に止まりながらゆっくりと移動する。この祭の最中、私の視線は彼方（かなた）の聖母像に釘付けになり、意識は深いトランス状態に入っていった。像から放たれる至福の波動に包まれた私の体は30分近く不動の状態になった。それは聖なる母の顕現によって、万物が生きづいているように感じられた体験だった。

日曜の朝はジャフナ・ヒンドゥー・ボーイズ・カレッジで初歩的な瞑想と讃歌の朗唱、そしてクリヤー・ハタ・ヨーガを教えた。植民地時代に英国人によって設立されたこの学校は、クリヤー・ヨーガのスリランカ支部長で最高裁判事でもあるH. W. タンビア博士をはじめとして、スリランカ政界の優れた指導者たちを輩出してきた。ここで学ぶ少年たちは規律正しく礼儀をわきまえていた。彼らと共に時を過ごすことは私にとって大きな喜びだった。

しかし、北部のタミル分離主義者によるゲリラ戦の勃発によって鉄道が利用できなくなり、ジャフナへの訪問を続けることはもはや不可能になった。さらに私がヨーガを教えた生徒たちの多くが、民族暴動によって情け容赦もなく虐殺されたことを後で知った。この悲劇を思い出すたびに、私は深い哀しみを感じずにはいられない。

クリヤー・ヨーガを教える責任

　1981 年、インドから戻った私は、以降ヨギヤーから新たな任務を与えられて転居することになっても支障のない職業に就こうと考えた。こうして、その後 10 年間続くコンピューター会計監査の分野でのキャリアが始まった。この分野での仕事の集大成として、私は電子商取引の会計監査に関する本を 2 冊執筆した。これらの本は米国とカナダの会計士団体から出版されることになった。

　1983 年、ヨギヤーは重度の心臓発作に見舞われて手術を受けた後に、国際ババジ・ヨーガ・サンガの運営責任をやがて彼の手から委譲するための「理事会」の設置を決めた。ヨギヤーは理事となる 7 名の名をノーウォークで開かれた弟子の会合で発表したが、この中に私の名前はなかった。その夜遅く、ヨギヤーは犬のデーヴィーの散歩に出るときに、一緒に来るようにと私に声をかけた。街灯の下まで来るとヨギヤーは、そこに座ってこれから彼が言うことを紙に書き留めるようにと私に命じた。そしてヨギヤーは、彼が求める条件を満たすことができたならば、144 種の技法を他に伝授することを私に許可すると告げた。

　ヨギヤーが私に求めたのは次の条件だった。(1) 48 日間のサーダナの期間中に、ババジの肖像画の前で、ババジの恩寵によって自我が滅することを強く望み、ババジに無条件で自己を明け渡し、ババジとクリヤー・ヨーガおよびクリヤー・ヨーガの活動に愛を捧げることを宣言する。(2) 48 日間のサーダナを 6 回続けて行う。勤務中のサーダナの実践に当たっては、上級ドミトリー・クラスの日程にしたがい、5 回ある行法の開始時と終了時にベルを鳴らし、最低 5 分間はサーダナを行う。(3) 上級ドミトリー・トレーニングのときにつけた記録をコピーして、ユマにいるヨギヤーに送付する。(4) ババジとクリヤー・ヨーガおよびクリヤー・ヨーガの活動に未来永劫の忠誠を誓う旨を血で記して署名する。(5) ヨギヤーのサマーディ聖堂の建設に充てる資金として、できるだけ早急に 5 千ドルを拠出する旨を書面に記して署名する。(6) 上級ドミトリー・トレーニングで伝授されたクリヤー・ヨーガの技法を終生実践する。

　それからの 3 年間、私は徐々にこれらの条件を満たしていった。それは実に困難だった。会社での仕事に没頭するあまりに、サーダナを予定

どおりに実践するの忘れたり、サーダナの終了前に眠ってしまい、ベルが鳴らせなかったりした。条件を満たすためには、指定された行（ぎょう）を始めからやり直さなければならなかった。

　他方、金銭的な要求に応じることは、さほど難しくはなかった。長年私はクリヤー・ヨーガの諸々のプロジェクトへの資金援助の要請があったときには、いつも収入のほぼ全額を寄付してきた。このために、ワシントンD.C.、シカゴ、アリゾナ州ユマ、カリフォルニア州ノーウォークをはじめとして、クリヤー・ババジ・サンガが所有する土地の抵当証書の多くには、私の名前が記載されている。扶養家族もなく良い職に就いていた私は、インドでの任務のために無駄な買物はせずに貯金することを心がけてきた。服は救世軍で買い、食事は質素にするなど、私は可能なかぎりの倹約をしていた。

　モントリオール・センターにある個人用の祭壇に置いたババジの肖像画の前で讃歌の朗唱や祈願を繰り返すごとに、ババジの存在はいっそう身近に感じられるようになっていった。カルマ・ヨーガの課題に取り組んでいるとき、ババジは私に導きを与えて障害を取り除き、さまざまな問題解決のための糸口を示してくれた。私はこうしたババジの援助を長年にわたって感じてきた。クリヤー・ヨーガの第7番目の瞑想法によって、私はババジとの意思の疎通を図ることに熟達するようになっていた。今や私とババジとのつながりは確実なものとなり、私は愛に満ちたババジの臨在を常に感じるようになっていた。ついに私はすべての条件を満たした。ヨギヤーはサーダナを実践しているときに私がつけた記録に嘘偽りがないかを、他の弟子に確認させるように私に指示して返答を待つように告げた。

マハー・クンブ・メーラとバドリーナート

　1985年、ヨギヤーは再び私をインドに送り出した。ヨギヤーのカナドゥカタン・アシュラムの近くに身体障害者のための診療所と、ヨーガ療法と理学療法の大学を建設するに当たって、工事を指揮監督することがこのときの任務だった。1986年の初頭、ヨギヤーとクリヤー・ヨーガを学ぶ25人の生徒たちは、ハリドワールで行われる48日間のマハー・クンブ・メーラに参加する予定を立てていた。さらに彼らはヒマ

ラヤ奥地にあるバドリーナート寺院への巡礼も予定していた。一行の旅の手配と準備を任せるために、ヨギヤーは私をハリドワールに派遣した。そこはヒマラヤ山脈を源とするガンジス河の源流にあたる。

　私は当時の勤め先だったモントリオール生命保険から無給休暇をとることを考えていた。私はそこで予算担当マネージャー兼社内監査役として４年間働いていた。それまでの私は、クリヤー・ヨーガの任務を終えるたびに新しい仕事に就き、多くの場合は一からやり直さなければならなかった。これまでに諸々の仕事に就いてきたが、いつも仕事に慣れて居心地がよくなり始めると、ヨギヤーからの退職命令が下されるように思われた。そのときのインド行きに先立って、私は会社に無給休暇を申請する前に、ニューヨーク州リッチヴィルの寺院で儀式を行い、ガネーシャ神にココナッツを捧げた。金銭的な責務を果たせるようにガネーシャ神に祈願したのである。それから上司の財務部長宛に休暇の申請理由を書いた。「インドで身体障害者の更生施設の建設を監督するため」という理由を付した私の休暇申請書は、上司からさらに社長に回された。上司は私の休暇について社長の意見を求めたのである。これに対する社長の返事は「ノー」だった。「休暇期間があまりにも長すぎる」というのがその理由だった。しかし、私の手紙を読んだ社長は、私の所へ来てこう言った。「君の手紙にはとても説得力がある・・・。もし君の要求を受け入れなかったら、きっと僕は自己嫌悪に陥るだろうね」。「ところで、このインド旅行にはどれくらいの費用がかかるのかね？」と訊かれたので金額を伝えると「よかろう、会社で全額を負担しよう」という意外な返事が返ってきた。私の目には涙がこみ上げてきた。「無給休暇を申請しただけなのに、なぜ旅費まで出してくれるんですか？」と訊ねると「旅費を出せば、君には会社に戻る道義的な責任ができるからね」と社長は答えた。私はこの寛大な申し出をありがたく受け入れて、社長（そしてガネーシャとババジ）に心の底から感謝した。

　この幸運な出来事も、後にインドで起きた魔法のようにすばらしい数々の出来事の始まりにしか過ぎなかった。私は単身でインドに渡ったが、現地では工事の請け負い業者や技師ら数人からの援助を得ることができた。ヨギヤーが立案したような学校が地元にできることを、長年、彼らは夢見ていたのである。当時から数えて35年前にババジに骨結核を治してもらった経験があるヨギヤーは、まるで身体障害者がババジその人

であるかのように、愛情のこもった優しい態度で彼らに接してきた。

　建設予定地はアリゾナを思わせるやせた平坦な土地で、わずかばかりの茨（いばら）の茂みがあるだけで水は皆無だった。それは気の遠くなるような工事だった。次の2カ月間で、幅2.4メートル、深さ9メートルの井戸が、岩地に手作業だけで掘られた。建物の土台作りには水とセメントが必要だったが、水を確保するためには建設予定地から1キロあまりも離れた小川から水を汲んでこなければならなかった。地元の労働者たち（彼らの大半は女性だった）は小川から汲んできた水を頭の上に乗せて建設現場まで運んだ。このほかにも数限りない問題が生じたが、ババジの恩寵と導きによって、これらのすべてを乗り越えることができた。

　8カ月後、キャンパスの敷地内には8棟の施設が新設された。こうして、体育館と診療室を備えた理学療法の学校、外来用の診療所「パラーニアンダヴァル」（これはパラーニ寺院に祀られているムルガン神を指す）を祀る寺院、講堂、印刷所、来客用の宿舎、正門脇の守衛室、貧しい人々に食事を支給する給食センター、そして倉庫が完成した。これと同時に、カナドゥカタンのアシュラムも改修されて、正面玄関の大きな門塔と18人のシッダの像を配する寺院が建てられた。

　建設工事の着工から8カ月を経て、タミル・ナードゥ州の産業大臣が臨席するなか落成式が行われた。それはまさに奇蹟だった。インドにおけるこれまでの任務では、官僚からの賄賂（わいろ）の要求、お役所仕事による遅延、資金不足、建築資材の不足などによってプロジェクトは常に遅々（ちち）として進まなかった。しかし、今回はすべてが予定どおりに運んだ。ババジに栄光あれ！　この時点で、私には人生の目的が成就したように思われた。そして以降は、いずこかのクリヤー・ヨーガ・センターに引きこもって、ヨーガの実践に専念できる日々を心に思い描いた。

　米国からの巡礼団が到着した。私も彼らと一緒にハリドワールに向かった。北インドの四大聖地である、ハリドワール、プラヤーガ、ウッジャイン、イラーハーバードのいずれかの地には、12年ごとにインド中から大勢の聖者や信者が参集する。48日間続くこの行事は「クンブ・メーラ」と呼ばれ、60年ごとに開催される行事は特に重要視されている。期間中には特別な日が幾日もあり、人々はこうした日にガンジス河で沐浴（もくよく）をする。なかでも特に縁起が良いとされる日には、ガンジス河の「ハリ・キー・パイリー」と呼ばれる沐浴場（もくよく）で、1200万人以上もの人々が次々に

沐浴をする。参集するすべての人々がここで5分間は沐浴ができるように、当日は軍隊が出動して群衆の誘導に当たる。この特別な日にガンジス河で沐浴をする機会に恵まれた私は、超越的な意識を体験することができた。

北米から来た我々の巡礼団は、このクンブ・メーラの期間中にヒマラヤ山中から下りて来る何人ものサードゥーを訪ねた。サードゥーの光輝く眼差しや表情は、我々の心を畏敬と至福の念で満たした。物腰やオーラが秀でており、悟りの境地に達した類稀なる宝石のような人物を探しながら、サードゥーたちの野営地を散策することは楽しかった。私はそこに来ていたすべての人々の中に偉大さを見出した。そこに集った何百万もの人々は、皆礼儀正しくて協調的だった。私はクンブ・メーラという行事のなかに社会の大いなる秩序、人間の尊厳、愛、そして平和のすばらしい模範を見た。

クンブ・メーラに参加した後に、我々クリヤー・ヨーガの巡礼団はヒマラヤ山中にあるバドリーナート寺院へと向かった。ここはハリドワールから330キロ離れており、バスでの移動に一日半を要する。バドリーナートの聖なる寺院は、周囲を8千メートル級の山々に囲まれた標高約3500メートルの渓谷にある。ババジの寺院はそこからわずか10キロのチベット（中国）とインドとの国境地帯にある。しかし、この国境地帯への立入は禁じられている。ヴィシュヌ神を祀るバドリーナート寺院での早朝のプージャに参列する前に、我々の巡礼団は天然の温泉とアラカナンダ川で身を清めた。インドと中国が緊張状態にあるために、ババジのアシュラムがある地域に入ることはできなかったが、夜通し焚き火を囲みながら「オーム・クリヤー・ババジ・ナマ・アオム」と唱え続ける「マントラ・ヤグナ」をした晩には、確実にババジの臨在が感じられた。我々は皆、ババジの臨在に触れて感涙にむせび、心は愛と喜びで満たされた。

ババジから命を受ける

バドリーナートへの巡礼から帰り、カナドゥカタン近郊に建設した診療所と学校が正式にオープンした後に、私はカナダへの帰国を命ぜられた。私はモントリオール生命保険での仕事に復帰した。しかし、そ

の数カ月後に会社は買収されて、経営者や重役の大半が解雇されること になった。私はフランス語の能力を向上させるために語学のクラスに通い、コンピューター会計検査システムの分野で資格を取得した。この後に、私はケベック州で最大の金融機関に就職することが決まり、以降8年間そこで働くことになった。

　1987年の1年間、私は本業に従事する一方で、千人以上の参加者があり、モントリオールを開催地とした、世界宗教会議の組織運営にも当った。この後私は、インドでの5年間の任務を果たすために資金を蓄えるようにとヨギヤーに指示された。あと5年間在住すればインドの永住権が取得できることを思うと私の胸は高鳴った。しかし、この長期にわたる任務をこなすためには、まずは2年間かけて2万5千ドルを貯金する必要があった。

　1988年の11月、私はアリゾナ州のユマにあるアシュラムで行われたリトリートに、モントリオールの生徒たちを引き連れて行った。このとき私は、ヨギヤーの厳格な態度と、これに当惑する生徒たちとの間で板ばさみになった。ヨギヤーがあることで生徒を厳しく叱責したことに、彼らは大きな衝撃を受けたのだった。この一件で生徒たちが傷ついたことを、できるだけ穏便にヨギヤーに伝える必要を私は感じた。ヨギヤーは私の話を丁重に聞いてはくれたが、間違いを犯した生徒に自分の意思を伝えるためには、あれ以外の方法はなかったのだと主張した。

　数週間後、モントリオールを訪れていたヨギヤーは、彼の滞在の最後の晩にこの話を持ち出して、彼の方針に疑問を差し挟んだ私のユマでの態度は問題であるとして私を叱責した。さらにヨギヤーは、この2年間にわたって、人生のパートナーを見つけるようにと私に勧めていたにもかかわらず、クリヤー・ヨーガを始めたばかりの女性と交際しているという理由で私を叱責した。1971年から86年までの間、女性との交際を一切せずに独身の修行者でいることをヨギヤーに求められていた私は、この命令を忠実に守ってきた。ヨギヤーによれば、問題の女性にはすでに男友達がいるので、彼女は私にはふさわしくないというのである。私は反論せずにヨギヤーの話を聞いていた。この夜、私はヨギヤーに手紙を書いた。手紙の中で私は、私や他の生徒たちとの意思の疎通をもっとオープンにして欲しいとヨギヤーに嘆願した。

　同じ日の夜、インドへ旅立つヨギヤーの荷物の梱包を手伝うために数

人の生徒が呼び出された。そのうちの一人が、ジェタン・ウレという名の友人を連れてきた。初めて会う女性だった。彼女に紹介されたが、この夜はほとんど彼女に注意を振り向けることもなかった。一方の彼女はその夜そこで起きた出来事をつぶさに観察していた。翌12月17日の朝、オープンな対話をする意思がないことを私はヨギヤーに告げられた。ヨギヤーのこうした態度に接して当惑したが、彼が過去18年間にわたって下してきた他の無数の決定と同様に私はこれを受け入れた。クリスマス休暇が間近に迫っていた。私は次の2週間を、静寂のなかで瞑想できることを心待ちにしていた。

　クリスマスの日の早朝、私の心は完全に静止して無呼吸の状態になった。すると突然、はっきりとした声が聞こえてきた。その声は次のように告げた。「汝が他の者にクリヤー・ヨーガを教えるときがきた」。それは人生の決定的な瞬間において、ババジの臨在や導きを感じたときに聞いたことがある声だった。このクリスマスの日、ババジは金色の輝きに包まれた若々しい姿で私の前に現れた。1975年、ヨギヤーと共に米国を縦断する巡礼の旅をしたときに、コロラドのパイク・ピークの近くで同様の光を見たことがある。そのとき私は、人里離れた場所で独り座って深いサマーディの状態に入っていたヨギヤーが、輝く光の中に溶け込んでいくのを見た。それ以来、私はこのような光を見たことはなかった。そして今、大師の美しい姿をはっきりと目にした私は、打ち寄せる愛と至福の波動にすっぽりと包まれていくのを感じた。私はその波に溶け込み、心は深遠な安らぎに満たされた。

　このビジョンを見た後に、私は家に籠って瞑想や信愛の行為に没頭した。ババジの命に従うことは、すなわち私がサンガという組織から離れることを意味していた。シェールと別れた1970年代の初頭以来、サンガを出ることなど夢にも思ったことはなかった。サンガに対して終生の忠誠を誓っていた私は、ただこの組織に尽くすことだけを願っていた。友人も皆サンガの仲間たちだった。私はヨギヤーがこうした展開にどのような反応を示すだろかとも考えた。しかし、ババジはその後さらに2回現れて、私がサンガを離れて他の人々にクリヤー・ヨーガを教えるときが到来したことを再度告げた。兄弟弟子のなかには、嫉妬心からこうした展開を受け入れない者もあるだろうが、ヨギヤーは理解するはずだとババジは私に告げた。

私は新年早々にヨギヤーに電話をかけて、大師の祝福と導きを得てサンガから離れるつもりであることを伝えた。ヨギヤーはこの知らせを丁重に受け止めてはくれたが、サンガへの援助を続けたいという私の申し出は断わった。「サンガを離れるということは、関係を断つということなのだ」とヨギヤーはきっぱりと答えた。その後私はヨギヤーに手紙を書いて、自分が見たババジのビジョンや彼に与えられた新しい任務のこと、そしてそれによってサンガを去らざるを得なくなったことを詳しく綴った。数日後、私は新しいアパートを見つけて転居した。

　それから数週後、私は偶然にジェタン・ウレと出会った。彼女は数カ月前に40日間のチベット仏教のコースを修了したことを私に話した。私がクリヤー・ヨーガを教えることになったことを話すと、彼女はイニシエーションを受けることを希望した。私たちは互いの電話番号を教え合った。2週間後、彼女からの電話を受けて私たちは再会した。私は一連のイニシエーションを彼女に授けた。こうして彼女は、私にとっての最初の生徒になった。それからの数カ月で私たちは恋に落ちた。1990年7月2日、踊るシヴァ神「ナタラージャ」が見守る中、私たち二人はチダンバラムの寺院でヒンドゥー教のしきたりに則った結婚式を挙げた。

　ジェタンにクリヤー・ヨーガを伝授してから間もなく、モントリオールにあるサイババ寺院の代表者から、同寺院の帰依者たちにババジのクリヤー・ヨーガを伝授して欲しいという申し出があった。1987年に開催された「宗教とヨーガの世界会議」で私はこの人物と知り合っていた。サイババとババジの祝福の下に、私はその後の2年間で、100人以上ものサイババの帰依者にクリヤー・ヨーガを伝授した。背景が異なる二つの霊的な伝統が、教えを分かち合うことは稀である。通常、こうした可能性は、権力抗争、狂信、無知などによってかき消されてしまう。すでに述べたように、ヨギヤーは当時から38年前に、シルディのサイババによってババジへと導かれた。そして今、サティヤ・サイババが彼の帰依者たちを、私とババジのクリヤー・ヨーガに導いてくれたのである。

　他方ヨギヤーは、クリヤー・ヨーガを他に伝授することを止めるようにと、すぐに私に書面で伝えてきた。さらに彼はサイババの側近の弟子の一人でもある、先のサイババ寺院の代表者に連絡して、私が伝授するクリヤー・ヨーガのクラスに、彼女の寺院の帰依者を参加させないように要求した。しかし、ヨギヤーのこうした試みは徒労に終わった。いつ

どこでクリヤー・ヨーガが伝授されるかを最終的に決めるのは、ヨギヤーの管轄下にある理事会であると彼は主張した。しかし、その後の何回かのやり取りを通して、ヨギヤーがこの問題に対して公私相異なる立場をとっていることを私は確信するようになった。自分の組織に属す弟子たちを厳格な統制の下に置いて、組織の長期的な利益を守るという立場からすると、ヨギヤーは表向きには私と対立することを余儀なくされるが、個人的な立場からすれば、私を通してクリヤー・ヨーガを普及させるというババジの決定を彼は認めているのである。

ババジのクリヤー・ヨーガを
世界中の人々と分かち合う

　狭い視野で捉えると、ババジがとった方法は不可解に映るかもしれない。しかし、私はババジがこうした状況を明確に意図したことを確信している。世界中でババジのクリヤー・ヨーガの普及に当たっている既存の組織は、皆立派な働きをしているが、こうした組織の限界を私は感じるようになっていた。そしてババジや18人のシッダたちの教えを広めるためには、別の媒体が必要であることを私は感じていた。世界中の数多くの求道者が、霊的な生活と現実生活の融合を図れるような教えが必要だと私は思う。世界には現実生活の放棄を人々に求めて、天国での生活を求めたり輪廻転生から解脱することに専念させようとする宗教が無数にある。今日求められているのは新しい組織でも、新たな宗教や信念体系でもない。ババジは彼を崇拝するカルト集団ができることも望んではいない。真に必要なことは、世界中の大勢の人々が現実生活の挑戦に臨みながら、愛と献身をもってババジのクリヤー・ヨーガを実践することである。クリヤー・ヨーガがこうして実践されるようになれば、各人の霊的な成長が促され、それぞれが現実生活で直面する諸問題に対処することも可能になる。こうして一人一人が変貌を遂げることで、やがて世界は地上の天国として生まれ変わるだろう。

　1991年4月、私は英仏2カ国語で本書の執筆を終えてこれを出版した。1991年の終盤より、私はババジの導きによって世界8カ国の40数都市を訪れ、そこに住む真摯な求道者たちにクリヤー・ヨーガを伝授してきた。1992年にはカナダのケベック州サン・エティエンヌ・ドゥ・ボル

トンの美しい土地に「ババジのクリヤー・ヨーガ・アシュラム」を設立した。そこはモントリオール近郊の山の頂にある。40エーカー（約5万坪）あるこのアシュラムでは、リトリートを初めとして、サマー・キャンプ、クリヤー・ヨーガの伝授などの活動が年間を通して催されている。世界各地のクリヤー・ヨーガの実習生は瞑想サークルを作っており、定期的に互いの家に集まっては技法の実践に励んでいる。1993年にはシッダ・ティルムラルの著作『ティルマンディラム：ヨーガとタントラの古典』の初の英語版を出版した。現在の私は、世界各地でクリヤー・ヨーガの指導に当たるとともに、ケベック・アシュラムにおける活動の拡充に専念している。

* * * * * *

訳者補注：第3部の内容は、How I Became a Disciple of Babaji（マーシャル・ゴーヴィンダン著、Babaji's Kriya Yoga and Publications, Inc. 刊、1997年第1版）による。著者と著者が創設した団体の最近の活動については「著者紹介」（311頁〜312頁）と第1部第4章「ババジの使命」（110頁〜113頁）を、ババジのクリヤー・ヨーガのセミナーを日本で受講する方法については巻末（314頁）をそれぞれ参照されたい。

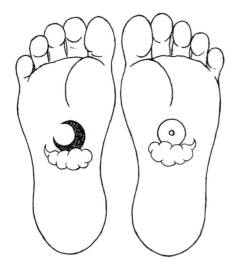

日本語版へのあとがき

　本書はカナダに拠点を置くババジのクリヤー・ヨーガ出版（Babaji's Kriya Yoga Publications, Inc.)から出版されている Babaji and the 18 Siddha Kriya Yoga Tradition の日本語版である。ヨーガの世界では、伝説的な聖者として知られるババジ・ナーガラージがもたらしたとされるクリヤー・ヨーガ（著者の系統では「ババジのクリヤー・ヨーガ」）の詳細を初めとして、ババジにまつわる逸話、南インドのヨーガ・シッダの伝統などについて本書は記している。

　1998年に日本語版の初版が出版されてから、この第3版の刊行に至るまでには、いくつかの新展開があった。その主なものは、ババジのクリヤー・ヨーガ出版の活動や、行法の普及を目的として創設された「ババジのクリヤー・ヨーガ教師の会」の活動に関わるものだが、これらを盛り込むために、第3版は現時点での最新情報を含む英語版第9版に準拠した。

　構成の面では、日本語版は原書にない「著者回顧録」を含む。ここには著者がヨーガと出会い「ババジのクリヤー・ヨーガ」を世界に普及する活動に携わるまでの経緯が記されている。またこの版は、旧版にない C. シュリーニヴァサン博士による序文を含む。この序文は本書の主題の一つである死を超越する科学の伝統の概説である。なお旧版に記載されていた図解入り「クリヤー・ハタ・ヨーガ 18 ポーズの実践方法」は、第3版には含まれていない。

　英訳は著者の「ババジのクリヤー・ヨーガ」が日本に紹介されて間もない1990年代の初めから中頃にかけて、日本での受け入れ窓口となってセミナーの運営にあたったスタッフの方々が担当した。出版人は翻訳草稿の監訳と出版の役を仰せつかった。

　タミル語の音訳については、主に英語版に記載された欧文表記に基づくが、専門家からすると、おそらくは不備と映る箇所もあろうかと思う。こうした箇所にお気づきの読者は、ご指摘いただければ幸いである。

　本書はパンデミック（感染症の世界的な流行）の最中に出版されることになった。こうしたなかで、これまでの現実の枠組みを根本から見直す必要を感じる人もあるかもしれない。先が見えにくい世の中だけに、長い伝統を誇る意識の科学、ヨーガへの関心が深化する時期に差し

かかっているのかもしれない。いずれにしても「心の平安を得る」「人生の目的を知る」「悟りを開く」といった心の宇宙への探究心が、人々の内から消えることは今後もないだろう。本書がそうした人々の探究心に応える一助となれば幸いである。

2020年10月吉日

出版人　星名一美

用語解説

[アルファベット順]

アヴァドゥータ（Avaduta）：俗世界にあっても、そこに属さない純化された人。

アージュニャー（Ajna）：眉間^{みけん}の奥にある脳内の心霊エネルギー・センター（チャクラ）の一つ。超感覚的知覚（ＥＳＰ）、高次の直観的知覚および知性の座。「アージュニャー」とは「知ること」を意味する。

アナーハタム（Anahatam）：「打たれたことのない」を意味する。脊柱内にある心霊エネルギー・センター（チャクラ）で、心臓の高さに位置する。創造力、無条件の愛、慈悲心および運命支配の座。

アルッ・ペルン・ジョーティ（Arul Perun Jyoti）：至高の恩寵の光。（詳しくはラーマリンガについて述べた第9章を参照）

アーサナ（Asana）：くつろぎをもたらすポーズ。

アーユルヴェーダ（Ayurveda）：インドの伝統的な医学体系。

バンダ（Bandah）：プラーナーの流れの向きを変えるために行う、筋肉組織における心身エネルギーの締めつけ。

バクティ（Bhakti）：愛と献身のヨーガ。

ビージャ（Bija）：「種子」のマントラ。神聖な音節。

ブッディ（Buddhi）：知性。

チャクラ（Chakra）：人体の中心軸に沿って並ぶ、生気体レベル（vital plane）の心霊エネルギー・センター。

チッタム（Chittam）：潜在意識。すべての記憶の貯蔵庫であり、習慣

的な傾向が宿る座。

クロール（Crore）：1千万。

ディヤーナ（Dhyana）：心を統御する科学的な技法。瞑想。特定の対象への持続的な気づき。

ドゥルガー（Durga）：覚醒して統御された状態のクンダリニーの力を象徴する、平和と至福をもたらす美しい女神。

グル（Guru）：闇を駆逐する者。霊的な教師。導き手。

イニシエーション（Initiation）：ババジとシッダの伝統によって定められた条件に沿って行われるクリヤー・ヨーガの秘伝の技法の正式な伝授。

知性体（Intellectual body）：分別する心。（詳しくは「プロローグ」の注釈1を参照）

カーリー・デーヴィー（Kali Devi）：母なる神の荒々しい側面。あらゆるものの母にして破壊者。人の内にある根源的なエネルギー「クンダリニー」の、目覚めてから間がなく統御することが困難な状態を表している。この力は人の潜在意識のレベルにおいて現れる。

カルマ（Karma）：行為とそれに対する反作用。その持続性と発展性によって、魂の反復的な存在の特質やそれがたどる方向を決定づける、主体的および客体的な力。

カルマ・ヨーガ（Karma Yoga）：無私の奉仕の道。

カルティケーヤ（Kartikeya）：敵対的な力に勝利した神軍の長。シヴァ神の息子。ムルガンまたはクマーラスワーミーとも呼ばれる。

カーヤ・カルパ（Kaya kalpa）：薬草や鉱物塩を調合した薬剤によって肉体の若返りを図るタミル地方のヨーガ・シッダの科学。

クリヤー（Kriya）：実践的なヨーガの技法。気づき（または自覚）を伴う行為。

クリヤー・ヨーガ（Kriya Yoga）：18人のシッダの教えである「シッダーンタ」をババジが統合して発展させた、神（真理）との完全な合一をもたらす科学的な技法。

クリヤー・ヨーガ・シッダーンタ（Kriya Yoga Siddhantaham）：神（真理）に目覚め、その実現を最終的に成就させる実践的なヨーガの技法。

クンダリニー（Kundalini）：人の脊柱の根元に眠る根源的なエネルギー（力）。

マニプーラガム（Manipuragam）：「宝石の町」を意味する。脊柱の内部、臍の奥に位置する心霊エネルギー・センター（チャクラ）で、躍動的な意志、エネルギーおよび行為の座。

マントラ（Mantra）：高次の領域に意識を開き、習慣的な傾向から人を解放することができる神秘的な言葉や聖なる音節。

メンタル体（Mental body）：知覚的な心。（詳しくは「プロローグ」の注釈1を参照）

モウナ（Mowna）：無言と心の静寂を保つための修行。

ムップ（Muppu）：人体を若返らせるためにシッダたちが使用した水銀塩の薬剤。

ナーディー（Nadi）：人の身体にあるエネルギーの気脈。

肉体 (Physical body)：肉眼で見ることができる人間の物質的な部分。（詳しくは「プロローグ」の注釈 1 を参照）

プラーナー (Prana)：生命エネルギー。

プラーナーヤーマ (Pranayama)：呼吸を統御する科学的な技法。

サダーク (Sadhak：または「サダーカ」)：ヨーガを学ぶ者。サーダナを行う者。

サーダナ (Sadhana)：修練。ヨーガの主要な 5 部門の実践を初めとして、真理、真の自己および神を思い出すために行うすべての行為。思考や自我に根ざす知覚に対して識別力を持つこと。

賢者 (Sage)：知性のレベルにおいて神を顕現する者。

サハスラーラ (Sahasrara)：「千」を意味する。脳から頭部の上方に位置する心霊エネルギー・センター（チャクラ）。宇宙意識の座。

シヴァ派 (Saivism)：ヴィシュヌ派とシャクティ派に並ぶ、ヒンドゥー教三大宗派の一つ。

シャイヴァ・シッダーンタ (Saiva Siddhantha)：『ティルムライ』(Thirumurai) に記載されている南インドの 64 人のシヴァ派の聖者やティルムラルに連なる教え。シヴァ派の六大宗派の一つ。他の宗派は、カシミール・シヴァ派、リンガヤット・シヴァ派（インド中部）、パーシュパタ派（創始者はナクリサ。緣の地はグジャラート）、シッダ・シッダーンタ派（創始者はシッダ・ゴーラクナート。緣の地は北インド）およびシヴァ・アドヴァイタ派（創始者は南インドのシュリー・カンタ）である。（訳注：「シャイヴァ・シッダーンタ」は一般に「聖典シヴァ派」と訳されている）

聖者 (Saint)：霊的なレベルにおいて神を顕現している者。

サマーディ（Samadhi）：神との合一が起こる無呼吸の状態。ヨーガにおける恍惚の状態。平静で無欲な状態での自己への気づき。真我実現。

サンマルガ（Sanmarga）：ティルムラルやラーマリンガが説いた神に至る完璧な道。

サンニャーシン（Sannyasin）：修道的な生活規則に則って、禁欲、世俗の放棄、清貧、従順を旨とすることを誓った者。

サットグル（Satguru）：弟子に一触、一瞥、一言を発するだけで、直接、光明へと導くことができる者。

サットサンガ（Satsang）：真理を探求する者の集い。

シャクティ（Shakti）：母なる神。大いなる普遍的な力（エネルギー）。偉大なる母。母なる自然。女神。シヴァの神妃（この二神は一つの「実在［アリティー］の不可分の側面である）。「シャクティ」とは躍動する「実在」に内在する力である。

シヴァ（Shiva）：至高の実在。ヨーガの創始者。ヒンドゥー教の三大宗派の一つ「シヴァ派」で信奉される神の名。吉兆を示す善なる者。苦行の神。ヒンドゥー教の三位一体の三神のうちで破壊を司る神。超越的な実在。現象が生起する基盤。永遠の霊（スピリット）にしてシャクティと合一した至高の意識。

シヴァリンガ（Shivalingam）：シヴァの意識を象徴する卵形の石。姿あるものと無限で永遠なる姿なきものとの融合を表している。

スシュムナー・ナーディー（Shushumuna Nadi）：脊髄の中を通るエネルギーの主要な気脈。

スシュプティ（Shushupti）：ヨーガの休息（ヨーガ・ニドラー）。第4の意識状態「トゥリーヤー」に至る技法。

シッダ（Siddha）：心の統制を実現し、その潜在能力をヨーガの奇跡的な力「シッディ」を通して、メンタル体、生気体および肉体の各レベルにおいて顕現している聖者。「マハー・シッダ」（偉大なるシッダ）は不死身の身体を持つ。成就。

シッダーンタ（Siddhantham）：人生（あるいは生命）の成就。18 人のシッダの教え 。終局点。

シッディ（Siddhi）：成就。ヨーガの奇跡的な力。

ソルバ・サマーディ（Soruba samadhi）：神が顕現した「金色に光輝く」状態。神性の降臨により、霊体、知性体、メンタル体、生気体、肉体が変容することで実現する状態。不滅の肉体。成就。

霊体（Spiritual body）：個人のうちにある永遠の実在、すなわち「真の自己」。（詳しくは「プロローグ」の注釈1を参照）

心を超えた意識（Suprametal）：真理と共にある意識。自らを担い、自らの力によって自らを成就させる「真理」。

スヴァーディシュターナム（Swadhistanam）：「我が家」を意味する。尾骨の近くにある心霊エネルギ 　センター（チャクラ）。潜在意識の座。

タントラ（Tantra）：性エネルギーを霊的なエネルギーに変容するためのヨーガの体系。タントラにおけるパートナーは神の化身として崇拝される。崇拝者と崇拝の対象の合一。礼拝の様式。

タオ（Tao）：「道」。本質。実在。中国の老子（すなわちボーガナタル）によって創始された哲学の学派。

タパス（Tapas）：長期間におよぶ集中的なヨーガの実践。

タットヴァ（Tattwas）：自然界の構成原理。

ティルマンディラム（Thirumandiram）：「聖なる神秘の言葉」の意。シッダ・ティルムラルが著したヨーガと神秘主義に関する傑作。南インドの哲学学派であるシャイヴァ・シッダーンタの12聖典の一つ。

ティルムライ（Thirumurai）：南インドの哲学学派であるシャイヴァ・シッダーンタ派の12聖典。聖典には紀元1世紀の偉大なシヴァ派の聖者の讃歌が含まれる。

トゥリーヤー（Turya）：肉体的な意識、夢および深い眠りの状態を超越した第4の意識状態。

ヴァイディヤ（Vaidya）：18人のシッダによって開発され、南インドで実践されてきたインドの伝統的な医学体系。

ヴァルマ（Varma）：古代のシッダの医学体系に含まれる針療法。

ヴェーダーンタ（Vedanta）：『ヴェーダ』の「末尾」すなわち「精髄」を意味する。『ヴェーダ』の最終部分にあり、至高の実在に関する究極の英知が綴られている『ウパニシャッド』に基づくインドの哲学体系。

ヴェーダ（Vedas）：古代インドの聖典。『リグ・ヴェーダ』、『ヤジュル・ヴェーダ』、『サーマ・ヴェーダ』、『アタルヴァ・ヴェーダ』からなる。それぞれが二部構成になっており、一つはマントラ、すなわち韻文の讃歌からなり、他は諸供犠で使われるマントラに関する規則およびマントラや古来の伝説の起源や意味について説明している。

ヴィシュッディ（Vishuddhi）：頸部神経叢にある心霊エネルギー・センター（チャクラ）。喉の奥に位置する。視覚化、霊的な交信、識別および再生の座。

生気体（Vital body）：感情や情緒からなる生命の様態。（詳しくは「プロローグ」の注釈1を参照）

ヤントラ（Yantra）：礼拝や瞑想に使われる象徴や道具。

ヨーガ（Yoga）：神（真理）との完全な合一をもたらす科学的な技法。無限にして永遠の実在・意識・至福が個々の魂と合一すること。伝統的なインド哲学の六体系の一つ。

ユガ（Yuga）：「時代」を意味する。クリタ（サティア）・ユガは 172 万 8000 年、トレーター・ユガは 129 万 6000 年、ドゥヴァーパラ・ユガは 86 万 4000 年、カリ・ユガは 43 万 2000 年の長さをもつ。これらを合計したものが 1 マハー・ユガであり、この長さは 432 万年である。現在、我々が生きている時代は 28 回目のマハー・ユガにおけるカリ・ユガに当たる。このカリ・ユガは紀元前 3102 年に始まった。1 カルパは 100 マハー・ユガ、すなわち 4 億 3200 万年に相当し、これは創造神ブラフマーの 1 日に当たると考えられている。合計で七つのカルパがあり、現在我々は 6 番目のカルパに生きている。（訳注：「ユガ」の長さについては諸説ある）

参考文献

　本文中、英文で書かれた出典についての情報は、著者名、文献の出版
年、引用または参照個所の頁の順に記載してある。以下の参考文献は、
原則として、著者名（姓、名）、文献名（斜体で表記）、出版年、出版社名、
出版地の順に記載してある。著者に複数の著作物がある場合は、出版年
から出典文献が特定できる。（訳注）

● Asangananda, Swami, *Katirgama: the Holy of Holies of Sri Lanka*
1935, The Ramakrisha Mission, Mylapore, Chennai, India
● Aurobindo Ghose, Sri
　・*The Speeches: 1908-09, first edition,* 1922
　・*The Life Divine*, 1935（a）
　・*The Synthesis of Yoga*, 1935（b）
　・*Poems, Past and Present*, 1946
　・*The Human Cycle*, 1949
　・*Savitri*, 1950（a）
　・*The Ideal of the Karmayogin*, 1950（b）
　・*Last Poems*, 1938-40, 1952（a）
　・*Poems, Past and Present*, 1952（b）
　・*The Supramental Manifestation*, 1952（c）
　・*Letters on Yoga*, 3rd series, first edition, 1958
　・*On Yoga II*, Tome One, 1969（a）
　・*On Yoga II*, Tome Two, 1969（b）
　・*Sri Aurobindo on Himself*, 1972
　・*Glossary of terms in Sri Aurobindo's writings*, 1978
Sri Aurobindo Ashram Press, Pondicherry, India 605002
● Baba Hari Dass, *Hariakhan Baba: Known, Unknown*
1975, Sri Rama Publication, California
● Balaramaiah, V., *The Greatness of Siddha Medicine*
Swami Dhinadas Siddha Medicine Dispensaries, 3 Pattinathar Kail Street,
Chennai, Tamil Nadu, India 600019
● Besant, Annie, translator, *The Bhagavad Gita*
1974, eighth edition, The Theosophical Publishing House, Wheaton, Illinois
● Buck, David, *The Song of Paambatti-Cittar: Dance, Snake! Dance!*
1976, Writers Workshop, P. Lal publisher, 162/92 Lake Gardens, Kolkata,
India 700045
● Caycedo, Alfonso, *India of Yogis*
1966, National Publishing House, Chandralok, Jawahar Nager, Delhi-7, India
● Clothey, Fred W.
The Many Faces of Murugan: The History and Meaning of a South Indian God
1978, Mouton Publishers, New York

● Da Lieu, *The Tao and Chinese Culture*
1979, Schoken Books, New York
● Deng Ming-Dao, *Chronicles of the Tao*
1983, Harper & Row Publishers, San Francisco
● Fonia, K.S., *Uttarakhand: The Land of Jungles, Temples and Snows*
1987, Lancers Books, New Delhi, India
● Ganapathy T.N., *The Yoga of Siddha Boganathar*, vol. 1, 2003; vol. 2, 2005,
Babaji's Kria Yoga and Publications, Quebec
● Ghurye, G.S., *Indian Sadhus*
1964, Popular Prakashan, Mumbai, India
● Govindan, Marshal, and Picard, John, *Manifesto on Information Systems
Control and Management: A New World Order*
November, 1990, McGraw-Hill Ryerson, 300 Water Street, Whitby,
Ontario, Canada, M1P 2Z5, ISBN0-17-551168-1
● Government of Tamil Nadu
Abstracts: International Conference on Traditional Medicine
January 23-26, 1986, Chennai, Sponsors: The Siddha Medicine Board,
Arumbakkam, Chennai, India
● Iyengar, K.R. Srinivasa, *Sri Aurobindo, a biography and a history*
1972, Volume 2, Ashram Press, Pondicherry, India 605002
● Kailasapathy, K., *Oppiyal Ilakkiyam*
1969, Pari Nilayam, Chennai, P.197-211;
cited in Buck, David, *Dance, Snake! Dance! The Song of Pampatti-Cittar*
Writers Workshops, 1976, P. Lal 162/92 Lake Gardens, Kolkata, India, 700045
● Kalyanasundaram, M.S., *Mini-Mahabharata*
1989, J. Padmanabha Iyer, Q-2, Adyar Apartments, Katturpuruna,
Chennai, India, 100085
● Kukal, Zdenek, *The Rate of Geological Processes, in Earth Science Review*
Volume 28, 1990, Elsevier, New York
● Kushi, Michio
  · *The Book of Macrobiotics: The Universal Way of Health and Happiness*
    1977, Japan Publications
  · *The Cancer Prevention Diet*
    1983, St. Martin's Press, New York
● Lal, Chaman, *Hindu America*
1966, published by author at Zodiac Press, Nickolson Road, Delhi-6, India;
available at Paragon Book Gallery, 14 East 38th St., New York City, N.Y.
● Leadbeater, C.W., *The Masters and the Path*
1969, Theosophical Publishing House, Wheaton, Illinois
● MacKintosh, Charles
A Rendering into English Verse of the Tao Teh Ching of Lao Tsze
1971, Theosophical Publishing House, Wheaton, Illinois
● Maheshwaranand, Swami, *Sai Baba and Nayarana Gufa Ashram*
1989, edited and translated by B.P. Mishra, Anantapur Printers, Anantapur,
Andhra Pradesh, India 515134

● Mokashi-Punekar, S., *Avadhoota Gita*
1979, Munshiram Manoharial Publishers, 54 Rani Jhansi Road, New Delhi,
India, 110055
● Natarajan, B., editor and translator, *Tirumoolar's Tirumantiram, Holy Hymns*
1979, Tantra 1, ITES Publishers, 76 Harrington Road, Chennai, India, 600031
● Neelakantan, V.T., Ramaiah, S.A.A.
  · (a) *Babaji's Masterkey to All Ills (Kriya)*, 1952
  · (b) *The Voice of Babaji and Mysticism Unlocked*, 1953
  · *Babaji's Death of Death*, 1953
2007, Babaji's Kriya Yoga Publications, Quebec
● Orr, Leonard
  · *Physical Immortality*
    1980, Inspiration University, P.O.Box 234, Sierraville, California, 96126
  · *Rebirthing in the New Age*, 2nd edition
    1983, Celestial Arts, California, 96126
● Pillai, N. Kandasamy
  · *The History of Siddha Medicine*
    1979, Government of Tamil Nadu, printed at Manorama Press,
    Chennai, India, 600014
  · *Proceedings of the 5th International Tamil Studies Conference at Madurai*
    International Institute for Tamil Studies, Adyar, Chennai, India, 6050002
● Purani, A.B.
  · *Life of Sri Aurobindo*, 1958
  · *Evening Talks with Sri Aurobindo*, 1959
Ashram Press, Pondicherry, India 605002
● Ramakrishna Math, Sri, *Thus Spake Sri Sankara*
1969, 16 Ramakrishna Math Road, Mylapore, Chennai, India 600004
● Ramaiah, S.A.A., editor, *Kriya*, "Kriya Magazine," June, 1953
  · *In Quest of the Sathguru*, "Kriya Magazine," February, 1954
  · *Brief Annual Report*, "Kriya Magazine," February, 1954
  · *Gauri Shankar Peetam*, "Kriya Magazine," May 1954
  · *A Blissful Saint (Paramahansa Omkara Swami)*, 1952
  · *Babaji's Songs of the 18 Yoga Siddhas (Kriya)*, 1968
  · *Babaji's Yoga of Boganathar (Kriya)*, Volume 3, 1982
  · *Kriya Hatha Yoga*, 3rd edition, 1990
  · *Sundaranandar's Synopsis of Wisdom* (unpublished translation of), verse no. 11
Kriya Babaji Yoga Sangam, Chennai, India 600004
● Robbins, John, *Diet for a New America*
1990, Stillpoint Publishing, New Hampshire
● Roy, D.K., *Sri Aurobindo Came to Me*
1952, Ashram Press, Pondicherry, India
● Sahukar, Mani, *Sai Baba: The Saint of Shirdi*
1971, Somaiya Publications Pvt., Dadar, Mumbai, 400014
● Sastri, K.A. Nilakanta, *The History of South India*, 3rd edition
1966, Oxford University Press, Chennai, India
● Sathya Sai Baba, *Summer Roses on the Blue Mountain*

1977, Sri Sathya Sai Baba Education & Publication Foundation,
Prasanthi Nilayam, Anantapur, Andhra Pradesh, India 515134
● Satprem, *Sri Aurobindo or the Adventure of Consciousness*
1975, Sri Aurobindo Press, Pondicherry, India 605002
● Satyeswarananda, Swami
· *Babaji*, 1983
· *Lahiri Mahasaya: the Father of Kriya Yoga*, 1984
Sanskrit Classics, San Diego, California
● Sekkizhaar, *Periya Purunam, condensed English version*
by G. Vanmikanathan, Sri Ramakrishna Math
16 Ramakrishna Road, Mylapore, Chennai, India 600004
● Sen, H.E., *Babaji and Shankara*, "Kriya Magazine," May 1954
Kriya Babaji Yoga Sangam, Chennai, India 600004
● Sethna, K.D., *Was Chandragupta Maurya the Sandrocottus of the Greeks?*
"Heritage Magazine," March 1988, p.55, Chennai, 600026
● Sinha, Sureshwar, *Because Paris Was Vedic*, "India International Quarterly,"
Winter 1989, p.29-41
● Singh, M., *Call of Uttrakhand*
1979, Harbhajan Singh & Sons Publishers, Hardwar, U.P., India
● Sivagnanam, M.P., *The Universal Vision of Saint Ramalinga*
1987, Annamalai University Publications, Annamalainagar, India 608002
● Srinivasan, C.
· *An Introduction to the Philosophy of Ramalinga*
1968, Ilakkia Nilayam, 14 Veeraswaram, Tiruchi-6, India
· *The Ancestry of the Tamil Land*
October 16, 1986, Tamil Civilization, "Quarterly Journal of the Tamil
University" at Thanjavur
· *Thiruvaashakam, English translation and exposition*
1990, J. Padmanabha, Iyer, Q-2, Adyar Apartments, Kotturpuruna,
Chennai, India, 600085
● Straheler, A., Malynowsky, E.
Planet Earth: Its Physical Systems Through Geologic Time
1972, Harper and Row publishers, New York
● Subramaniym, Swami, *Tirumantiram: Fountainhead of Saiva Siddhantha*
1979, Saiva Siddhantha Church, Box 10, Kapaa, Hawaii
● Thiruvalluvar, *Thirukkural with English Couplets*
translated by Yogi Shuddananda Bharati
1968, South India Saiva Siddhanta Works Publishing Society, Tinnevelly Ltd.,
79 Prakasam Saalai, Chennai, India, 600001
● Thulasiram, T.R.
· *Arut Perum Jothi and Deathless Body*, 2 volumes
1980, University of Chennai Press
· *The Supramental Harmony Power Settles in the Ashram*
1989, unpublished paper, copies available from the author,
an inmate of the Sri Aurobindo Ashram, Pondicherry, India 605002
● Vanmikanathan, G., *Pathway to God Trod by Saint Ramalingar*

1976, Bharatiya Vidya Bhavan, Mumbai, India 400007

● Velan, Dr. A. Shanmuga

Siddhar's Scince of Longevity and Kalpa Medicine of India

Shakti Niliyam, 8 Umayal St. Alagappa Nagar, Chennai, India, 600010

● Yogananda, Paramahansa, *The Autobiography of a Yogi*

10th edition, 1969; 1st edition, 1946, Self Realization Fellowship

3880 San Rafael Avenue, Los Angeles, California, 90065

(パラマハンサ・ヨガナンダ、『あるヨギの自叙伝』、森北出版)

● Yukteswar, Swami, *The Holy Science*

1984, The Self Realization Fellowship, 3880 San Rafael Avenue,

Los Angeles, California, 90065

(スワーミー・ユクテスワル、『聖なる科学』、森北出版)

● Zimmer, Heinrich, *Myths and Symbols in Indian Art and Civilization*

1972, edited by Joseph Campbell, Bollingen Series,

Princeton University Press, New Jersey

● Zvelebil, Kamil, *The Smile of Murugan*

1973, ISBN90-04-03591-5, E.J. Brill, Leiden, Netherlands

著者紹介

マーシャル・ゴーヴィンダン（サッチダナンダ）
Marshal Govindan（Satchidananda）

略歴

　ババジの直弟子であるヨーギー S. A. A. ラ
マイアの下、インドで 5 年間にわたってクリ
ヤー・ヨーガの習得と実践に励む。クリヤー・
ヨーガの普及を目指すヨーギー・ラマイアの
計画に積極的に加わり、18 年間で世界各地に
23 のクリヤー・ヨーガ・センターを設立することに尽くす。この間、1 日平均 8 時
間を行法の実践に当てる生活を続けた結果、真我の気づきに至る。インド滞在中に
タミル語を学び、南インドのヨーガの先人たちの古典に親しむ。1980 年、そうした
先人の一人であるボーガナタルの全文献の収集と出版に貢献した。

　1986 年、タミル・ナードゥ州においてヨーガ療法と理学療法によるリハビリを目
的とする病院の建設を指揮する。クリヤー・ヨーガの 144 行法を他に伝授するため
にヨーギー・ラマイアから課せられた厳しい条件を満す。その 5 年後の 1988 年、ク
リヤー・ヨーガを普及する任務をババジから仰せつかる。

　1991 年に本書を執筆。現在、本書は 16 カ国語で出版されている。翌 1992 年、カナダ、
ケベック州に「ババジのクリヤー・ヨーガ・アシュラム」を設立。同アシュラムで
は、クリヤー・ヨーガの伝授、リトリート、講師を招いた夏期合宿などが年間を通
して開催されている。1989 年以来、世界各地で 1 万 5 千人以上に行法を伝授してき
た。1995 年、ヨーガの分野での出版や教育に専念するために、25 年間続けた経済専
門家とシステム監査人としての活動に終止符を打つ。1997 年、ババジのクリヤー・ヨー
ガを教える資格を持つ一般人教師からなる非営利教育慈善団体「ババジのクリヤー・
ヨーガ教師の会」を設立。この会は、アメリカ、カナダ、インド、スリランカで正
式に登記されており、現在、32 名の教師を擁する。

　2000 年以来、タミル地方の古代ヨーガ文献を総合的に調査するために、学者から
なる専門家チームによる一大研究プロジェクトを指揮している。こうした研究の結
果、自らが編集人として関わった『ティルマンディラム』の英語版を含む計 6 冊の
文献がこれまでに出版された。

　他の出版物として『ババジのクリヤー・ハタ・ヨーガ DVD 版』、『クリヤー・ヨー
ガ…道を照らす光』（以上 2 点日本語版あり）、『イエス・キリストとヨーガ・シッダ
の知恵』（The Wisdom of Jesus and the Yoga Siddhas）、高い評価を得ている『パタ
ンジャリとシッダのクリヤー・ヨーガ・スートラ』（Kriya Yoga Sutras of Patanjali
and the Siddhas）、『悟り』（Enlightenment: It's not what you think）などがある。（詳

しい著作リストについては、ウィキペディアを参照されたい。https://en.wikipedia.
org/wiki/Marshall_Govindan

　2014年、ヨーガ教師の連盟として最も由緒のある国際ヨーガ連盟から「パタンジャ
リ賞」を授与される。この賞はヨーガの分野で卓越した功績を残した者に贈られる。
「マーシャル・ゴーヴィンダン・サッチダナンダは世界で最も著名なクリヤー・ヨー
ガの達人であるだけでなく、この分野においてパラマハンサ・ヨガナンダに比肩し
うる偉業を残してきた。彼こそババジの魂である」と同連盟代表のマイトレーヤナ
ンダ師から賞賛された。

　現在はケベック州モントリオール（カナダ）、バンガロール、バドリーナート（イ
ンド）にあるアシュラムの活動を指揮している。バドリーナートのアシュラムは、イ
ンドとチベット（中国）との国境に近いヒマラヤ山脈の寺町、バドリーナートの近
郊にある。標高3千200メートルの地に立つこのアシュラムは、秀麗なニーラカン
タ山の麓にある。

　ジョージタウン大学外交政策・国際関係大学院を卒業。米国ワシントンD.C.の
ジョージ・ワシントン大学から修士号を取得。妻はドゥルガ・オーランド。

＊　＊　＊　＊　＊　＊

　著者への連絡、カナダのアシュラムにおける活動についての問い合わせ、出版物（英
語）の目録の入手を希望される方は、以下に連絡されたい。

　　Babaji's Kriya Yoga and Publications
　　196 Mountain Road　P. O. Box 90
　　Eastman, Quebec, Canada　J0E 1P0
　　Telephone: 01-450-297-0258　Fax: 01-450-297-3957
　　メール・アドレス : info@babajiskriyayoga.net
　　ホームページ : https://www.babajiskriyayoga.net

日本語で入手できる
ババジのクリヤー・ヨーガに関する既刊書

『ヴォイス・オブ・ババジ』（電子本）

ヨガナンダの亡き後、ババジがラマイアとニーラカンタンという2人の弟子に直伝した教えの全記録。『明かされた神秘』、『すべての病を癒すマスターキー』、『死の終焉』の3部作。長い沈黙の時を経て明かされる神秘とは。ババジの人柄を含む貴重な情報を満載した待望の日本語版。

『クリヤーヨーガ：道を照らす光』（電子本）

なぜババジのクリヤー・ヨーガの実践は必要なのか。待ち受ける試練やその解決法は。鍵は真の自己の知識とエゴの明け渡しにある。だが実行にはしばしば助けが必要だ。行法の実践者、未経験者の区別なく、すべての人を後押しする洞察あふれる書。

ババジのクリヤー・ヨーガ・グレイス・コース
（二年間の通信講座）

本来の優れた性質、力、役割に気づくことを妨げる根深いエゴの働き。その影響力を減ずるには，真剣な自己観察と鍛錬が必要だ。すべてに開かれた恩寵（グレイス）に浴し、自己を後退させる側面を、魂の高次の意識に置き換えるには .... などなど。ヨーガの修練だけでなく、全人格的な成長を視野に入れた包括的なコース。

『日本語版ババジのクリヤ・ハタ・ヨーガ DVD』

ババジが選んだ18種類のハタ・ヨーガのポーズを実演した動画のDVD。各ポーズの効用、ヨーガの目的など、深い内容を含む。見ながらポーズを練習したい人にお勧めしたい。

○本の詳しい内容と入手方法

https://www.babajiskriyayoga.net/japanese/home.htm

セミナーの受講について

現在、日本では資格を持つ2人の教師、ナーガラージとヴァースデーヴァが、バ
バジのクリヤー・ヨーガの行法を教えている。行法伝授の日程や、その他の情報
については、公式ホームページにて確認されたい。

ババジのクリヤー・ヨーガ公式ホームページ（日本語）

https://www.babajiskriyayoga.net/japanese/kriyaYoga.htm

ババジと 18 人のシッダ

……クリヤー・ヨーガの伝統と真我実現への道……

発行	初版第 1 刷発行　　1998 年 9 月 15 日	
	第 3 版第 1 刷発行　2020 年 10 月 14 日	
著者	マーシャル・ゴーヴィンダン	
発行所	(有)ネオデルフィ	
	東京都練馬区下石神井 1-14-16	
	Tel&Fax: 03-6913-1341	
発売所	(株)星雲社　東京都文京区水道 1-3-30	
	Tel: 03-3868-3275　Fax: 03-3868-6588	
印刷・製本	(株)シナノ	
装丁	(株)ディッシュ	
イラスト	星名一美	

ISBN978-4-434-28102-0　C-0010
Printed in Japan
本書の無断転載を禁じます
落丁・乱丁本はお取り替えいたします

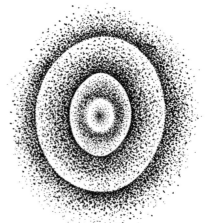